INDEX TO AMERICAN POETRY AND PLAYS IN THE COLLECTION OF C. FISKE HARRIS.

PROVIDENCE:
PRINTED FOR PRIVATE DISTRIBUTION.
1874.

HAMMOND, ANGELL & CO., PRINTERS.

NOTE.

For the purposes of the following List, any thing in the form of dialogue or of verse has been treated as a Play or a Poem; and though, in other respects, a degree of accuracy has been aimed at, in cases of doubt names and titles have been put in hoping to elicit corrections and suggestions.

The compiler may, should the material at his command at any time seem to warrant it, print a more comprehensive catalogue of his collection, with full titles and collations of all the more important articles, and with, perhaps, brief notices of the writers. In this view, any information relating to the authors, or to their several publications, or that may in any wise contribute towards the completeness of such a compilation, will be thankfully received by him.

Providence, 1874.

INDEX TO AMERICAN

POETRY AND PLAYS.

A (T. B.). *See* A[ldrich] (T. B.).

ABADIE (P.). The Fireman. N. Y. 1852. 18° No. 1.

? ABANDONED (The). Bost. 1848. 12° 2.

ABBE de l'Epee. *See* [Smith (C.).]

ABBEY (H.). Ballads of Good Deeds. N. Y. 1872. Sqr. 16° 3.

ABBEY (H.). Stories in Verse. N. Y. 1869. 16° 4.

ABBEY (H. L.). May Dreams. N. Y. 1862. 12° 5.

ABBEY (H. L.). Ralph. Rondout, 1866. Sqr. 16° 6.

ABBOTT (E.). The Baby's Things. N. Y. [1871.] Sqr. 8° 7.

? ABRAHAM Africanus I. N. Y. [1864.] 12° 8.

? ACROSTICS from across the Atlantic. Lond. 1869. Sqr. 16° 9.

A. D. 1862. *See* [Morris (T. H.),] *and* [Ridgely (N. G.) & Lemmon (Miss N.).]

ADAMS (C. S.). An Address in Verse. Barnstable, [1835.] 8° 10.

[ADAMS (G. Z.).] Love of Nature. Hartford, 1837. 12° 11.

ADAMS (G. Z.). Moral and Religious Musings. Schenectady, 1835. 16° 12.

ADAMS (H. W.). The Book of Job in Poetry. N. Y. 1864. Lg. 8° 13.

ADAMS (J.), *b.* 1704, *d.* 1740. Poems. Bost. 1745. 16° 14.

ADAMS (Mrs. J. F.). Poems. Lawrence, *n. d.* 8° 15.

? Anonymous and Pseudonymous works are marked with a query as a suggestion to those who are willing to assist in supplying the proper names of the authors.

Adams (J. J.). The Charter Oak. N. Y. 1839. 12° 16.
Adams (J. Q.), *b.* 1767, *d.* 1848. Dermot MacMorrogh. Bost. 1832. 8° 17.
Adams (J. Q.). *The Same.* 2nd. ed. Bost. 1832. 8° 18.
Adams (J. Q.). *The Same.* 3d. ed. Columbus, 1834. 18° 19.
Adams (J. Q.). Poems. N. Y. 1848. 18° 20.
Adams (J. Q.). *The Same.* Auburn, 1850. 12 21.
Adams (J. Q.). *The Same.* Auburn, 1853. 16° 22.
Adams (J. Q.). *The Same.* Auburn, 1854. 16° 23.
Adams (J. T.), *d.* 1847. Poems. [New Haven, 1825.] 12° 24.
Address. *See* Carriers' Addresses.
Address (An). *See* [Young (E. R.).]
? Address to her Maryland Lover, by a Virginia Girl, and his Reply. Balt. 1862. 8° 25.
? Ad Interim and Ad Outerim. 2nd. ed. Washington, D. C. 1868. 8° 26.
Adler (G. J.), *b.* 1821. Iphigenia. N. Y. 1850. 12° 27.
Adulateur (The). *See* [Warren (Mrs. M.).]
Advent Hymn Book. 2nd. ed. Lowell, 1854. 18° 28.
Æneid (The). *See* Free (A) and Independent.
Afara. *See* [Clarke (McD.).]
? Africa, A Poem. [By Ann Evans?] [Andover, 1826.] 12° 29.
Africa. *The Same.* 2nd. ed. [Andover, 1826.] 12° 30.
? Age of Brass (The). Balt. 1844. 12° 31.
? Age of Humbugs (The). Wheeling, 1837. 12° 32.
? Age of Rhyme (The). Charleston, 1830. 8° 33.
? Age of Sin (The). Phila. 1851. 12° 34.
[Agg (J.).] The Ocean Harp. Phila. 1819. 24° 35.
[Agg (J.).] Pilgrimage to the Holy Land. Phila. 1817. 24° 36.
Ahasuerus. *See* [Tyler (R.).]
Aiken (G. L.), *b.* 1830. Uncle Tom's Cabin. N. Y. *n. d.* 12° 37.
Ainslie (H.), *b.* 1792. Scottish Songs. N. Y. 1855. 12° 38.
[Akerman (Mrs. L. E.).] Nothing but Leaves. Phila. 1868. 4° 39.
Akers (E.). *See* [Allen (Mrs. E. A.).]
Alabama, Or Here We Rest. *See* Warwick.
? Alasco, An Indian Tale. Phila. 1857. 12° 40.

ALBUM of the Table Rock. *See* Table Rock Album.
ALDRICH (T. B.), *b.* 1836. The Ballad of Babie Bell. N. Y. 1859. 12° 41.
A[LDRICH] (T. B.). The Bells. N. Y. 1855. 12° 42.
ALDRICH (T. B.). The Course of True Love. N. Y. 1858. 12° 43.
ALDRICH (T. B.). Pampinea. N. Y. 1861. 12°, *Sig.*16° 44.
ALDRICH (T. B.). Poems. N. Y. 1863. 24° 45.
ALDRICH (T. B.). The Poems. Bost. 1865. 32° 46.
ALESSANDRO (P. D'). Monte Auburno. Stati Uniti di America, 1835. 16° 47.
ALEXANDER (A.). The Fall of Aztalan. Washington, 1839. 8° 48.
ALEXANDER (J. H.), *b.* 1812. Catena Dominica. Phila. 1855. 12° 49.
ALEXANDER (W.), *b.* 1808. The Poetical Works. Phila. 1847. 8° 50.
ALFORD (L. A.). Masonic Gem. 2nd. ed. N. Y. 1868. 12° 51.
[ALGER (H.),] *b.* 1834. Nothing to do. Bost. 1857. 16° 52.
[ALGER (H.)?] Nothing to Eat. N. Y. 1857. 12° 53.
ALGER (W. R.), *b.* 1823. The Poetry of the East. Bost. 1856. 16° 54.
ALGER (W. R.). The Poetry of the Orient. Bost. 1865. 16° 55.
? ALGERINE Slaves (The), A Poem. By a Citizen of Newburyport. Newburyport, 1798. 12° 56.
Signed "Juvenis" and preceded by "A Journal of . . John Foss" with independent title pages but with continuous pagination.
? ALGERNON. Ideals and other Poems. Phila. 1842. 12° 57.
ALGUNO (Señor), *pseud.* *See* [Ames (N.).]
ALIDA. *See* [Comfield (Mrs. A. S.).]
? ALL about the Fair. [N. Y. 1872.] 8° 58.
ALLAN (P. J.). The Poetical Remains. Lond. 1853. 12° 59.
[ALLEN (B.).] The Death of Abdallah. N. Y. 1814. 24° 60.
[ALLEN (B.).] Miscellaneous Poems. Hudson, 1811. 12° 61.
[ALLEN (B.).] *The Same.* [2nd. ed.] N. Y. 1812. 18° 62.
ALLEN (B.). The Phœnix. N. Y. 1814. 16° 63.
ALLEN (B.). Urania. N. Y. 1814. 24° 64.
ALLEN (Mrs. [B.]). Pastorals. Abingdon, Md. 1806. 12° 65.
ALLEN (Miss C.). Poems. Bost. 1841. 16° 66.
ALLEN (Miss C.). Poems. 2nd. ed. Bost. 1843. 16° 67.

ALLEN (*Miss* E.). The Siege of Agrigentum. Bost. 1841. 12° 68.
ALLEN (Miss E.), *b.* 1794, *d.* 1849. The Silent Harp. Burlington, 1832. 12° 69.
[ALLEN (Mrs. E. A.).] Forest Buds. Bost. 1856. 16° 70.
[ALLEN (Mrs. E. A.).] Poems by E. Akers. Bost. 1866. 32° 71.
ALLEN (Miss E. C.). Washington. Brooklyn, N. Y. 1861. Sqr. 16° 72.
ALLEN (Mrs. H. B.). A Poetical Geognosy. Bost. 1841. 12° 73.
[ALLEN (J.),] *b.* 1739, *d.* 1808. The Poem..voted to be published with the late Oration. Bost. 1772. 4° 74.
ALLEN (J.). *The Same.* [Reprinted with the 'Fifth of March Orations.' *pp.* 195-200] Bost. [1785.] Sm. 8° 75.
ALLEN (J.). A Poem on the Existence of God. Haverhill, 1803. 18° 76.
ALLEN (P.), *b.* 1775, *d.* 1826. Noah. Balt. 1821. 18° 77.
ALLEN (P.). Original Poems. Salem, 1801. 12° 78.
ALLEN (W.), *b.* 1784, *d.* 1868. Wunnissoo. Bost. 1856. 12°, *Sig.* 16° 79.
ALLEN (W.). *See also* Berkshire Jubilee (The).
ALLIN (Abby). *See* [Curtiss (Mrs. D. S.).]
ALLINE (H.). Hymns. Stonington-Port, (Con.) 1802. 12° 80.
[ALLSTON (J. B.).] *See* Sumpter.
ALLSTON (W.), *b.* 1779, *d.* 1843. Lectures on Art, and Poems. N. Y. 1850. 12° 81.
ALLSTON (W.). The Sylphs of the Seasons. Lond. 1813. 16° 82.
ALLSTON (W.). *The Same.* Bost. 1813. 12° 83.
ALMY (Mrs. A. W.). Early Poems. Bost. 1866. 16° 84.
ALNWICK Castle. *See* [Halleck (F. G.).]
ALSOP (R.), *b.* 1761, *d.* 1815. The Charms of Fancy. N. Y. 1856. Lg. 12° 85.
[ALSOP (R).] The Enchanted Lake. N. Y. 1806. 8° 86.
ALSOP (R.). A Poem; Sacred to the Memory of George Washington. Hartford, 1800. 8° 87.
ALSOP (R.). *See also* The Echo, *and* The Political Green-House.
? ALTON. The Magic Word. Bost. 1855. 16° 88.
? AMERICA: A Dramatic Poem. N. Y. 1863. 12° 89.
? AMERICA Discovered. N. Y. 1850. 12° 90.
AMERICAN Bards. *See* [Waln (R.).]

? AMERICAN Bible (The): Dedicated to Men, who can bear the naked Truth. Balt. 1863. 12° 91.
AMERICAN Cyclops (The). *See* Pasquino.
AMERICAN Muse (The). *See* Song Books.
AMERICAN Museum (The). Phila. 1787-92. 12 vs. 8° 92.
AMERICAN (The) Musical Miscellany. *See* Song Books.
AMERICAN (The) Naval and Patriotic Songster. *See* Song Books.
AMERICAN Poems. Vol. I. Litchfield, [1793.] 8° 93.
AMERICAN (The) Poetical [& Prose] Miscellany. Phila. 1809. 2 vs. 12° 94.
AMERICAN Rejected Addresses. *See* [Bigelow (J.).]
? AMERICAN Sketches. Farmers Fireside. A Poem. Concord, N. H. 1822. 8° 95.
AMERICAN Songster (The). *See* Song Books.
AMERICAN Star (The). *See* Song Books.
AMERICAN Times (The). *See* [Odell (J.).]
AMERICAN WAR (The). *See* [Cockings (G.).]
"AMERICUS." *See* "Yankees."
? AMERIQUIADE (L'). Poème. Phila. 1780. 8° 96.
[AMES (N.).] Childe Harvard. Bost. 1848. 16° 97.
AMES (N.). Pirates' Glen. Bost. 1853. 16° 98.
AMICA Religionis, *pseud.* *See* [Dodge (Mrs. H. M.).]
? AMICUS Curiæ. Excursions on the River Connecticut. Bost. 1826. 12° 99.
? AMOURS Divines. N. Y. 1871. 12° 100.
ANARCHIAD (The). *See* Riggs (L. C.).
ANDRE; A Tragedy. *See* [Dunlap (W.).]
ANDROS (R. S. S.), *d.* 1868. Chocorua. Fall River, 1838. 8° 101.
ANICETUS, *pseud.* *See* [Clark (W. A.).]
ANNIE Gray. *See* [Jacobs (Miss S. S.).]
ANNUAL Message. *See* Carriers' Addresses.
? ANNUS Mirabilis, A Satire. University of Virginia, 1834. 12° 102.
ANTHON (C. E.). The Son of the Wilderness. N. Y. 1848. 12° 103.
[ANTHONY (H. B.).] The Dorriad. Prov. 1870. 16° 104.
[ANTHONY (H. B.).] The Fancy Ball. [Savannah,] 1837. 8° 105.
ANTIGONIAN (The) and Bostonian Beauties. *See* S (W.).

AQUARELLES. *See* [Gerard (J. W.).]
ARCHERS (The). *See* [Dunlap (W.).]
ARCHIBALD (A. K.). Poems. Bost. 1848. 16° 106.
? ARCTIC Queen (The). *n. p.* [185-.] 12° 107.
ARCY (U. D. D'). *See* D'Arcy (U. D.).
ARDEN (F.). A Translation of the First Book of Ovid's Tristia. N. Y. 1821. 8° 108.
AREY (Mrs. H. E. G.), *b.* 1819. Household Songs. N. Y. 1855. 12° 109.
? ARISTOCRACY. An Epic Poem. Phila. 1795. 8° 110.
? ARISTOCRAT (The) and Trades Union Advocate. Bost. 1384 [1834]. 18° 111.
ARMSTRONG (P.). A Theatric Elegy. N. Y. 1812. 16° 112.
ARNELL (D. R.). Fruit of Western Life. N. Y. 1847. 12° 113.
ARNOLD (G.), *b.* 1834, *d.* 1865. Drift. Bost. 1866. Sqr. 16° 114.
ARNOLD (G.). George Arnold's Poems. Bost. 1871. 16° 115.
ARNOLD (G.). Poems Grave and Gay. Bost. 1867 Sqr. 16° 116.
ARNOLD (J. L.), *b.* 1768, *d.* 1796. Poems. Prov. 1797. 12° 117.
? ART (The) of Domestick Happiness. Pittsburg, 1817. 18° 118.
ARTHUR Carryl. *See* [Osborn (L.).]
ARTHUR (T. S.). *See* Baltimore Book (The).
ASCHER (I. G.). Voices from the Hearth. Montreal, 1863. 8° 119.
[ASHE (S. M.).] La Gran Quivera. N. Y. 1852. 12° 120.
[ASHE (S. M.).] Monterey Conquered. N. Y. 1852. 12° 121.
? ASPECT of the Times (The). A Political Poem. By a Native of Newark. Newark, 1831. 16° 122.
ASSOCIATION (The), &c. *See* Jingle (Bob).
ASTROP (R. F.). Original Poems. Phila. 1835. 12° 123.
ATALANTIS. *See* [Simms (W. G.).]
ATHANASION. *See* [Coxe (A. C.).]
? ATHENS; and Other Poems. Salem, 1824. 8° 124.
ATHERTON (H. B.). A Poem delivered [at] Dartmouth College, July 31, 1860. Concord, 1861. 8° 125.
[ATKINSON (Miss M. E.) & Spalding (Miss C. A.).] Prize Papers written for the N. Y. Observer. N. Y. 1865. 12° 126.
ATLEE (E. A.). Essays at Poetry. Phila. 1828. 12° 127.
? ATTEMPT (An) to vindicate the American Character, ..a reply to..Thomas Moore, Esq Phila. 1806. 8° 128.

AULD (J. B.). A Poetical Essay. N. Y. 1835. 8° 129.
? AUNT Carrie's Rhymes for Children. Bost. 1855. 16° 130.
AUNT Fanny, *pseud.* *See* [Gage (Mrs. F. D.).]
AUNTY Flunkey, *pseud.* *See* Cream of Tartar.
? AUTODICUS. The Critique of the Vision of Rubeta. Phila. 1838. 8° 131.
AUTUMN Leaves. Cambridge, 1853. 16° 132.
? AVALANCHE (Sir. Anthony). Fashion's Analysis. N. Y. 1807. 12° 133.
AVERY (D.). A Poetical Address. Pawtucket, 1855. 12° 134.
AWBRON'S Nationair. *See* [Brown (A. W.).]
AYRES (D.). The Warning. Rochester, N. Y. 1868. 8° 135.
AYRES (J. A.). The Legends of Montauk. N. Y. 1849. 8° 136.

B (C. T.). *See* B[rooks] (C. T.).
? B (M. E.). Poems and Tales. N. Y. 1851. 12° 137.
? B (M. L.). The Lady Elgiva. N. Y. 1866. Sqr. 16° 138.
BABCOCK (D. H.). Scenes of the Past. Bost. 1844. 18° 139.
BABCOCK (J. S.), *b.* 1815, *d.* 1848. Visions and Voices. Hartford, 1849. 12° 140.
BABCOCK (J. M. L.). The Spirit of Peace. Bost. 1851. 16° 141.
[BACON (E.).] Ægri Somnia. Utica, 1842. Sm. 16° 142.
BACON (E.). *The Same,* [with] Addenda. N. Y. 1843-4. 12° 143.
BACON (E.). Vacant Hours. Utica, 1845. 12° 144.
BACON (E.). *See also* Berkshire Jubilee (The).
BACON (W. T.), *b.* 1814. Poems. Bost. 1837. 12° 145.
BACON (W. T.). *The Same.* New Haven, 1839. Lg. 8° 146.
BACON (W. T.). *The Same.* 3d. ed. Bost. 1840. 16° 147.
BACON (W. T.). *The Same.* Cambridge, 1848. 16° 148.
? BAGS (John Dryden). The Fugitive: An Epic Poem. Bost. 1854. 12° 149.
BAILEY (E.). Triumphs of Liberty. Bost. 1825. 8° 150.
BAILEY (I.). A Poem delivered before the Philermenian Soc. of Brown University. Prov. 1812. 8° 151.
BAILEY (J. J.). Waldimar. N. Y. 1834. Lg. 8° 152.
BAKER (G. M.) Amateur Dramas. Bost. 1867. 12°, *Sig.* 8° 153.
BAKER (S.). Election to Life Eternal. Millbury, Mass. 1833. 12° 154.
BALDWIN (Augusta). Poems. Montreal, 1859. 18° 155.

BALDWIN (J. D.), *b.* 1810. The Story of Raymond Hill. Bost. 1847. 16° 156.
BALL (B. W.). Elfin Land. Bost. 1851. 16° 157.
BALLADS of the Dorr War. Prov. 1869. 8° 158.
BALLADS. *See also* Broadside Songs & Ballads.
BALLOU (M. M.), *b.* 1822. Miralda. Bost. [1858.] 12° 159.
BALTIMORE (The) & Ohio R. R. *See* Carriers' Addresses.
BALTIMORE Book (The). Ed. by W. H. Carpenter & T. S. Arthur. Balt. 1838. 12° 160.
BALTIMORE (The) Musical Miscellany. *See* Song Books.
BANCROFT (G.), *b.* 1800. Literary and Historical Miscellanies. N. Y. 1855. Lg. 8° 161.
BANCROFT (G.). Poems. Cambridge, 1823. 12° 162.
? BANKS in Danger, Or New York in an Uproar from a Greenwich Horse Race. N. Y. 1811. 16° 163.
BANNISTER (N. H.). Putnam. Bost. *n. d.* 12° 164.
BARHYDT (D. P.). Life. N. Y. 1851. 18° 165.
[BARKER (J. N.).] How to try a Lover. N. Y. 1817. 18° 166.
BARKER (J. N.). The Indian Princess. N. Y. 1808. 18° 167.
BARKER (J. N.). Marmion. N. Y. 1816. 18° 168.
BARKER (J. N.). Tears and Smiles. Phila. 1808. 18° 169.
BARKER (J. N.). The Tragedy of Superstition. Phila. *n. d.* 12° 170.
[BARLOW (James).] The Peacock, The Baboon and The Moneyspinners..By Thomas Moore, Esq. Mexico, 1841. 16° 171.
BARLOW (Joel). The Columbiad.Phila. 1807. 4° 172.
BARLOW (J.). *The Same.* Phila. 1809. 2vs. 12° 173.
BARLOW (J.). *The Same.* Lond. 1809. 8° 174.
BARLOW (J.). *The Same.* Washington City, 1825. 8° 175.
BARLOW (J.). The Conspiracy of Kings. Lond. 1792. 4° 176.
BARLOW (J.). *The Same.* Newburyport, 1794. 8° 177.
[BARLOW (J.).] An Elegy, on the late Honorable Titus Hosmer, Esq. Hartford, [1780.] 8° 178.
[BARLOW (J.).] The Hasty-Pudding. [New Haven, 1796.] 8° 179.
BARLOW (J.). *The Same.* Stockbridge, 1797. 8° 180.
[BARLOW (J.).] Hasty Pudding. Salem, 1799. *Size of* 12° 181.
BARLOW (J.). The Hasty-Pudding. N. Y. *n. d.* *Size of* 12° 182.
[BARLOW (J.).] *The Same.* Brooklyn, 1833. 12° 183.

BARLOW (J.). *The Same.* New Haven, 1838. 12° 184.
BARLOW (J.). *The Same.* N. Y. 1847. 12° 185.
BARLOW (J.). *The Same.* N. Y. 1856. 12° 186.
BARLOW (J.). A Letter, &c. To which is Added The Conspiracy of Kings. N. Y. *n. d.* 8° 187.
[BARLOW (J.).] A Poem Spoken..at Yale College. Hartford, [1781.] 8° 188.
BARLOW (J.). The Political Writings, &c. N. Y. 1796. 12° 189.
[BARLOW (J.).] Psalms. N. Y. 1790. 18° 190.
[BARLOW (J.).] *The Same.* N. Y. 1792. 18° 191.
[BARLOW (J.).] *The Same.* Phila. 1792. 18° 192.
BARLOW (J.). *The Same.* 4th. ed. Hartford, *n. d.* 18° 193.
BARLOW (J.). *The Same.* N. Y. 1795. 18° 194.
BARLOW (J.). The Vision of Columbus. Hartford, 1787. 8° 195.
BARLOW (J.). *The Same.* 2nd. ed. Hartford, 1787. 12° 196.
BARLOW (J.). *The Same.* Lond. 1787. 12° 197.
BARLOW (J.). *The Same.* 5th. ed. Paris, 1793. 8° 198.
BARLOW (J.). *The Same.* 5th. ed. Lond. 1794. 8° 199.
BARLOW (J.). *The Same.* Balt. 1814. 18° 200.
BARLOW (J.). *The Same.* Balt. 1816. 18° 201.
BARLOW (J.). *The Same.* Centreville, Ia. 1824. 16° 202.
BARLOW (J.). *See also* Riggs (L. C.).
BARLOW (W. S.). The Voice of Prayer. N. Y. 1871. 8° 203.
BARNES (*Miss* C. M. S.). Plays. Phila. 1848. 12° 204.
BARNES (W. H.). The Drama of Secession. Indianapolis, 1862. Sqr. 16° 205.
BARNETT (M.). Yankee Peddler. N. Y. *n. d.* 12° 206.
BARNITZ (A. T. S.). The Mystic Delvings. Cincinnati, 1857. 8° 207.
BARNUM'S Parnassus. *See* [Butler (W. A.).]
BARNWELL (R. G.). *See* The New Orleans Book.
? BARN-YARD Rhymes. N. Y. 1838. 8° 208.
BARRETT (P.). Flowers, &c. Richmond, Va. 1856. 12° 209.
BARRETT (S. A.). Miantonomah. N. Y. 1849. 12° 210.
BARRY (G.). Poems. Balt. 1807. 12° 211.
BARRY (S.). The Dutchman's Ghost. N. Y. *n. d.* 12° 212.
BARRY (S.). The Persecuted Dutchman. N. Y. *n. d.* 12° 213.
[BARTLETT (E.),] *b.* 1804, *d.* 1855. Simple Settings. Bost. 1855. 16° 214.

BARTLETT (J.), *b.* 1762, *d.* 1827. Aphorisms. Bost. 1823. 12° 215.
BARTLETT (J.). The Fourth of July Anticipated. Bost. 1823. 8° 216.
BARTLETT (J.). Phisiognomy. Boston, 1799. 4° 217.
BARTLETT (S. R.). Concord Fight. Bost. 1860. 12° 218.
BARTLEY (J. A.). Lays, &c. Richmond, 1855. 12° 219.
BARTRUM (J. P.). The Psalms. Bost. 1833. 18° 220.
BATCHELDER (E.). Border Adventures. Bost. 1851. 12° 221.
[BATCHELDER (E.).] Brother Jonathan's Welcome. Bost. [1852.] 8° 222.
BATCHELDER (E.). A Romance of the Fashionable World. Bost. 1857. 18° 223.
[BATCHELDER (E.). A Romance of the Sea-Serpent. Cambridge, 1849. 16° 224.
BATCHELDER (E.). *The Same.* 4th. ed. Cambridge, 1850. 16° 225.
BATCHELDER (S.). Poetry of the Bells. [Cambridge,] 1858. 8° 226.
BATEMAN (Mrs. S. F.). Self. N. Y. [1856.] 12° 227.
BATES (D.), *b.* 1809, *d.* 1870. The Eolian. Phila. 1849. 12° 228.
BATES (D.). Poems. Phila. 1853. 12° 229.
BATES (D.). The Poetical Works. Phila. 1870. 12° 230.
BATES (S.). Dream Life. Phila. 1872. 12° 231.
[BATTERSHALL (W. W.).] Valedictory Poem. New Haven, 1864. 8° 232.
? BATTLE (The) of Brooklyn. N. Y. 1776. [Reprinted Brooklyn, 1873.] 8° 233.
BATTLE (The) of Bunker Hill. *See* [Emmons (R.).]
BATTLE (The) of Bunkers-Hill. *See* [Brackenridge (H. H.).]
BATTLE (The) of Cannæ. *See* [Stump (Judge).]
BATTLE (The) of the Frogs. *See* Weaver (W. L.).
BATTLE (The) of Lepanto. *See* W.
? BATTLE (The) of New Orleans; Or, Jackson's Victory. Balt. 1825. 18° 234.
BATTLE of Niagara. *See* [Neal (J.).]
? BATTLE (The) of the Thames. N. Y. 1840. 235.
BATTLE (The) of Tippecanoe. *See* [Wallace (W.).]
? BATTLE (The) of Trenton. 8° 236.
? BATTLES (The) of Joshua. Phila. 1843. 12° 237.

BAXTER (Lydia). Gems by the Wayside. N. Y. 1855. 12° 238.
BAXTER (W.). Poems. Cambridge, 1852. 16° 239.
BAY Psalm Book. *See* Whole Booke (The) of Psalms.
BEACH (Elizabeth T. P.). Pelayo. N. Y. 1864. 12° 240.
BEACH (L.). Jonathan Postfree. N. Y. 1807. 18° 241.
BEACH (S. B.). Escalala. Utica, 1824. 12° 242.
BEACON Hill. *See* [Morton (Mrs. S. W.).]
BEADLE'S. *See* Song Books.
BEASLEY (F. W.). Henry Venola. Phila. 1841. 12° 243.
BECKETT (S. B.). Hester. Portland, 1860. 8° 244.
BELISLE (D. W.). The Parterre. Phila. 1849. 18° 245.
BELKNAP (J.), *b.* 1744, *d.* 1798. Sacred Poetry. 5th. ed. Bost. 1808. 18° 246.
BELKNAP (J.). Sacred Poetry. Bost. 1820. 18° 247.
? BELL (Rosalie). Lilies & Violets. N. Y. 1855. 12° 248.
BELLAMY (W. H.). Lyrics. N. Y. 1853. 8° 249.
BELLS (The). *See* A[ldrich] (T. B.).
? BENCH (The) and Bar of Cuyahoga County. 16° 250.
BENEDICT (D.), *b.* 1778, *d.* 1870. A Poem dld. at Taunton. Bost. 1807. 8° 251.
BENEDICT (F. L.). The Shadow Worshiper. N. Y. 1857. 12° 252.
[BENEDICT (N.).] The Watery War. Bost. 1808. 12° 253.
BENJAMIN (P.), *b.* 1809. Infatuation. Bost. 1844. 8° 254.
BENJAMIN (P.). Poetry: A Satire. N. Y. 1842. 8° 255.
BENJAMIN (P.). *See also* The Harbinger. Part I.
BENJAMIN (S. G. W.). Constantinople. Bost. 1860. 16° 256.
BENNETT (E.). The Brigand. N. Y. 1842. 12° 257.
BENNETT (Emily T. B.). Song of the Rivers. N. Y. 1865. 12° 258.
BENNETT. *See* James Gordon Bennett.
BENNISON (Mrs.). Poems. Bost. 1847. 16° 259.
BERGH (H.). "Married Off." N. Y. 1862. 16° 260.
BERKSHIRE Jubilee (The). [*Contains Poems by* 'W. Allen,' 'W. P. Palmer,' 'E. Bacon,' 'Mrs. F. K. Butler,' 'Mrs. Sigourney,' 'Mrs. L. Hyde,' 'Dr. Holmes' *and others.*] Albany, 1845. 8° 261.
BERNADES (D.). Rimas Varias. Lisboa, 1770. 24° 262.
BERNADES (D.). Varias Rimas. Lisboa, 1770. 24° 263.
BERTHOLLET (J. L.). Love Redeemed. [N. Y.] *n. d.* 8° 264.

BETHUNE (G. W.), *b.* 1805, *d.* 1862. Lays. Phila. 1848. 12°, *size of* 8° 265.
BETHUNE (G. W.). *The Same.* Phila. [1848.] 12°, *size of* 8° 266.
BETTNER (G.). Harmoniæ Cælestes. N. Y. 1833. 12° 267.
BIDDLE (H. P.), *b.* 1818. A Few Poems. Cincinnati, 1858. 12° 268.
BIDDLE (H. P.). Poems. N. Y. 1868. 16° 269.
BIGELOW (A.). The Sabbath. Worcester, 1842. 12° 270.
[BIGELOW (J.),] *b.* 1787. Eolopœsis. N. Y. [1855.] 16° 271.
BIGELOW (J.). A Poem on Professional Life. Bost. 1811. 8° 272.
BIGELOW (*Mrs.* M. A.). The Northern Harp. N. Y. 1853. 16° 273.
[BIGLOW (W.), *b.* 1773, *d.* 1844. Commencement. Salem, 1811. 8° 274.
BIGLOW (W.). Education. Salem, 1799. 8° 275.
BIGLOW (W.). A Poem on Intemperance. Cambridge, 1834. 12° 276.
[BIGLOW (W.).] Re-Commencement. Bost. 1811. 8° 277.
[BIGLOW (W.).] Re-Re-Commencement. Salem, 1812. 8° 278.
BIGLOW (W.). Sawney (No. 1.). Bost. 1816. 18° 279.
BIGLOW Papers (The). *See* [Lowell (J. R.).]
BIGNEY (M. F.). The Forest Pilgrims. N. O. 1867. 12° 280.
? BIRCH (Rev. E. P.), of La Grange, Ga. The Devil's Visit to "Old Abe." [No title page, place or date.] 16° 281.
BIRD (M. B.). The Victorious. Kingston, Jamaica, 1866. 16° 282.
BISHOP (J.). A Poem on the Maine Law. Pawtucket, 1853. 16° 283.
BISHOP (L.). Teuchsa Grondie. Albany, 1870. 8° 284.
BISHOP (P. P.). Liberty's Ordeal. N. Y. 1864. Sm. 16° 285.
BISSELL (C.). The Panic. N. Y. 1860. 12° 286.
BISSELL (C.). A Poem, &c. New Haven, 1861. 8° 287.
BLACKBIRD (The). *See* Song Books.
? BLADENSBURG Races (The). *n. p.* 1816. 24° 288.
BLADENSBURG Races (The). [Reprinted 1865.] 4° 289.
[BLAIR (F. O.).] A Catalogue, &c. [*Poem pp.* 11–23.] Bost. 1844. 12° 290.

BLAKE (Miss L.). Poems. Bost. 1832. 12° 291.
BLAKELY (A.). The Sabbath. Rochester, 1859. 12° 292.
BLANCHE of Brandywine. *See* [Burnett (J. G.).]
BLEECKER (*Mrs.* A. E.), *b.* 1752, *d.* 1783. The Posthumous Works. To which is added, A collection of Essays, Prose & Poetical, by Margaretta V. Faugeres. N. Y. 1793. 12° 293.
BLESSED Hand (The). *See* [Wallis (S. T.).]
BLISS (H.). The Genius of Federalism. Pittsfield, 1813. 12° 294.
? BLOCKHEADS (The); Or, Fortunate Contractor. An Opera, in Two Acts, as it was performed at New York. Printed at New York. London, Re-printed 1782. 16° 295.
BLODGET (W. P.). *See* Song Books.
BLOOD (B.). The Colonnades. Amsterdam, N. Y. 1868. Lg. 8° 296.
BLUNT (Mrs. E. K.). Bread To My Children. Phila. 1856. 12° 297.
BOB Jingle, Esq. *See* Jingle (Bob).
BODMAN (M.). An Oration..Also Four Hymns. Williamsburg, 1817. 12° 298.
BOGART (*Miss* E.). Driftings. N. Y. 1866. 16° 299.
BOIES (Lura A.). Rural Rhymes. Saratoga Springs, 1859. 8° 300.
BOIES (L. A.). *The Same.* Saratoga Springs, 1860. 8° 301.
BOKER (G. H.), *b.* 1823. Anne Boleyn. Phila. 1850. 12° 302.
BOKER (G. H.). Calaynos. Phila. 1848. Lg. 12° 303.
BOKER (G. H.). *The Same.* 2nd. ed. Phila. 1848. Lg. 12° 304.
BOKER (G. H.). *The Same.* Lond. [1849.] 18° 305.
[BOKER (G. H.).] Hymn. *n. p.*, *n. d.* 12° 306.
BOKER (G. H.). The Lesson of Life. Phila. 1848. 12° 307.
BOKER (G. H.). Plays & Poems. 2 vs. Bost. 1856. 16° 308.
BOKER (G. H.). The Podesta's Daughter. The "Original Manuscript." 309.
BOKER (G. H.). The Podesta's Daughter. Phila. 1852. 12° 310.
BOKER (G. H.). Poems of the War. Bost. 1864. 16° 311.
BOKUM (H.). Translations. Bost. 1836. 16° 312.
BOLD Scotch Dragoon (The). *See* [Ruschenberger (Mrs.).]
BOLLES (J. R.). Solitude & Society. N. Y. 1846. 12° 313.

BOLLES (J. R.). *The Same.* 2nd. ed. New London, 1847. 12° 314.
? BONAPARTE; with The Storm at Sea, &c. N. Y. 1820. 8° 315.
BONNER (T. D.). *See* Song Books.
? BOOK (The) of Bubbles. N. Y. 1864. Obl. 8° 316.
? BOOK (Ye) of Copperheads. Phila. 1863. Obl. 8° 317.
? BOOK (A) of Songs for My little Sisters & little Brothers too. N. Y. 1854. Sqr. 12° 318.
? BOOK (A) of Sonnets, by a Virginian. Lynchburg, Va. 1867. 8° 319.
BOOKUM(Reader), *pseud.* *See* [Brown (D.).]
BOOK of Words. *See* Song Books.
BOONE (W. T.). D'Arcy Dunn. Windsor, [Halifax,] 1867. 8° 320.
BOOTH (J. B.), *b.* 1796, *d.* 1852. Ugolino. Phila. *n. d.* 18° 321.
BOOTH (*Mrs.* M. H. C.), *b.* 1831, *d.* 1865. Wayside Blossoms. Phila. 1865. 18° 322.
BORTHWICK (J. D.). The Harp of Canaan. Montreal, 1866. 8° 323.
? BOSTON: A Poem. Bost. 1846. 16° 324.
? BOSTON and Boston People, in 1850. Bost. 1850. 16° 325.
BOSTON and its Environs. *See* [Pettis (S.).]
BOSTON Book (The). Ed. by B. B. Thatcher. Bost. 1837. 12° 326.
BOSTON Book (The). [Ed. by G. S. Hillard.] Bost. 1841. 12° 327.
BOSTON BOOK (The). Bost. 1850. 12° 328.
? BOSTON City: Measured by the Author of the "Phillipiad." Bost. 1849. 12°, *size of* 8° 329.
BOSTON Prize Poems. Bost. 1824. 12° 330.
BOSTONIAD (The). *See* [Lidstone (J. T. S.).]
[BOTSFORD (Mrs.).] Viola. Louisville, Ky. 1820. 16° 331.
BOUDRYE (L. N.). Historic Records, &c. 2nd. ed. Albany, 1865. 12° 332.
BOULTON (T.). The Voyage. Bost. 1773. 8° 333.
[BOURNE (Mrs. S.).] *See* Graduates' Reunion.
BOURNE (W. O.). Poems. N. Y. 1850. 8° 334.
BOURNE (W. O.). The Republic. [N. Y.] *n. d.* 8° 335.
BOURNE (W. O.). *The Same.* N. Y. 1861. 8° 336.

Bourne (W. O.). The Sale of a Distillery. N. Y. 1845. 8° 337.
Bowdish (J.). Poem dld. at Fonda. Albany, 1862. 8° 338.
Bowdoin Poets (The). *See* Weston (E. P.).
[Boyer (Miss L.).] *See* Graduates' Reunion.
[Brackenridge (H. H.),] *b.* 1748, *d.* 1816. The Battle of Bunkers-Hill. Phila. 1776. 8° 339.
[Brackenridge (H. H.).] The Death of General Montgomery, &c. Norwich, 1777. 8° 340.
Brackenridge (H. H.). *See also* [Freneau (P.) & Brackenridge (H. H.).]
Brackett (E. A.). Twilight Hours. Bost. 1845. 16° 341.
[Brackett (J. R.).] *See* Report of the Meeting, &c.
Bradbury (W. B.), *b.* 1816, *d.* 1868. Cottage Melodies. N. Y. 1859. Sqr. 16° 342.
Bradford (J. S.). Autumn Winds. N. Y. 1869. 12° 343.
Bradley (J.). *See* Pleasant (Miss J.) & Bradley (T. B.).
[Bradley (W. H.),] *b.* 1802, *d.* 1825. Giuseppino. Phila. 1822. 18° 344.
[Bradstreet (Mrs. A.),] *b.* 1612–13, *d.* 1669. Several Poems, &c. 2nd. ed. Bost. 1678. 16° 345.
[Bradstreet (Mrs. A.). Several Poems, &c. 3d. ed. Bost. 1758. Sm. 8° 346.
[Bradstreet (Mrs. A.).] The Tenth Muse. Lond. 1650. 16° 347.
Bradstreet (*Mrs.* A.). The Works. Charlestown, 1867. Lg. 8° 348.
Brainard (J. G. C.), *b.* 1796, *d.* 1828. The Literary Remains. Hartford, [1832.] 12° 349.
Brainard (J. G. C.). Occasional Pieces. N. Y. 1825. 12° 350.
Brainard (J. G. C.). The Poems. Hartford, 1842. 16° 351.
Branagan (T.). Avenia. Phila. 1805. 12° 352.
Branagan (T.). *The Same.* Phila. 1810. 18° 353.
Branagan (T.). The Penitential Tyrant. Phila. 1805. 18° 354.
Branagan (T.). *The Same.* 2nd. ed. N. Y. 1807. 16° 355.
Branch (W.). Life. Richmond, 1819. 12° 356.
? Branch (The): A Sacred Poem and Other Poems. Phila. 1862. 12° 357.

? Brandfire (A) New Whaling Song. New Bedford, 1831. 16° 358.
Brannan (W. P.), *b.* 1825, *d.* 1866. Vagaries. Cincinnati, 1865. 16° 359.
Brashears (N.). Columbia's Wreath. 2nd. ed. Washington, 1830. 12° 360.
Brashears (N.). Poems. Washington, 1826. 12° 361.
Brashears (N.). The Satirist. Washington, 1832. 12° 362.
Breakenridge (J.). The Crusades. Kingston, 1846. 8° 363.
Breck (C.). The Fox Chase. N. Y. 1808. 18° 364.
Breck (C.). The Trust. N. Y. 1808. 18° 365.
Breck (J.). West Point. Balt. 1840. 12° 366.
Breissel (Conrad). *See* Paradisisches Wunder=Spiel.
Brewer (W. A.). Recreations. Bost. 1836. 12° 367.
Brewster (L. D.). Poem, [*and* 'Parting Ode, By C. G. Child.'] New Haven, 1855. 8° 368.
Bridal Ballad (The). *See* "Quilp."
Bridal (The) of Vaumoud. *See* [Sands (R. C.).]
? Bride (The) of Fort Edwards. N. Y. 1839. 12° 369.
? Bride (The) of the Iconoclast. Bost. 1854. 12° 370.
Bridges (Sallie). Marble Isle. Phila. 1864. 16° 371.
? Brief (A) Narrative or Poem. Bost. 1852. Broadside. 372.
Briggs (Caroline A.). Utterance. Bost. 1852. 8° 373.
[Bright (M. H.).] Dies Irae. N. Y. 1866. 8° 374.
British (The) Prison-Ship. *See* [Freneau (P.).]
? Broad Hint (A) to No Body; if it Suits Any Body, it will not disappoint Every Body, &c. [May 25, 1829.] 12° 375.
? Broadside (A) for the Times. N. Y. 1861. 12° 376.
Broadside Songs & Ballads: A Collection.
[*Relating to Slavery & The Rebellion,* [*abt.* 500.
Miscellaneous, *abt.* 1600.] 377.
Bro-de-hed-da: A Song of Slaughter. *See* Goggles (Phil:).
Brooke (W.), *pseud.* *See* [Lunt (G.).]
Brooks (C. T.), *b.* 1813. Aquidneck. Prov. 1848. 16° 378.
Brooks (C. T.). Faust. Bost. 1856. 16° 379.
Brooks (C. T.). *The Same.* 2nd ed. Bost. 1857. 16° 380.
Brooks (C. T.). German Lyrics. Bost. 1853. 16° 381.
Brooks (C. T.). The Jobsiad. Phila. 1863. 12° 382.

Brooks (C. T.). The Layman's Breviary. Bost. 1867. Sqr. 16° 383.
Brooks (C. T.). Master Pigmy. Phila. *n. d.* Sqr. 8° 384.
Brooks (C. T.). A Poem [dld.] at Cambridge. Bost. 1845. 8° 385.
B[rooks] (C. T.). Roman Rhymes. Cambridge, 1869. 16° 386.
Brooks (C. T.). Schiller's Homage. Bost. 1847. 16° 387.
Brooks (C. T.). Songs of Field and Flood. Bost. 1853. 16° 388.
[Brooks (C. T.).] William Tell. Prov. 1838. 12° 389.
Brooks (Constantina E.). Ballads, &c. N. Y. 1866. 12° 390.
Brooks (J. G.), *b.* 1801, *d.* 1841. Anniversary Poem. N. Y. 1826. 8° 391.
Brooks (J. G. & *Mrs.* M. E.). The Rivals of Este. N. Y. 1829. 12° 392.
[Brooks (Mrs. M.),] *b.* 1795, *d.* 1845. Idomen. N. Y. 1843. Sm. 12° 393.
[Brooks (Mrs. M.).] Judith, Esther & Other Poems. Bost. 1820. 18° 394.
Brooks (Mrs. [M.]). Zophiel. Bost. 1825. 18° 395.
[Brooks (Mrs. M.).] *The Same.* Bost. [Lond.] 1833. 16° 396.
[Brooks (Mrs. M.).] *The Same.* 2nd Am. ed. Bost. 1834. 16° 397.
Brooks (N. C.), *b.* 1819. The History of the Church. Balt. 1841. 12° 398.
Brooks (N. C.). The Literary Amaranth. Phila. 1840. 12° 399.
Brooks (Sarah W.). Blanche. N. Y. 1861. 12° 400.
Brooks (Sarah W.). The Legend of St. Christopher. Prov. 1859. 12° 401.
? Brother Jonathan's Epistle. Bost. 1852. 12° 402.
Brother Jonathan's Welcome. *See* [Batchelder (E.).]
Brougham (J.), *b.* 1814. Columbus El Filibustero!! N. Y. [1857.] 12° 403.
Brougham (J.). Dred. N. Y. [1856.] 12° 404.
Brougham (J.). Franklin. N. Y. [1856.] 12° 405.
Brougham (J.). The Great Tragic Revival. N. Y. [1858.] 12° 406.
Brougham (J.). The Irish Yankee. N. Y. [1856.] 12° 407.
Brougham (J.). Life in New York. N. Y. [1856.] 12° 408.
Brougham (J.). Metamora. Bost. *n. d.* 12° 409.

BROUGHAM (J.). The Miller of New Jersey. N. Y. [1858. 12° 410.
BROUGHAM (J.). The Musard Ball. N. Y. [1858.] 12° 411.
BROUGHAM (J.). Neptune's Defeat. N. Y. [1858.] 12° 412.
BROUGHAM (J.). An Original Aboriginal, &c. N. Y. *n. d.* 12° 413.
BROUGHAM (J.). Poem; dld. in New York. N. Y. 1857. 8° 414.
BROUGHAM (J.). The Red Mask. N. Y. [1856.] 12° 415.
BROUGHAM (J.). Take Care of Little Charley. N. Y. [1858.] 12° 416.
BROUGHAM (J.). Temptation. N. Y. [1856.] 12° 417.
BROUGHAM (J.) & Goodrich (F. B.). The Dark Hour before Dawn. N. Y. [1858.] 12° 418.
[BROWN (A. W.).] Awbron's Nationair. *n. p.*, *n. d.* 8° 419.
[BROWN (A. W.).] Sam's Fast. [N. Y. Dec. 31st, 1862.] 8° 420.
[BROWN (D.).] Pumpkin Pies. [East Dover, Vt.] *n. d.* 12° 421.
BROWN (D. P.), *b.* 1795, *d.* 1872. The Prophet. Phila. 1836. 8° 422.
BROWN (D. P.). Sertorius. Phila. 1830. 8° 423.
[BROWN (E.).] Poems, &c. N. Y. 1834. 18° 424.
[BROWN (E.).] *The Same.* *n. p.* 1836. 18° 425.
BROWN (E.). The Trial of Cain. Bost. 1827. 18° 426.
[BROWN (E.).] *The Same.* Brooklyn, 1839. 18° 427.
BROWN (J. N.), *b.* 1803, *d.* 1868. The Apocalypse. Augusta, 1836. 12° 428.
BROWN (J. N.). Emily. Concord, N. H. 1840. 18° 429.
BROWN (J. S.). The Bouquet. Lancaster, Pa. 1858. 12° 430.
BROWN (J. W.), *b.* 1814, *d.* 1849. The Christian Offering. N. Y. 1839. 12° 431.
[BROWN (J. W.).] Christmas Bells. N. Y. 1842. 16° 432.
BROWN (J. W.). Geraldine. N.Y. 1846. 12° 433.
[BROWN (J. W.).] Michael Agonistes. N. Y. 1843. 12° 434.
BROWN (L.). Poems, &c. Des Moines, 1868. 16° 435.
BROWN (S.), *b.* 1790. Dental Hygeia. N. Y. 1838. 12° 436.
BROWN (S.). Dentologia. N. Y. 1833. 8° 437.
BROWN (S.). *The Same.* [2nd. ed.] N. Y. 1840. 8° 438.
BROWN (S.). An Essay, &c. New Haven, 1818. 12° 439.
BROWN (S.). Llewellen's Dog. N. Y. 1840. 12° 440.
BROWN University. *See* [Streeter (R. M.).]
BROWN (W. W.). *See* Song Books.

BROWNE (*Mrs.* F. E.). Poems. Cambridge, 1846. 16° 441.
BROWNE (*Mrs.* F. E.). *The Same.* Bost. 1848. 16° 442.
BROWNELL (H. H.). Ephemeron. N. Y. 1855. 12° 443.
[BROWNELL (H. H.).] Lyrics of a Day. N. Y. 1864. 12° 444.
BROWNELL (H. H.). Poems. N. Y. 1847. 12° 445.
BROWNELL (H. H.). War-Lyrics. Bost. 1866. 16° 446.
[BRUCE (D.).] Poems. Washington, 1801. 12° 447.
BRYAN (D.). The Appeal. Washington City, 1826. 8° 448.
BRYAN (D.). The Lay, &c. Phila. 1826. 8° 449.
BRYAN (D.). The Mountain Muse. Harrisonburg, 1813. 12° 450.
BRYAN (D.). Thoughts, &c. Richmond, 1830. 8° 451.
BRYAN (D.). A Tribute, &c. Alexandria, 1841. 8° 452.
BRYANT (J. D.). Redemption. Phila. 1859. 12° 453.
BRYANT (J. H.), *b.* 1807. Poems. N. Y. 1855. 12° 454.
BRYANT (W. C.), *b.* 1794. The Embargo. 2nd. ed. Bost. 1809. 12° 455.
BRYANT (W. C.). The Fountain. N. Y. 1842. 12° 456.
BRYANT (W. C.). The Iliad. Bost. 1870. 2vs. Lg. 8° 457.
BRYANT (W. C.). The Odyssey. Bost. 1870-1. 2vs. Lg. 8° 458.
BRYANT (W. C.). Poems. Cambridge, 1821. 12° 459.
BRYANT (W. C.). *The Same.* N. Y. 1832. 12° 460.
BRYANT (W. C.). *The Same.* Lond. 1832. 16° 461.
BRYANT (W. C.). *The Same.* Bost. 1834. 12° 462.
BRYANT (W. C.). *The Same.* 4th. ed. N. Y. 1836. 12° 463.
BRYANT (W. C.). *The Same.* 6th. ed. N. Y. 1840. 12° 464.
BRYANT (W. C.). *The Same.* With Illustrations. Phila. 1847. 12°, *size of* 8° 465.
BRYANT (W. C.). *The Same.* Phila. 1848. 12° 466.
BRYANT (W. C.). *The Same.* Phila. 1852. 12° 467.
BRYANT (W. C.). *The Same.* 2vs. N. Y. 1855. 12° 468.
BRYANT (W. C.). *The Same.* N. Y. 1856. 24° 469.
BRYANT (W. C.). *The Same.* Illustrated. N. Y. [Lond.] 1858. 4° 470.
BRYANT (W. C.). *The Same.* Illustrated. N. Y. [Lond. 1858.] 4° 471.
BRYANT (W. C.). *The Same.* N. Y. 1864. 24° 472.
BRYANT (W. C.). The Poetical Works. Lond. 1844. 32° 473.
BRYANT (W. C.). Selections. N. Y. 1840. 18° 474.

BRYANT (W. C.). The Song of the Sower. N. Y. 1871. Sm. 4° 475.
BRYANT (W. C.). Thirty Poems. N. Y. 1864. 12° 476.
BRYANT (W. C.). The White-Footed Deer. N. Y. 1844. 18° 477.
BRYANT'S. *See* Song Books.
BUBBLE & Squeak. *See* [Woodworth (S.).]
? BUCKEYE. Woman's Wish! Versus Man's Will. N. Y. 1859. 12° 478.
BUCKLEY'S. *See* Song Books.
BUCKWHEAT Cake (The). *See* [Pickering (H.).]
BUDS and Flowers. *See* Hawser (Harry).
BULFINCH (S. G.), *b.* 1809, *d.* 1870. Lays, &c. Bost. 1845. 16° 479.
BULFINCH (S. G.). Poems. Charleston, 1834. 18° 480.
BULFINCH (S. G.). The Harp, &c. 2nd. ed. Bost. 1857. 12° 481.
BULKLEY (C. H. A.). Niagara. N. Y. 1848. 12° 482.
BULLOCK (*Miss* C.), *b.* 1821. A Bunch of Pansies. N. Y. 1852. 12° 483.
BULLOCK (*Miss* C.). Washington. N. Y. 1847. 12° 484.
? BULLS and the Bears (The): Or, Wall St. Squib. No. 1. N. Y. 1854. 16° 485.
BUNCE (O.). Love in '76. N. Y. [1857.] 12° 486.
BUNGAY (G. W.). *See* Song Books.
? BUNYAN'S Pilgrim's Progress, &c. Hartford, 1821. 18° 487.
BURDEN of the South (The). *See* [Burke (J.).]
BURGE (*Miss* J. P.). Life at Greene Farm. [Prov.] 1870. 12° 488.
BURGES (T.), *b.* 1770, *d.* 1853. The Valley of Alvardo. Prov. 1847. 8° 489.
BURGESS (G.), *b.* 1809, *d.* 1866. The Book of Psalms. N. Y. 1840. 12° 490.
[BURGESS (G.).] Centennial, &c. [Prov.] 1864. 12° 491.
[BURGESS (G.).] The Hours. *n.p.*, *n. d.* Sqr. 8° 492.
BURGESS (G.). The Martyrdom. Prov. 1834. 12° 493.
BURGESS (G.). The Poets of Religion. Hartford, 1847. 8° 494.
[BURGESS (G.).] The Strife of Brothers. N. Y. 1844. 8° 495.
BURGESS (G.). *See also* Celebration of, &c.
BURGOYNE'S Defeat. *n. p.*, *n. d.* Broadside. 496.

BURK (J.), *d.* 1808. Bethlem Gabor. Petersburg, 1807. 16° 497.
BURKE (J.). Bunker-Hill. Balt. 1808. 12° 498.
BURK (J.). Bunker-Hill. [2nd. ed.] N. Y. 1817. 18° 499.
BURK (J.). Female Patriotism. N. Y. 1798. 12° 500.
[BURK (J.)?] The Innkeeper of Abbeville, &c. By Edward Fitzball? N. Y. *n. d.* 12° 501.
BURK (J. Daly). *See supra* Nos. 497 to 501 inc.
BURKE (C.). Rip Van Winkle. N. Y. *n. d.* 12° 502.
[BURKE (J.).] The Burden, &c. N. Y. [1864.] 8° 503.
[BURKE (J.).] Chivalry. N. Y. 1866. 8° 504.
[BURKE (J.).] Stanzas, &c. N. Y. 1866. 8° 505.
BURLEIGH (G. S.). Elegiac Poem. Hartford, 1846. Sqr. 16° 506.
BURLEIGH (G. S.). The Maniac. Phila. 1849. 12° 507.
BURLEIGH (G. S.). Ode. [Prov. 1844.] Broadside. 508.
BURLEIGH (W. H.), *b.* 1812, *d.* 1871. Our Country. Allegheny, 1841. 12° 509.
BURLEIGH (W. H.). Poems. Phila. 1841. 12° 510.
BURLEIGH (W. H.). The Rum Fiend. N. Y. 1871. 12° 511.
BURLEIGH (W. H.). *See also* Song Books.
BURNET (J. R.). Tales, &c. Newark, N. J. 1835. 12° 512.
[BURNETT (J. G.).] Blanche of Brandywine. N. Y. [1858.] 12° 513.
[BURR (J. A.).] Valedictory Poem. New Haven, 1871. 8° 514.
BURRALL (S. E.). Poem dld. at Williams College. Bost. 1868. 8° 515.
BURROUGHS (C.), *b.* 1787, *d.* 1868. The Poetry of Religion. Bost. 1851. 16° 516.
BURROWES (G.), *b.* 1811. Octorara. Phila. 1856. 8° 517.
BURT (A.). The Coronation. Charleston, 1822. 12° 518.
BURT (A.). Journeyman Weaving. N. Y. 1831. 12° 519.
BURT (A.). Poems. N. Y. 1833. 12° 520.
BURTT (J.). Horæ Poeticæ. Bridgeton, N. J. 1819. 18° 521.
? BUSTER (Phil E.). The World's Peace Jubilee. Bost. 1872. 16° 522.
? BUSTLE (The). Bost. 1845. 12° 523.
BUSWELL (H. F.). Ode [dld. at Lancaster.] Bost. 1868. 8° 524.
BUTLER (C. M.). Themes for the Poet. Hartford, 1852. 8° 525.
BUTLER (*Mrs.* F. A.). *See* (Kemble Mrs. F. A.).

BUTLER (J. H.), *b.* 1805.* Wild Flowers. Troy, N. Y. 1843. 12° 526.
[BUTLER (W. A.),] *b.* 1825. Barnum's Parnassus. N. Y. 1850. 12° 527.
BUTLER (W. A.). Two Millions. N. Y. 1858. 12° 528.
[BUTLER (W. A.).] Miss M'Flimsey. Prov. 1857. 16° 529.
[BUTLER (W. A.).] Nothing to Wear. N. Y. 1857. 12° 530.
BUTTERWORTH (H.). An Historical Address and Poem. Prov. 1870. 12° 531.
BUTTON (Susan S.). Poems. Litchfield, Ohio, 1858. 12° 532.
? BUZZ (Bumblery). Ephemera, Or, The History of Cockney Dandies. Phila. 1819. 16° 533.
BYLES (Mr. [M.].), *b.* 1706, *d.* 1788. A Poem on the Death of His late Majesty King George, &c. *n. p.*, *n. d.* 12° 534.
BYRON (Lord), *pseud.* *See* [AGG..]

C (A. B.). *See* C[ary] (A. B.).
? C (E. H.). The Chaplet. Ed. by H. D. Moore. Phila. 1846. 12° 535.
? C (J. F.). Poems & Essays. Syracuse, N. Y. 1867. 16° 536.
CABELL (*Mrs.* J. M.). An Odd Volume. Richmond, 1852. 12° 537.
CALDWELL (C.), *b.* 1772, *d.* 1853. An Elegiac Poem. Phila. 1800. 8° 538.
CALDWELL (H. H.), *b.* 1831. Oliatta. N. Y. 1855. 12° 539.
CALDWELL (H. H.). Poems. Bost. 1858. 16° 540.
CALDWELL (W. W.), *b.* 1823. Poems. Bost. 1857. 16° 541.
CALVERT (G. H.), *b.* 1803. Anyta. Bost. 1866. 16° 542.
CALVERT (G. H.). Arnold and André. Bost. 1864. 16° 543.
CALVERT (G. H.). Cabiro: Cantos I. & II. Balt. 1840. 12° 544.
CALVERT (G. H.). *The Same.* Cantos III. & IV. Bost. 1864 16° 545.
CALVERT (G. H.). Comedies. Bost. 1856. 12° 546.
CALVERT (G. H.). Count Julian. Balt. 1840. 12° 547.
[CALVERT (G. H.).] Don Carlos. Balt. 1834. 12° 548.
[CALVERT (G. H.).] Ellen. N. Y. 1867. 12° 549.
CALVERT (G. H.). *The Same.* N. Y. 1869. 16° 550.
CALVERT (G. H.). Poems. Bost. 1847. 16° 551.
CAMILLE. *See* [Heron (Miss M.),] *and* Olwin (W.).

CAMP (P.). Poems. Utica, N. Y. 1859. 12° 552.
CAMPBELL (E. R.). The Heroine, &c. N. Y. 1857. 12° 553.
CAMPBELL (J. W.). Biographical Sketches. Columbus, 1838. 8° 554.
CAMPBELL (Mary), *pseud.* *See* B (M. E.).
CANDIDATING Fair (The). *See* [Chittenden (A. J.).]
[CANNING (J. D.).] The Harp & Plow. Greenfield, 1852. 12° 555.
CANNING (J. D.). Poems. Greenfield, 1838. 18° 556.
[CANNING (J. D.).] Thanksgiving Eve. Greenfield, 1847. 12° 557.
CANNON (C. J.), *b.* 1800, *d.* 1860. The Crowning Hour. N. Y. 1843. 12° 558.
CANNON (C. J.). Dramas. N. Y. 1857. 12° 559.
CANNON (C. J.). Facts, &c. N. Y. 1835. 12° 560.
CANNON (C. J.). The Oath of Office. N. Y. 1854. 16° 561.
CANNON (C. J.). Poems. N. Y. 1851. 12° 562.
CANNON (C. J.). The Poet's Quest. N. Y. 1841. 12° 563.
CANNON-FLASHES and Pen-Dashes. *See* Martenze (Claes).
CAPRICES. *See* [Miller (S. E.).]
CAREY (*Miss* A.), *b.* 1820, *d.* 1871. Lyra. N. Y. 1852. 12° 564.
CAR[E]Y (*Miss* A.). Poems. Bost. 1855. 12° 565.
CAREY (M.), *b.* 1760, *d.* 1839. The Plagi-Scurriliad. Phila. 1786. 8° 566.
CAREY (M.). *The Same.* [2nd. ed.] Phila. 1786. 8° 567.
CAREY (M.). The Porcupiniad. Canto I. 2nd. ed. Phila. Apl. 22, 1799. 8° 568.
CAREY (M.). *The Same.* Canto II. & III. Phila. April 15, 1799. 8° 569.
CAREY (*Miss* P.), *b.* 1825, *d.* 1871. Poems. Bost. 1854. 16° 570.
CARIBBEANA. *See* [Keimer (S.).]
? CARITEA, Reina de España. Mexico, 1842. 16° 571.
CARLETON (W.). *See* Song Books.
[CARMAN (A. F.).] Oration, &c. ['The Fast Age.'] Troy, N. Y. 1854. 8° 572.
CARMICHAEL (*Miss* S. E.). *See* [Williamson (Mrs. . .).]
? CARMINA Sacra. Wigorniæ, Mass. 1789. Sm. 4° 573.
CARNCROSS & SHARPLEY'S. *See* Song Books.
CARPENTER (W. H.). *See* Baltimore Book (The).

CARRIERS' ADDRESSES.

Title	Year	Size	No.
The [Albany] Argus.	1872.	8°	574.
The Albany Atlas & Argus.	1860.	8°	575.
The Albany Evg. Journal.	1860.	8°	576.
The Albany Evg. Journal.	1861.	8°	577.
The Albany Evg. Journal.	1862.	8°	578.
The Albany Evg. Journal.	1863.	8°	579.
The Albany Evg. Journal.	1864.	8°	580.
The Albany Evg. Journal.	1866.	8°	581.
The Albany Evg. Journal.	1868.	8°	582.
The Balt. & Ohio R. R. [Cincinnati.]	1872.	8°	583.
[The Brooklyn Letter Carriers'] 7th An.	1870.	8°	584.
[The Brooklyn Letter Carriers'] 8th An.	1871.	12°	585.
The Cincinnati Chronicle.	1834.	8°	586.
The Cincinnati Chronicle.	1842.	8°	587.
The Cincinnati Daily Am. Republican.	1845.	8°	588.
The Cincinnati Daily Dispatch.	1850.	8°	589.
The Cincinnati Daily Gazette.	1832.	16°	590.
The Cincinnati Daily Gazette.	1840.	8°	591.
The [Cincinnati] Daily Message.	1842.	8°	592.
The Cincinnati Mirror. [By P. S. Symmes.]	1833.	12°	593.
The [Cincinnati] Inquisitor, &c. [By P. S. Symmes.]	1820.	12°	594.
The [Cincinnati] Liberty Hall, &c. [By P. S. Symmes.]	1817.	12°	595.
The [Cincinnati] Liberty Hall, &c. [By N. Wright.]	1818.	12°	596.
The [Cincinnati] "Western Spy." [By Thos. Peirce?]	1818.	12°	597.
The New-York American.	1843.	12°	598.
The New-York American.	1844.	12°	599.
The [New York] Christian Intelligencer.	1850.	8°	600.
The [New York] Church Journal.	1856.	8°	601.
The [New York] Counting-House Monitor.	1872.	8°	602.
The New York Herald.	1858.	8°	603.
[The New York] Knickerbocker.	*n. d.*	8°	604.
[The New York Letter Carriers'] 2nd An. [By Wm. Ross Wallace.]	1865.	12°	605.

CARRIERS' ADDRESSES (*Continued*).
[The New York Letter Carriers'] 3d An. [By J. C. Prince?] 1866. 12° 606.
The New York Letter Carriers' 4th An. [By A. J. H. Duganne.] 1867. 12° 607.
The New York Letter Carriers' 6th An. 1869. 12° 608.
The New York Letter Carriers' 7th An. 1870. 12° 609.
The New York Letter Carriers' 8th An. 1871. 12° 610.
The New York Observer. 1871. 8° 611.
The [New York] Scientific American. By J. C. Vail. 1865. 8° 612.
The [New York] Scientific American. By J. C. Vail. 1866. 8° 613.
The [New York] Scientific American. By J. C. Vail. 1867. 8° 614.
The [New York] Sun. 1847. 4° 615.
The New York Tribune. 1847. 8° 616.
The New York Tribune. [1849.] 8° 617.
The New York Tribune. 1850. 8° 618.
The New York Tribune. 1851. 8° 619.
The New York Tribune. 1852. 8° 620.
The New York Tribune. 1853. 8° 621.
The New York Tribune. 1854. 8° 622.
The New York Tribune. 1855. 8° 623.
The New York Tribune. 1856. 8° 624.
The New York Tribune. 1857. 8° 625.
The New York Tribune. 1859. 8° 626.
The New York Tribune. 1863. 8° 627.
The New York Tribune. 1864. 8° 628.
The New York World. 1863. 8° 629.
The New York World. 1864. 8° 630.
The [Poughkeepsie] American. 1849. 8° 631.
The St. Louis Daily Union. [By L. J. Cist.] 1863. 8° 632.
The [Salem] Tri-Weekly Gazette. 1848. 8° 633.
CARSEER (G.). Hymns. Bost. 1817. 8° 634.
CARTER (B. M.). Miscellaneous Poems. Phila. 1820. 12° 635.
CARTER (N. H.), *b.* 1787, *d.* 1830. Pains, &c. N. Y. 1824. 8° 636.
CARTER (St. L. L.). Nugæ. Balt. 1844. 18° 637.
CARTER (Sarah C.). Lexicon. Bost. 1853. Sm. 16° 638.

[CARTLAND (M.).] An Epistolary Lament. Concord, 1855. 12° 639.
CARVER (W.). Select Pieces. N. Y. 1834. 12° 640.
C[ARY] (A. B.). Florence Nightingale. Brooklyn, 1857. Sqr. 8° 641.
[CASE (W.).] Poems Occasioned by Several Circumstances. New Haven, 1778. 12° 642.
CASE (W.). Revolutionary Memorials. Ed. by S. Dodd. [Reprint of preceding.] N. Y. 1852. 12° 643.
? CASONELLA. The Angel's Song. N. Y. [1864.] 8° 644.
CASONELLA. Christ is Risen. N. Y. [1865.] 8° 645.
CASONELLA. Glad Tidings. N. Y. [1866.] 8° 646.
CASONELLA. Song to Jesus. N. Y. [1866.] 8° 647.
CASSELS (S. J.). Providence. Macon, 1838. 12° 648.
CATALOGUE (A), &c. *See* [Blair (F. O.).]
CATHLEY (C.). The Ship Union. N. Y. 1852. 8° 649.
CAUGHEY (A. H.). Home. N. Y. 1862. 12° 650.
CAUSTIC (Christopher), *pseud.* *See* [Fessenden (T. G.).]
? CECIL. The Spirit Congress. N. Y. 1859. 12° 651.
CELEBRATION at Tammany Hall, &c. [*Contains Poems by* 'H. Morford,' *and* 'C. F. Olney.'] N. Y. 1866. 8°, *Sig.* 12° 652.
CELEBRATION of the One Hundredth Anniversary of the Founding of Brown University, Sept. 6th, 1864. [*Contains Poems by* 'Hon. C. Thurber,' 'Hon. B. F. Thomas,' 'Maj. J. Hay,' 'Rev. M. A. D'W. Howe,' *and an Ode by* 'Rt. Rev. G. Burgess.'] Prov. 1865. f° 653.
CELEBRATION, &c. *See* [Pettes (G. W.),] *and* [Pierpont (J.).]
CENTENNIAL Celebration at Danvers, Mass. [*Contains Poems by* 'A. Nichols,' 'F. Poole,' 'J. W. Hanson,' *and* 'E. Jocelyn.'] Bost. 1852. 8° 654.
CHALLEN (J.). The Cave of Macpelah. Phila. 1854. 12° 655.
CHALLEN (J.). Igdrasil. Phila. 1859. 12° 656.
CHANDLER (*Miss* E. M.), *b.* 1807, *d.* 1834. The Poetical Works. Phila. 1836. 12° 657.
CHANDLER (*Miss* E. M.). *The Same.* Phila. 1845. 12° 658.
CHANDLER (Maria F.). The Spirit Harp. Springfield, 1851. 16° 659.
[CHANNING (W. E.).] Near Home. Bost. 1858. 16° 660.

CHANNING (W. E.). Poems. Bost. 1843. 16° 661.
CHANNING (W. E.). Poems. 2nd. Series. Bost. 1847. 16° 662.
CHANNING (W. E.). The Woodman. Bost. 1849. 16° 663.
CHAPIN (P.). Evangelic Poetry. Concord, 1794. 8° 664.
CHAPMAN (E. H.). The Parsonage. Cleveland, 1849. 32° 665.
CHAPMAN (G. W.). A Tribute to Kane. N. Y. 1860. 12° 666.
CHARD (T. S.). The Waking. Chicago, 1869. Sqr. 12° 667.
CHARICLES. *See* [Quincy (J. P.).]
CHARLESTON BOOK (The). Charleston, 1845. 12° 668.
? CHARLIE the Drummer Boy. [N. Y.] *n. d.* 32° 669.
CHARLTON (R. M. and T. J.). Poems. Bost. 1839. 16° 670.
CHASE (Elizabeth). Miscellaneous Selections, &c. *n. p.* 1821. 12° 671.
CHASE (Mary M.). Mary M. Chase and her Writings. Bost. 1855. 16° 672.
CHATTERTON (A.). The Buds of Beauty. Balt. 1787. Sm. 8° 673.
CHEEVER (G. B.), *b.* 1807. The American Common-Place Book of Poetry. Bost. [1831.] 12° 674.
CHEEVER (G. B.). *The Same.* Phila. 1841. 12° 675.
CHESTER (J. L.), *b.* 1821. Greenwood Cemetery. N. Y. 1843. 12° 676.
? CHIEF Allfudge's Instructions. 3d. ed. N. Y. 1859. 12° 677.
[CHILD (C. G.).] *See* Brewster (L. D.).
CHILDE Harvard. *See* [Ames (N.).]
? CHILDE Martin. An Epic Poem. N. Y. 1840. 678.
CHILD'S (The) First Catechism. *See* [Clarke (Mrs. M. J.).]
CHIMASIA. *See* Orthos.
[CHITTENDEN (A. J.).] The Candidating Fair. Andover, 1873. 16° 679.
CHIVALRY, Slavery, &c. *See* [Burke (J.).]
CHIVERS (T. H.), *d.* 1858. Eonchs of Ruby. N. Y. 1851. 12° 680.
CHIVERS (T. H.). The Lost Pleiad. N. Y. 1845. 8° 681.
CHIVERS (T. H.). Nacoochee. N. Y. 1837. 12° 682.
CHIVERS (T. H.). The Sons of Usna. Phila. 1858. Lg. 8° 683.
CHIVERS (T. H.). Virginalia. Phila. 1853. 12° 684.
CHOICE (The). *See* [Church (B.).]
CHRISTIAN Ballads. *See* [Coxe (A. C.).]
CHRISTIAN Offering (The). *See* Brown (J. W.).
? CHRISTIAN YEAR (The), for Children. N. Y. 1850. 12° 685.

? CHRISTMAS. A Song of Joy at Dawn. N. Y. 1860. 4° 686.
CHRISTMAS and Poems on Slavery. *See* [Hill (T.).]
CHRISTMAS BELLS. *See* [Brown (J. W.).]
CHRISTS Passion. *See* [Sandys (G.).]
CHRISTY (G.). *See* Song Books.
CHRISTY'S. *See* Song Books.
? CHRONICLES of Yonkers. Yonkers, N. Y. 1864. 8° 687.
[CHURCH (B.),] *b.* 1734, *d.* 1776. The Choice. Bost. 1757. 4° 688.
[CHURCH (B.).] Elegy, &c. Bost. [1766.] 4° 689.
[CHURCH (E.).] The Dangerous Vice ---------. A Fragment. Columbia, 1789. Sm. 4° 690.
CHURCH Knaviad (The). *See* Flaccus (Horatius).
CIST (L. J.), *b.* 1818. Trifles in Verse. Cincinnati, 1845. 12° 691.
[CIST (L. J.).] *See also* Carriers' Addresses.
CITY (The) & Country Compared. *See* [Glenn (J.).]
? CITY'S HEART (The). N. Y. 1866. Sqr. 12° 692.
CIVIS (G. W.). *See* Song Books.
CLACK (Mrs. L.). Gen Lee and Santa Claus. N. Y. 1867. Sqr. 12° 693.
CLAPP (S. C.). Selections. Bost. 1832. 16° 694.
CLAPP (W. W.), *b.* 1826. La Fiammina. Bost. [1857.] 12° 695.
CLAPP (W. W.). My Husband's Mirror. Bost. [1857.] 12° 696.
CLARINDA. *See* [Ralph (J.).]
CLARK (Annie E.). Poems. Phila. 1866. 18° 697.
CLARK (G. H.), *b.* 1809. The News. Hartford, 1856. 8° 698.
CLARK (G. H.). Now and Then. Hartford, 1855. 8° 699.
CLARK (G. W.). The Harp of Freedom. Bost. 1856. 12° 700.
CLARK (G. W.). The Liberty Minstrel. N. Y. 1844. 12° 701.
CLARK (G. W.). *The Same.* 4th. ed. N. Y. 1845. 12° 702.
CLARK (L.). Kenridge Hall. Washington, 1859. 12° 703.
CLARK (R. E.). The First Book of Paradise Lost. Lynchburg, Va. 1867. 12° 704.
CLARK (S. T.). Josephine. Bost. 1856. 16° 705.
[CLARK (W. A.).] The Learned World. Bost. 1864. 12° 706.
[CLARK (W. A.).] Our Modern Athens. Bost. 1860. 12° 707.
CLARK (W. G.), *b.* 1810, *d.* 1841. The Literary Remains. N. Y. 1844. 8° 708.
CLARK (W. G.). *The Same.* N. Y. 1847. 8° 709.

CLARK (W. G.). The Past and Present. *n. p.* 1834. 12° 710.
CLARK (W. G.). The Poetical Writings. 2nd. ed. N. Y. 1847. 32° 711.
CLARK (W. G.). The Spirit of Life. Phila. 1833. 12° 712.
CLARKE (G. W.). The Dreams of Pindus. Phila. 1829. 18° 713.
CLARKE (G. W.). The Wreath of the West. Phila. 1828. 18° 714.
[CLARKE (Mrs. M. J.).] The Child's First Catechism. Prov. 1840. 18° 715.
CLARKE (Mrs. M. J.). *The Same.* 2nd. ed. Prov. 1864. 18° 716.
[CLARKE (McD.),] *b.* 1798, *d.* 1842. Afara. N. Y. 1859. 8° 717.
[CLARKE (McD.).] Afara III. N. Y. 1829. 8° 718.
CLARKE (McD.). Death in Disguise. Bost. 1833. 18° 719.
[CLARKE (McD.).] The Elixir of Moonshine. Gotham, A. M. 5822. 18° 720.
CLARKE (McD.). The Gossip. N°. One. N. Y. 1823. 18° 721.
CLARKE (McD.). Poems. N. Y. 1836. 12° 722.
CLARKE (McD.). Sketches. Part II. N. Y. 1826. 18° 723.
[CLARKE (Mrs. S. J.).] Poems. Bost. 1851. 16° 724.
[CLARKE (Mrs. S. J.).] *The Same.* Bost. 1858. 16° 725.
[CLARKE (Mrs. S. J.).] *The Same.* Bost. 1860. 16° 726.
[CLARKE (T. C.).] A Collection. Phila. 1824. 24° 727.
[CLASON (I. S.),] *b.* 1789, *d.* 1834. Horace in New York. N. Y. 1826. 12° 728.
[CLASON (I. S.).] Don Juan. Cantos XVII–XVIII. N. Y. 1825. 18° 729.
? CLASS Poem. [Concord, Mass.] 1838. 8° 730.
CLAY MINSTREL (The). *See* Song Books.
[CLEAVELAND (Mrs. E. H. J.).] No Sect in Heaven. *n. p.*, *n. d.* 32° 731.
[CLEAVELAND (Mrs. E. H. J.).] *The Same.* *n. p.* 1861. 32° 732.
CLEAVELAND (Mrs. E. H. J.). No Sects in Heaven. N. Y. 1869. Sqr. 16° 733.
CLIFFORD (F.). The Present Age. N. Y. 1851. 12° 734.
[CLIFFTON (W.),] *b.* 1772, *d.* 1799. The Group. Phila. 1796. Sm. 4° 735.
CLIFFTON ([W.]). Poems. N. Y. 1800. 18° 736.
[CLIFFTON (W.).] A Poetical Epistle ['Prefixed' *to* 'The Baviad and Mæviad']. Phila. 1799. 12° 737.

[Cliffton (W.).] Tit for Tat, &c. Phila. [1796?] 8° 738.
Clinch (J. H.). The Captivity, &c. Bost. 1840. 12° 739.
Clinch (J. H.). Time. Hartford, 1841. 8° 740.
Coates-Kinney. *See* Kinney (Coates-).
Cobb (J.). Sylvan Poems. Bost. 1851. 8° 741.
Cobb (Mary L.). Poetical Dramas. Bost. 1873. 16° 742.
[Cockings (G.).] The American War. Lond. 1781. 8° 743.
Cockings (G.). Arts, Manufactures, &c. Lond. *n. d.* 8° 744.
Cockings (G.). Benevolence and Gratitude: A Poem. Lond. 1772. 8° 745.
[Cockings (G.).] War. 2nd. ed. Bost. N. E. 1762. 8° 746.
Cody (I.). Tragedy. Schenectady, 1808. 12° 747.
[Coe (Miss R.).] Wee Wee Songs. Bost. 1859. 18° 748.
Coe (R.). The Old Farm Gate. Phila. 1852. Sqr. 12° 749.
Coe (R.). Poems. Phila. 1850. Lg. 12° 750.
Coffeen (J. F.). The Fate of Genius. Cincinnati, 1835. 12° 751.
Coffin (A.). The Death of Gen. Montgomery. N. Y. 1814. 24° 752.
Coffin (N. W.). America. Bost. 1843. 12° 753.
Coffin (R. S.), *b.* 1797, *d.* 1827. The Eleventh Hour. Bost. 1827. 12° 754.
[Coffin (R. S.).] The Life, &c. Mount Pleasant, N. Y. 1825. 12° 755.
[Coffin (R. S.).] The Miscellaneous Poems. Phila. 1818. 18° 756.
[Coffin (R. S.).] Oriental Harp. Prov. 1826. 8° 757.
[Coffin (R. S.).] Poems. N. Y. 1823. 32° 758.
Coffin (R. S.). The Printer. Bost. 1817. 12° 759.
Coffinberry (A.). The Forest Rangers. Columbus, 1842. 12° 760.
Coffing (C.). A Poem. New Haven, 1834. 4° 761.
Coggeshall (W. T.), *b.* 1824. The Poets and Poetry of the West. Columbus, 1860. Lg. 8° 762.
Coggeshall (W. T.). *The Same.* Columbus, 1864. Lg. 8° 763.
Colcraft (H. R.). *See* [Schoolcraft] (H. R.).
Cole (F. W.), *b.* 1815, *d.* 1845. Poems. Albany, 1845. 16° 764.
Cole (S. W.). The Muse. Cornish, Maine, 1827. 18° 765.
Coleman (Mrs. E.). All Hail to the Union. Balt. *n. d.* Sm. 4° 766.

COLEMAN (Mrs. E.). Prayer for the Union. [Balt. 1861.] Sm. 4° 767.
COLES (A.). Dies Irae. N. Y. 1859. 8° 768.
COLES (A.). *The Same.* 2nd. ed. N. Y. 1860. 8° 769.
COLESWORTHY (D. C.), *b.* 1810. Opening Buds. Portland, 1839. 18° 770.
COLGAN (W. J.). Poems. N. Y. 1844. 12° 771.
COLLECTION (A) of Hymns, &c. Bost. 1835. 24° 772.
COLLECTION (A). *See* [Clarke (T. C.).]
? COLLEGIAD (The); Or Scraps from Sawney's Wallet. Lond? 1837. 16° 773.
COLLINS (J. H.). *See* Song Books.
COLMAN (Mr. [B.]), *b.* 1673, *d.* 1747. A Poem on Elijah's Translation, &c. Bost. 1707. 16° 774.
COLMAN (J. F.). The Island Bride. Bost. 1846. 16° 775.
COLOR SERGEANT (The). *See* [Randolph (A. D. F.).]
COLTON (G. H.), *b.* 1818, *d.* 1847. Tecumseh. N. Y. 1842. 12° 776.
COLUMBIAD (The). *See* [Snowden (R.).]
COLUMBIAD Poems. *See* S[eward] (E. S.).
COLUMBIAN Harmonist (The). *See* Song Books.
COLUMBIAN Lyre (The). Glasgow, 1828. 24° 777.
COLUMBIAN Muse (The). N. Y. 1794. 12° 778.
COLUMBIAN Naval Songster (The). *See* Song Books.
COLUMBIAN Songster (The). *See* Song Books.
? COLUMBIA'S Naval Triumphs. N. Y. 1813. 24° 779.
[COMFIELD (Mrs. A. S.).] Alida. 3d. ed. N. Y. 1841. 12° 780.
COMFIELD (Mrs. A. S.). *The Same.* 4th. ed. N. Y. 1849. 12° 781.
? COMITATUS (Zedekiah). An Epistle to "Boz." *n. p.* 1867. 8° 782.
COMITATUS (Z.). Reconstruction on "My Policy." *n. p.* 1866. 8° 783.
COMMENCEMENT, A Poem. *See* [Biglow (W.).]
COMMENT (A), &c. *See* [Devens (R.).]
COMPLETE Coiffeur (The). *See* [Woodworth (S.).]
? CONCORD: A Poem, &c. Bost. 1851. 16° 784.
? CONDOTTIER (The), A Poem. Philadelphia, A Satire. Phila. 1821. 12° 785.
CONE (S. W.). The Proud Ladye. N. Y. 1840. 18° 786.

? CONFERENCE (A), on Society and Manners in Massachusetts. A Poem. Bost. 1820. 18° 787.
CONGDON (Miss C. M.). The Guardian Angel. Auburn, 1856. 16° 788.
CONGDON (C. T.). Flowers, &c. Bost. 1840. 12° 789.
CONGDON (C. T.). The Warning of War. N. Y. 1862. 8° 790.
[CONGDON (J. B.).] Quaker Quiddities. Bost. 1860. 16° 791.
CONGRATULATORY Epistle (A), &c. *See* Grievous (Peter).
CONKEY (Mrs. M.). Cottage Musings. N. Y. 1835. 12° 792.
CONNOLLY (C. C.). Tones on the Harp. Washington, 1861. 16° 793.
CONQUEST of Canäan. *See* [Dwight (T.).]
CONRAD (R. T.), *b.* 1810, *d.* 1858. Aylmere. Phila. 1852. 12° 794.
[CONRAD (T. A.),] *b.* 1803. The New Diogenes. Phila. 1848. 12° 795.
CONSOLATIONS of Solitude. *See* [Randall (J. W.).]
CONSTITUTIONS (The) of the..Masons. With Songs, Epilogues, &c. Worcester, 1792. 4° 796.
? CONTINUATION (A) of Hudibras in Two Cantos. Lond. 1778. 16°, pp. (4) *and* 76. 797.

In the same volume, and on paper having the same water-mark as the printed portion of it, is a manuscript continuation, believed to be in the hand writing of the Author of the first two Cantos, containing:

'Canto the Third. Never Printed.' pp. 77–108.
'Canto the Fourth.' [Unfinished.] pp. (11.)

CONWAY (H. J.). Hiram Hireout. N. Y. *n. d.* 12° 798.
CONWAY (H. J.). Our Jemimy. N. Y. *n. d.* 12° 799.
CONVERSE (F. B.). *See* Song Books.
CONWELL (C. C.). The Hymns of Homer. Phila. 1830. 8° 800.
COOK (H. C.). Musings. Prov. 1852. 12° 801.
COOK (W.). The Bank. Salem, 1862. 12° 802.
COOK (W.). Chestnut street. Salem, 1857. 12° 803.
COOK (W.). The Columbia. Salem, 1863–4. 12° 804.
COOK (W.). Cor Felix. [First Three Parts.] Salem, 1869–70. 12° 805.
COOK (W.). The Eudromia. Salem, 1866. 12° 806.
COOK (W.). The Firemen's Liturgy. Salem, 1865. 12° 807.
COOK (W.). The Fragments. Salem, 1862. 12° 808.
COOK (W.). Fremont. Salem, 1856. 16° 809.

COOK (W.). The Hearttrier. Salem, 1867. 12° 810.
COOK (W.). Hope. Salem, 1852–9. 12° 811.
COOK (W.). Lilygrow. Salem, 1867. 12° 812.
COOK (W.). The Motiveboat. Salem, 1867. 12° 813.
COOK (W.). The Neriah. [Four Parts.] Salem, 1858-61. 814.
COOK (W.). The Olive Grove. Salem, 1853. 16° 815.
COOK (W.). The Ploughboy. [Three Parts.] Salem, 1854–5. 16° 816.
COOK (W.). The Ploughboy's Harrow. No. Three. Salem, 1860. 12° 817.
COOK (W.). Potsandove. Salem, 1864. 12° 818.
COOK (W.). Sunbeam. Salem, 1853. 18° 819.
Cook (W.). *The Same.* Salem, 1853–61. 12° 820.
COOK (W.). The Telegraph. Salem, 1856. 12° 821.
COOKE (P. P.), *b.* 1816, *d.* 1850. Froissart Ballads. Phila. 1847. 12° 822.
[COOKE (Mrs. R.).] Poems. Bost. 1841. 16° 823.
? COOK'S (The) Dream; Or, What is Poverty. Bost. 1834. 18° 824.
[COOLEY (J. E.),] *b.* 1802. Extracts from Humbugiana. Gotham, 1847. 12° 825.
[COOLEY (J. E.).] The Spawn of Ixion. *n.p.* 1846. 16° 826.
COOLIDGE (G.). Anniversary Poem. Bost. 1844. 8° 827.
COOLIDGE (G.). The Joys of Toil. Bost. 1850. 8° 828.
COOLIDGE (H. H.). *See* Oration (An).
COOMER (G. H.). Miscellaneous Poems. Bost. 1851. 12° 829.
COOPER (H. C.). Thoughts in Verse. N. Y. 1870. 8° 830.
? COOPER'S Wells, ..written (a long way) after the style and date of another great poet's Vision of Judgment! Jackson, Miss. 1851. 8° 831.
COPCUTT (F.). Edith. N. Y. [1857.] 12° 832.
COPWAY (G.), *b.* 1820. The Ojibway Conquest. N. Y. 1850. 12° 833.
CORDOVA (R. J. de). *See* De Cordova (R. J.).
CORNELL (J. F. D.). Arthur and Constance. N. Y. 1858. 12° 834.
COUCH (W.). A Collection of Hymns. Andover, N. H. 1819. 16° 835.
? COURT (The) of Neptune, &c. N. Y. 1817. 18° 836.
? COUSIN Hatty's Hymns. Bost. 1852. Sqr. 16° 837.

COX (J.). Rewards and Punishments. Phila. 1795. 8° 838.
COX (C. C.). Female Education. Frederick, 1858. 8° 839.
COX[E] (A. C.), *b.* 1818. Advent. N. Y. 1837. 12° 840.
COXE (A. C.). Athanasion. Hartford, 1840. 8° 841.
[COXE (A. C.).] *The Same.* 2nd. ed. N. Y. 1842. 12° 842.
[COXE (A. C.).] Christian Ballads. N. Y. 1840. 12° 843.
[COXE (A. C.).] *The Same.* Hartford, 1847. 12° 844.
[COXE (A. C.).] *The Same.* Oxford, [1848.] 32° 845.
COXE (A. C.). *The Same.* Oxford, 1853. 16° 846.
COXE (A. C.). *The Same.* 5th. ed. Phila. 1855. 18° 847.
[COXE (A. C.).] Halloween. [N. Y.] 1842. 12° 848.
[COXE (A. C.).] St. Jonathan, The Lay of a Scald. [Cantos I. & II.] N.Y. 1838. 12° 849.
[COXE (A. C.).] Saul. N. Y. 1845. 12° 850.
[COXE (L. de T.).] Log of Yacht Sea Drift. *n. p.* 1867. 12° 851.
COXE (S. H.). The Progress, &c. Geneva, N. Y. 1843. 12° 852.
[COZZENS (F. S.),] *b.* 1818, *d.* 1869. Pope's Proclamation: Dated Washington, July 15, 1862. 8° 853.
[CRAFTS (W.),] *b.* 1787, *d.* 1826. The Sea Serpent. Charleston, 1819. 12° 854.
CRAFTS (W.). A Selection, &c. Charleston, 1828. 8° 855.
[CRAFTS (W.).] Sullivan's Island. Charleston, 1820. 8° 856.
? CRAIGENGELT (Arthur). Fashionable Satires. Rhodoshake's Visit from the Moon. N. Y. 1832. 8° 857.
CRANCH (C. P.), *b.* 1813. A Poem dld. in Quincy. Bost. 1840. 8° 858.
CRANCH (C. P.). Poems. Phila. 1844. 16° 859.
? CREAM of Tartar. N. Y. 1871. Lg. 8° 860.
? CREATION (The); Or, A Morning Walk with Anna. Phila. [1843.] 18° 861.
CRESSY (N.). The Battle, &c. Portland, *n. d.* 12° 862.
CRIHFIELD (A.). The Universaliad. Cincinnati, 1849. 16° 863.
CRITIQUE (The) of the Vision, &c. *See* Autodicus.
CROSBY (*Miss* F. J.). The Blind Girl. N. Y. 1844. 12° 864.
CROSBY (*Miss* F. J.). Monterey. N. Y. 1851. 12° 865.
CROSBY (*Miss* F. J.). *See also* Song Books.
CROSWELL (J.). A New World Planted. Boston, 1802. 8° 866.
CROSWELL (W.), *b.* 1804, *d.* 1851. Poems. Bost. 1861. 16° 867.

CRUICKSHANKS (J.). A Bouquet of Flowers. N. Y. 1851. 12° 868.
CRUZ (Fr. A. da). Varias Poezias. Lisboa, 1771. 24° 869.
CRUZ (J. I. de la). Fama, y Obras. Madrid, 1700. Sqr. 8° 870.
CRUZ (J. I. de la). *The Same.* Madrid, 1714. Sqr. 8° 871.
CRUZ (J. I. de la). Poemas. Madrid, 1714–15. 2 vs. Sqr. 8° 872.
CRYSTALINA. *See* [Harney (J. M.).]
CULLEN (C. C.). The American Melodies. Trenton, N. J. 1864. 12° 873.
CUMMINGS (Rev. Dr.). Songs for Catholic Schools. Bost. [1862.] 18° 874.
CUMMINGS (A. J.). *See* Song Books.
CUNNINGHAM (J. W.). De Rance. Middleboro, Mass. 1857. 12° 875.
"CUPID Abroad," Arrested. *See* Donnerhagel (Jupiter Tonans.).
CURRIE (Helen). Poems. Phila. 1818. 18° 876.
CURTIS (G. W.), *b.* 1824. An Oration, &c., and a Rhyme of Rhode Island. N. Y. 1863. 8° 877.
CURTIS (H. P.). Uncle Robert. Bost. [1861.] 12° 878.
CURTIS (J. W.). Poems. N. Y. 1846. 12° 879.
[CURTISS (Mrs. D. S.),] *b.* 1820, *d.* 1860. Home Ballads. Bost. 1851. 16° 880.
CUSHING (Mrs. E. L.). Esther. Bost. 1840. 18° 881.
CUSTIS (G. W.). Pocahontas. Phila. 1830. 12° 882.
CUTLER (E. J.). Liberty and Law. Bost. 1862. 16° 883.
CUTLER (E. J.). War Poems. Bost. 1867. Sqr. 16° 884.
CUTTER (B. H.). Eulogy on Gen. Scott. *n. p.* [1861.] 16° 885.
CUTTER (B. H.). A Poem on the New England Kitchen. *n. p.* 1864. 16° 886.
CUTTER (B. H.). Poetical Lecture. Flushing, 1860. 16° 887.
CUTTER (G. W.), *d.* 1865. Buena Vista. Cincinnati, 1848. 12° 888.
CUTTER (G. W.). Poems. Cincinnati, 1857. 12° 889.
CUTTER (G. W.). Poems. Phila. 1857. 8° 890.
CUTTS (Mary). The Autobiography of a Clock. Bost. 1852. 16° 891.
CYNICK (The). *See* Gruff (Growler).

D (C. A.). *See* D[eWint] (*Mrs.* C. A.).
DABNEY (R.), *b.* 1786, *d.* 1825. Poems. 2nd. ed. Phila. 1815. 24° 892.
DADE Asylum (The). *See* [Norman (J. A. L.).]
DADMUN (J. W.). Revival Melodies. Bost. [1859.] 8° 893.
DADMUN (J. W.). *See also* Song Books.
DAGNALL (J. M.). Daisy Swain. Brooklyn, N. Y. 1865. 16° *sig.* 12° 894.
DAILEY (W. B.). Saratoga, &c. Corning, [N. Y.] 1848. 16° 895.
DAKE (O. C.). Midland Poems. Lincoln, [Neb.] 1873. 16° 896.
D'ALESSANDRO (P.). *See* Alessandro (P. D').
DANA (*Mrs.* M. S. B.). The Parted Family. N. Y. 1842. 12° 897.
DANA (R. H.), *b.* 1787. The Buccaneer. Lond. 1844. 32° 898.
DANA (R. H.). A Poem dld. [at] Andover. Bost. 1829. 8° 899.
DANA (R. H.). Poems. Bost. 1827. 18° 900.
DANA (R. H.). *The Same.* Phila. 1833. 16° 901.
DANA (R. H.). *The Same.* N. Y. 1850. 2 vs. 12° 902.
DANIELS (Mrs. E. T.). Poems. N. Y. 1843. 16° 903.
DANN (A.). Glimpses, &c. Geneva, N. Y. 1842. 8° 904.
DAPONTE (L.). *See* Ponte (L. Da).
[DANNELLY (Mrs. O. F.).] Destruction of the city of Columbia, S. C. Charleston, 1866. 12° 905.
D'ARCY (U. D.). The Black Vampyre. 2nd. ed. N. Y. 1819. 24° 906.
[DARUSMONT (F. W.),] *b.* 1795, *d.* 1852. Altorf. Lond. 1822. 8° 907.
? DAUGHTERS of Eve. Schenectady, 1826. 12° 908.
[DAVENPORT (R.)?] The Right Aim, &c. Bost. 1829. 8° 909.
? DAVID and Uriah. Phila. 1835. 12° 910.
DAVID (E.). Offers of Christ, &c. Phila. 1770. 8°. 911.
DAVIDSON (*Miss* L. M.), *b.* 1808, *d.* 1825. Amir Khan. N. Y. 1829. 12° 912.
DAVIDSON (*Miss* L. M.). Poetical Remains. Phila. 1841. 8° 913.
DAVIDSON (*Miss* L. M.). *The Same.* Phila. 1843. 12° 914.
DAVIDSON (*Miss* L. M.). *The Same.* N. Y. 1850. 12° 915.

DAVIDSON (*Miss* L. M.). *The Same.* Bost. 1854. 12° 916.
DAVIDSON (*Miss* M. M.), *b.* 1823, *d.* 1838. Biography, &c. Phila. 1841. 8° 917.
DAVIDSON (*Miss* M. M.). *The Same.* N. Y. 1850. 12° 918.
DAVIDSON (*Miss* M. M.). *The Same.* Bost. 1854. 12° 919.
DAVIDSON (Mrs. M. M.). Selections from the Writings. Phila. 1843. 8° 920.
DAVIDSON (R.). Elijah. N. Y. 1860. 12° 921.
DAVIDSON (R.). Geography Epitomized. Phila. 1784. 12° 922.
[DAVIDSON (R.).] *The Same.* Lond. 1786. 12° 923.
[DAVIDSON (R.).] *The Same.* Morris-Town, 1803. 12° 924.
DAVIS (R. B.), *d.* 1799. Poems. N. Y. 1807. 12° 925.
? DAVY Crockett; Or, the Nimrod of the West. N. Y. 1837. 12° 926.
DAWES (R.), *b.* 1803, *d.* 1859. Athenia of Damascus. N. Y. 1839. 12° 927.
DAWES (R.). Geraldine. N. Y. 1839. 12. 928.
DAWES (R.). The Valley of Nashaway. Bost. 1830. 12° 929.
[DAWES (T.)], *b.* 1758, *d.* 1825. The Law given at Sinai. Bost. 1777. 4° 930.
DAY (S. M.). Pencillings. Schenectady, 1850. 12° 931.
? DAY Dreams By a Butterfly. Kingston, C. W. 1854. 12° 932.
? DAYS (The) of Sixty-Three. Phila. 1864. 12° 933.
[DEANE (S.),] *b.* 1784, *d.* 1834. The Populous Village. Prov. 1826. 8° 934.
DEANE (S.). Pitchwood Hill. Portland, 1806. 16° 935.
? DEATH (The) of the Brave General Wolf. *n. p.*, *n. d.* Broadside. 936.
DEATH; Or, Medorus' Dream. *See* [Tyler (R.).]
DEATH (The) of Abdallah. *See* [Allen (B.).]
DECLARATION (The) of Independence. *See* [Richards (G.).]
DECORDOVA (R. J.). The Prince's Visit. N. Y. 1861. 8° 937.
DEEMS (C. M. F.). Devotional Melodies. Raleigh, 1841. 12° 938.
? DEFLORI (C.). Poet Skies. Balt. 1868. 12° 939.
? DEGRASSE (Will.). Swallows on the Wing. N. Y. 1866. 12° 940.

DeLeon (T. C.). *See* Song Books.
DeLesdernier (E. P.). *See* Lesdernier.
? Delpho (Horatius). The King and his Cabinet. *n.p., n.d.* 12° 941.
? Delta. The Two Women. Milwaukee, 1868. 942.
Delta Kappa Epsilon. *See* Song Books.
? Deluge (The). A Demi-Serious Poem. By A Mr Smith. Phila. 1830. 8° 943.
D'Elville (R.). The Hermitage. N. Y. 1813. 24° 944.
Democracy: An Epic Poem. *See* Nimble-Chops (Aquiline).
Democracy Unveiled. *See* [Fessenden (T. G.).]
Democratiad (The). *See* [Hopkins (L.).]
Democratic Songs. *See* Song Books.
? Demos (The) in Council, &c. Bost. 1799. 16° 945.
Denis (A.). "Tammany Hall." N. Y. 1847. 12° 946.
Denison (C. W.), *b.* 1809. The American Village. Bost. 1845. 18° 947.
[Denison (E.).] The Lottery. Balt. 1815. 12° 948.
Denison (F.). Soul-Liberty. Mystic River, Conn. 1872. 18° 949.
Denny (W. H.). Suc-co-tash. Pittsburgh, 1858. Sqr. 16° 950.
Denton (Wm.). Poems for Reformers. 2nd. ed. Cleveland, O. 1859. 12° 951.
Denyven (D.). *See* Report of the Meeting, &c.
Derby (J. B.). The Sea. Bost. 1840. 18° 952.
Derby (J. B.). Musings of a Recluse. Bost. 1837. 18° 953.
? Deseret Deserted; Or, the Last Days of Brigham Young. N. Y. [1858.] 12° 954.
Destruction of the City of Columbia, S. C. *See* [Dannelly Mrs. (O. F.).]
[Devens (R.).] A Comment, &c. Bost. 1773. 8° 955.
DeVere (Mary A.). Love Songs. N. Y. 1870. Sqr. 16° 956.
Devereux (G. H.). Literary Fables. Bost. 1855. 16° 957.
Devereux (*Mrs.* R.). Poetical Pieces. N. Y. [1803.] 8° 958.
? Devil (The) and the Grog-Seller. Allegheny, 1842. 16° 959.
? Devil (The) in Dixie. N. Y. 1865. 12° 960.
? Devil's (The) New Walk. Bost. 1848. 12° 961.

? DEVIL'S (The) Shaving Mill. Taunton, 1815. 8° 962.
DEVON (W. A.). War Lyrics. [2nd. ed.] N. Y. 1864. 12° 963.
DEVON (W. A.). War Lyrics, 3d. ed. *n. d.* N. Y. 12° 964.
DEWARDENAU (D.). The Gift. Washington, [1866.] 8° 965.
D[EWINT] (*Mrs.* C. A.). Melzinga. N. Y. 1845. 12° 966.
[DEWITT (Susan),], *d.* 1824. The Pleasures of Religion. N. Y. 1820. 18° 967.
[DEWITT (Susan).] *The Same.* N. Y. 1832. 18° 968.
DEWOLF (Abby). Poems for Children. Prov. 1855. 12° 969.
DEXTER (C.). Versions and Verses. Cambridge, 1865. 16° 970.
[DEXTER (S.).] The Progress of Science. *n. p.* 1780. 4° 971.
? DIABOLUS. The Musiad or Ninead. Balt. 1830. 8° 972.
DIALOGUE (A) between a Southern Delegate, and his Spouse. *See* V (Mary V.).
DICK (A.). Splores of a Halloween. Woodstock, C. W. 1867. 18° 973.
? DICK Shift, or The State Triumvirate. N. Y. 1819. 18° 974.
DICKINSON (A.). The City of the Dead. N. Y. 1845. 18° 975.
DIES Irae. *See* [Bright (M. H.).] *and* [Dix (J. A.).]
DIMMOCK (C. H.). The Modern. Richmond, 1866. 8° 976.
DIMOND (Mrs. E.). A Christmas Offering. Prov. 1847. 8° 977.
DINSMOOR (R.), *b.* 1757, *d.* 1836. Incidental Poems. Haverhill, 1828. 12° 978.
DIPLOMAT (A) on Diplomacy. *See* [Whiteman (W. A.).]
DISCIPLINE of Earth, &c. [Copy-righted by John Smith.] Boston. 1854. 12° 979.
[DIX (J. A.),] *b.* 1798. Dies Irae. Cambridge, 1863. 16° 980.
DIX (S. A.). A Poem. Bost. 1848. 8° 981.
DIX (W. G.). The Deck of the Crescent City. Bost. 1852 16° 982.
DIX (W. G.). Pompeii. Bost. 1848. 16° 983.
DOANE (G. W.), *b.* 1799, *d.* 1859. Songs by the Way. N. Y. 1824. 12° 984.
DOANE (H.), *b.* 1808. A Sketch, &c. Bost. 1826. 12° 985.
DODD (Mary A. H.), *b.* 1813. Poems. Hartford, 1844. 12° 986.
DODD (S.). *See* Case (S.).
[DODGE (Mrs. H. M.).] Heselrigge. Utica, 1827. 18° 987.

DODGE (P.). A Poem. Prov. 1797. 8° 988.
DOESTICKS (Q. K. Philander), *pseud.* *See* [Thompson (M.).]
DONALDSON (P.). *See* Song Books.
DONALDSON (S. J.). Lyrics. Phila. 1860. 12° 989.
DON CARLOS. *See* [Calvert (G. A.).]
DON JUAN. *See* [Clason (I. S.).]
? DON PAEZ and Other Poems. N. Y. 1847. 12° 990.
DONNA Florida. *See* [Simms (W. G.).]
DONNELLY (I. L.). The Mourner's Vision. Phila. 1850. 12° 991.
? DONNERHAGEL (Jupiter Tonans). "Cupid Abroad," Arrested, &c. Gettysburg, 1846. 8° 992.
DONOHO (T. S.). Midsummer Day's Dream. Washington, D. C. 1847. 8° 993.
DONOHO (T. S.). Moena. Washington, D. C. 1847. 12° 994.
DOOLITTLE (J. C.). The Poems. Toledo, Ohio. 1858. 16° 995.
DORGAN (J. A.), *b.* 1836, *d.* 1867. Studies. Phila. 1862. 12° 996.
DORRIAD. [Prov. 1842.] Broadside. 997.
DORRIAD (The). Bost. 1842. 12° 998.
DORRIAD (The). [Prov. 1870] *See* [Anthony (H. B.).]
DOTEN (Lizzie). Poems. Bost. 1864. 12° 999.
DOTY (G. D.). Corn-Husks. N. Y. 1864. Lg. 12° 1000.
DOVE (The) and the Eagle. *See* [Lunt (G.).]
DOW (J. E.). The American Seasons, Washington, 1848. 12° 1001.
? DOWNFALL (The) of Tammany Hall. N. Y. 1871. 12° 1002.
DRAKE (J. R.), *b.* 1795, *d.* 1820. The American Flag. N. Y. 1861. 4to. 1003.
DRAKE (J. R.). The Culprit Fay and other Poems. N. Y. 1836. 8° 1004.
DRAKE (J. R.). The Culprit Fay. N. Y. 1859. 12° 1005.
DRAKE (J.). *The Same.* N. Y. 1864. Sqr. 8° 1006.
DRAKE (J. R.) & Halleck (F. G.). The Croakers. N. Y. 1860. Lg. 8° 1007.
[DRAKE (J. R.) & Halleck (F. G.).] Poems, by Croaker, Croaker & Co., and Croaker, Jun. N. Y. 1819. 18° 1008.
? DREAM (A), described in a Poem. [Quebec, 1823.] 8° 1009.
? DREAM (A) of a Happier Time. N. Y. 1855. 8° 1010.

DREW (T.). *See* Song Books.
DRIFT Wood Spar (The). *See* [Waddell (F. L.).]
[DRINKER (Anna).] Poems. By Edith May. Phila. 1852. 8° 1011.
[DRINKER (Anna).] *The Same.* Phila. 1856. 8° 1012.
DRINKWATER (M.). The United Worlds. Hamilton, N. Y. 1834. 12° 1013.
? DRUNKARD (The). [By E. A. Wright?] Bost. 1847. 12° 1014.
? DRUNKARD (The). N. Y. *n. d.* 12° 1015.
? DRYDEN, Jr. Old Buck's Feast; Or the Power of Office. *n. p., n. d.* 16° 1016.
DUANE (W.). Shones and The Bones. [Phila. 1861.] 16° 1017.
[DUCHE (J.) & Hopkinson (F.).] An Exercise, containing a Dialogue and Ode. Phila. 1762. 1018.
[DUER (J.),] *b.* 1782, *d.* 1858. A New Translation, &c. N. Y. 1806. 12° 1019.
DUFFIELD (S. W.). The Heavenly Land. N. Y. 1867. 8° 1020.
DUGANNE (A. J. H.), *b.* 1823. Ballads of the War. [Nos. 1 and 2.] N. Y. [1862.] 4to. 1021.
DUGANNE (A. J. H.). Massachusetts. Bost. 1843. 32° 1022.
DUGANNE (A. [J. H.]). The Mission of Intellect. N. Y. 1853. 12° 1023.
[DUGANNE (A. J. H.).] Parnassus in Pillory. N. Y. 1851. 12° 1024.
DUGANNE (A. [J. H.]). The Poetical Works. Phila. 1855. Lg. 8° 1025.
DUGANNE (A. J. H.). Utterances. N. Y. 1865. Lg. 8° 1026.
[DUGANNE (A. J. H.).] *See also* Carriers' Addresses.
[DUNLAP (W.),] *b.* 1776, *d.* 1839. Andre. N. Y. 1798. 8° 1027.
[DUNLAP (W.).] The Archers. N. Y. 1796. 8° 1028.
DUNLAP (W.). Darby's Return. N. Y. 1787. 8° 1029.
DUNLAP (W.). False Shame. [The Original Manuscript.] N. Y. August, 1799. 1030.
[DUNLAP (W.).] False Shame. Charleston, 1800. 12. 1031.
DUNLAP (W.). The Father of an Only Child. N. Y. 1807. 18° 1032.
DUNLAP (W.). Fontainville Abbey. N.Y. 1807. 18° 1033.
DUNLAP (W.). Fraternal Discord. N. Y. 1809. 18° 1034.
DUNLAP (W.). The Glory of Columbia. N. Y. 1817. 18° 1035.

DUNLAP (W.). The Good Neighbor. N. Y. 1814. 18° 1036.
DUNLAP (W.). The Italian Father. N. Y. 1810. 18° 1037.
DUNLAP (W.). Leicester. N.Y. 1807. 18° 1038.
DUNLAP (W.). Lovers Vows. N.Y. 1814. 18° 1039.
DUNLAP (W.). Peter the Great. N. Y. 1814. 18° 1040.
DUNLAP (W.). Ribbemont. N. Y. 1803. 18° 1041.
DUNLAP (W.). A Trip to Niagara. N. Y. 1830. 18° 1042.
[DUNLAP (W.).] Tell Truth and Shame the Devil. N.Y. 1797. 8° 1043.
DUNLAP (W.). The Voice of Nature. N. Y. 1803. 18° 1044.
DUNLAP (W.). *The Same.* 2nd ed. N. Y. 1807. 18° 1045.
DUNLAP (W.). The Wife of Two Husbands. 2nd. ed. N. Y. 1811. 18° 1046.
DUNLAP (W.). Yankee Chronology. N. Y. 1812. 18° 1047.
DURFEE (J.), *b.* 1790, *d.* 1847. The Complete Works. Prov. 1849. 8° 1048.
DURFEE (J.). The Vision of Petrarch. Prov. 1814. 8° 1049.
DURFEE (J.). Whatcheer. Prov. 1832. 12° 1050.
DURFEE (J.). "What cheer." Prov. Printed, Leeds: Reprinted, 1840. 12° 1051.
DURFEE (T.). The Village Picnic. Prov. 1872. 12° 1052.
DURIVAGE ([O. E.]). The Lady of the Lions. N. Y. *n. d.* 12° 1053.
DURIVAGE (O. E.). The Stage-struck Yankee. Bost. *n. d.* 12° 1054.
DUTCHER (J. W.). Narrative, &c. [Amenia, N. Y.] 1854. 18° 1055.
DUTTON (T.). A Christmas Hymn. Brattleborough, 1811. 12° 1056.
DUTTON (W.). The Present State of Literature. Hartford, 1800. 8° 1057.
[DWIGHT (THEO.).] *See* The Echo.
DWIGHT (T.), *b.* 1752, *d.* 1817. The Conquest of Canaän. Hartford, 1785. 8° 1058.
[DWIGHT (T.).] *The Same.* Lond. 1788. 12° 1059.
DWIGHT (T.). Greenfield Hill. N. Y. 1794. 8° 1060.
DWIGHT (T.). The Psalms of David. *n. p.* 1803. 24° 1061.
DWIGHT (T.). *The Same.* *n. p.* 1808. 24° 1062.
DWIGHT (T.). *The Same.* Albany, 1817. 12° 1063.
DWIGHT (T.). *The Same.* N. Y. 1822. 32° 1064.

[DWIGHT (T.).] The Triumph of Infidelity. *n.p.* 1788. 8° 1065.
[DWIGHT (T.).] *The Same.* *n.p.* 1788. 12° 1066.
DWIGHT (T.). *The Same.* Lond. 1791. 8° 1067.
DYER (S.), *b.* 1814. Songs and Ballads. N.Y. 1857. 12° 1068.
DYER (S.). Voices of Nature. Louisville, 1849. 12° 1069.

EAGLE (The) and Harp. *See* Song Books.
EARLE (P.), b. 1809. Poem dld. at Newport. Prov. 1861. 8° 1070.
EARLE (P.). Marathon. Phila. 1841. 12° 1071.
EARLY Settlers (The). *See* Rover (Riley.)
? EARNING a Living: A Comedy. N.Y. 1849. 8° 1072.
EASTBURN (J. W.), *b.* 1797, *d.* 1819, & [Sands (R. C.). Yamoyden. N.Y. 1820. 12° 1073.
EASTMAN (C. G.), *b.* 1816. Poems. Montpelier, 1848. 16° 1074.
EASTMAN (L.). Masonick Melodies. Bost. 1818. 8° 1075.
EATON (B. A.). The Minstrel, &c. Bost. 1833. 18° 1076.
EATON (T.). Review of New York. N.Y. 1813. 24° 1077.
EATON (T.). *The Same.* 2nd. ed. N.Y. 1814. 24° 1078.
EBEN (C. T.). Locksley Hall [in] German. Phila. 1871. 8. 1079.
EBERLE (Mrs. E.). The Pilgrim's Progress. Berlin, N.Y. 1854. 18° 1080.
EBERLE (Mrs. E.). *The Same.* 4th ed. New Haven, 1856. 18° 1081.
ECHO (The). [*By* Richard Alsop, Lemuel Hopkins, Theodore Dwight *and others.*] *n.p.* 1807. 8° 1082.
ECHO (The); Or the Battle of the Shells. *See* Piper (John).
? ECHOES of Infant Voices. Bost. 1849. 16° 1083.
ECHOES of Memory and Emotion. *See* [Hoyt (R.).]
? ECHOES of Nature. Phila. 1845. 12°. 1084.
EDGARTON (Miss S. C.), *b.* 1819, *d.* 1848. The Flower Vase. Lowell, 1844. 32° 1085.
EDMOND (Amanda M.). The Broken Vow, &c. Bost. 1845. 12° 1086.
? EDMUND'S Lyre. with..his Life by..W. A. R. Washington, D. C. 1826. 8° 1087.
[EDWARDS (B),] *b.* 1743, *d.* 1800. Poems. Kingston, Jamaica, 1792. 8° 1088.
EDWARDS (C.), *b.* 1797. Feathers. N.Y. 1832. 12° 1089.

EDWARDS (P.) & Wallack (L.). The Romance of a Poor Young Man. N. Y. [1859.] 12° 1090.

EDWIN and Angelina. *See* [Smith (E. H.).]

? EFFUSIONS of Female Fancy. N. Y. 1784. Sm. 8° 1091.

? EGMONT: A Tragedy. Translated from Goethe. Bost. 1841. 16° 1092.

? EJECTED Addresses (The). [N. Y.] 1845. 12° 1093.

? ELEGIAC Poem, on the Death of Dr. Benjamin Rush, &c. Phila. 1813. 8° 1094.

? ELEGIES, and Other Little Poems. By a Student in a College in this State. Baltimore, 1800. 8° 1095.

ELEGY, &c. *See* [Church (B.).]

ELEGY (An) &c. *See* [Barlow (J.).]

ELFREIDE of Guldal. *See* Marks of Barhamville.

[ELIOT (J.),] *b.* 1604, *d.* 1690. V Vame Ket∞homae uket∞homaongash David. Cambridge, 1661. Sm. 4° 1096.

A metrical version of the Psalms in the Indian dialect, preceded in the same volume by the Old and New Testaments, (also in the Indian dialect,) and constituting together the first edition of Eliot's Indian Bible. The New Testament and Psalms were printed in 1661 with a single title page, but with a separate heading for the Psalms as above. The Old Testament was printed in 1663 with a general title for the whole Scriptures.

ELIOT (S. A.). Schiller's Song, &c. Bost. 1837. 8° 1097.

ELIXIR (The) of Moonshine. *See* [Clarke (McD.).]

ELLEN. *See* [Calvert (G. H.).]

[ELLET (Mrs. E. F.),] *b.* 1818. Euphemio of Messina. N. Y. 1834. 8° 1098.

ELLET (Mrs. E. F.). Poems. Phila. 1835. 12° 1099.

ELLIOT (J.), *b.* 1775, *d.* 1839. The Poetical and Miscellaneous Works. Greenfield, Mass. 1798. 12° 1000.

ELLIOT (Mary). Gems in the Mine. Lancaster, 1828. 18° 1101.

ELLIS (G. W.). A Poem, &c. Bost. 1844. 18° 1102.

ELLIS (T. W.). Poetic Fillings. N. Y. 1851. 12° 1103.

ELLSWORTH (E. W.), *b.* 1833. Poems. Hartford, 1855. 12° 1104.

ELVILLE (R. D'.). *See* D'Elville (R.).

[EMBURY (Mrs. E. C.),] *b.* 1806, *d.* 1863. Guido. N. Y. 1828. 12° 1105.

EMERSON (R. W.), *b.* 1803. May Day, &c. Bost. 1867. 16° 1106.

EMERSON (R. W.). Poems. Bost. 1847. 16° 1107.

EMERSON (R. W.). *The Same.* 4th ed. Bost. 1847. 16° 1108.

EMERSON (R. W.). *The Same.* 4th ed. Bost. 1850. 16° 1109.

EMERSON (R. W.). *The Same.* 6th ed. Bost. 1857. 16° 1110.
EMERSON (R. W.). *The Same.* 7th ed. Bost. 1858. 16° 1111.
EMERSON (R. W.). *The Same.* Bost. 1865. 32° 1112.
EMIGRANT (The). *See* [Thomas (F. W.).]
EMMONS (R.). The Battle of Bunker Hill. N. Y. 1839. 12° 1113.
EMMONS (R.). *The Same.* 2nd. ed. Bost. 1841. 12° 1114.
[EMMONS (R.).] *The Same.* 10th ed. Bost. 1862. 12° 1115.
EMMONS (R.). Defence of Baltimore. 3d ed. Washington, 1831. 12° 1116.
EMMONS (R.). The Fredoniad. Bost. 1827. 4 vs. 12° 1117.
EMMONS (R.). *The Same.* 2nd. ed. Phila. 1830-32. 4 vs. 12° 1118.
EMMONS (R.). The National Jubilee. Washington, 1830. 8° 1119.
EMMONS (W.). An Oration and Poem. Bost. 1826. 8° 1120.
EMMONS ([W?]). Tecumseh. N. Y. 1836. 12° 1121.
EMMONS ([W?]). *The Same.* Phila. 1836. 12° 1122.
? EMPTY Sleeve (The). Bost. 1872. 32° 1123.
ENCHANTED Lake (The). *See* [Alsop (R.).]
ENGLAND'S Last Queen. *See* [Wallace (Mrs. E. D.).]
ENGLISH (T. D.), *b.* 1819. Zephaniah Doolittle. Phila. 1838. 12° 1124.
ENGLISH (T. D.). *The Same.* 2nd. ed. Phila. 1838. 12° 1125.
ENGLISH (T. D.). The Mormons. N. Y. [1858.] 12° 1126.
ENSENORE. *See* [Myers (P. H.).]
ENVOY (The). *See* [Whipple (F. H.).]
EOLOPŒSIS. *See* [Bigelow (J.).]
EPHEMERA. *See* Buzz (Bumblery), *and* [Rice (G. E.) & Warland (J. H.).]
? EPISTLE to Bonaparte. Phila. 1814. 12° 1127.
EPISTLE (An) to "Boz." *See* Cometatus (Zedekiah).
EPISTLE (An) to the General Convention. *n.p.* 1847. 12° 1128.
EPISTOLARY Lament (An). *See* [Cartland (M.).]
ERCILLA (D. A. de), *b.* 1533, *d.* 1595. La Araucana, Primera, Segunda, y Tercera Parte. Madrid, 1733. f° 1129.
ERCILLA (D. A. de). *The Same.* Quarta, y Quinta Parte. Madrid, 1735. f° 1130.
ERCILLA (A. de). La Araucana. Madrid, 1776. 2 vs. Sm. 8° 1131.

ESESEN. Raid (The) of Blakrivvah. *n. p.*, *n. d.* 8° 1132.
ESLING (Mrs. C. H. W.), *b.* 1812. The Broken Bracelet, &c. Phila. 1850. 12° 1133.
ESTLACK (R.). Ethick Diversions. N. Y. 1807. 12° 1134.
ESTRAY (The). *See* [Longfellow (H. W.).]
EUGENIA, &c. *See* [Marshall.]
? EULOGIUM (An) on Major General J. Warren. Bost. 1781. 8° 1135.
EUPHEMIO of Messina. *See* [Ellet (Mrs. E. F.).]
EUSTAPHIEVE (A.). Demetrius. Bost. 1818. 12° 1136.
EUSTAPHIEVE (A.). Reflections, &c. Bost. 1814. 12° 1137.
EVANS (N.), *b* 1742, *d.* 1767. Poems. Phila. 1772. 8° 1138.
? EVENTFUL Day (The) of the Rhode Island Rebellion. Prov. 1842. 12° 1139.
EVEREST (C. W.). Babylon. Hartford, 1838. 8° 1140.
EVEREST (C. W.). The Hare-Bell. Hartford, 1845. 32° 1141.
EVEREST (C. W.). The Memento. N. Y. 1847. 12° 1142.
EVEREST (C. W.). The Moss-Rose. Hartford, 1843. 32° 1143.
EVEREST (C. W.). The Poets of Connecticut. Hartford, 1843. 12° *Size of* 8° 1144.
EVEREST (C. W). *The Same.* 6th ed. N. Y. 1860. 12° *Size of* 8° 1145.
EVEREST (C. W.). The Primrose. Hartford, 1850. 32° 1146.
EVEREST (C. W.). The Snow-Drop. N. Y. 1845. 32° 1147.
EVEREST (C. W.). Vision of Death. Hartford, 1837. 8° 1148.
EVEREST (C. W.). *The Same.* Hartford, 1845. 32° 1149.
EVERETT (A. H.), *b.* 1790, *d.* 1847. Poems. Bost. 1845. 12° 1150.
EVERETT (W.). Hesione. Bost. 1868. Sqr. 8° 1151.
EVERHART (J. B.). Poems. Phila. 1868. 12° 1152.
[EVERTS (O.),] *b.* 1826. O-Na-We-Quah. La Porte, Ind. 1856. 8° 1153.
EVERTS (O.). The Spectral Bride. La Porte, Ind. 1857. 8° 1154.
? EVERYTHING Serene. [New York, 1871.] 8° 1155.
? EVIDENCE (The) and Import of Christ's Resurrection. Prov. 1797. 8° 1156.
? EXCURSION (An) of the Dog-Cart. N. Y. 1822. 8° 1157.
EXCURSIONS on the River Connecticut. *See* Amicus Curiæ.

EXERCISE (An), Containing A Dialogue and Ode. *See* [DUCHE (J.) & Hopkinson (F.).]
EXERCISES of the Alumnæ. *See* [Radcliffe (Miss A. G.).]
? EXILE's Lay (The). Bost. 1855. 18° 1158.
EXODUS (The). [No title page, place or date.] 8° 1159.
? EXPERIMENT (The); A Farce. *See* X.
EXTRACTS from Humbugiana. *See* [Cooley (J. E.).]
EXTRACTS in Prose and Verse. Annapolis, 1808. 2 vs. 12° 1160.
[EYRE (J.).] The Story of Joseph, &c. *n. p.* [1854.] 8° 1161.

FABLE (A) for Critics. *See* [Lowell (J. R.).]
FABLES. *See* [Wright (E.).]
? FAGNANI's Nine Muses. *n. p.*, *n. d.* Sqr. 16° 1162.
FAIR (The). [Prov.] *n. d.* 1163.
FAIR Epistle (A). *See* [Waddell (J. H.).]
FAIRBANKS (Cassie). The Lone House. Halifax, 1859. 16° 1164.
FAIRFIELD (S. L.), *b.* 1803, *d.* 1844. Abaddon. N. Y. 1830. 8° 1165.
FAIRFIELD (S. L.). The Autobiograhy of Jane Fairfield, &c. Bost. 1860. 12° 1166.
FAIRFIELD (S. L.). The Cities of the Plain. Bost. 1827. 12° 1167.
FAIRFIELD (S. L.). *The Same.* 3rd. ed. Phila. 1828. 12° 1168.
FAIRFIELD (S. L.). The Heir of the World. Phila. 1829. 12° 1169.
FAIRFIELD (S. L.). The Last Night of Pompeii. N. Y. 1832. 8° 1170.
FAIRFIELD (S. L.). Lays of Melpomene. Portland, 1824. 12° 1171.
FAIRFIELD (S. L.). The Life of. By Jane Fairfield. N. Y. 1846. 12° 1172.
FAIRFIELD (S. L.). Mina. Baltimore, 1825. 12° 1173.
FAIRFIELD (S. L.). Poems. N. Y. 1823. 18° 1174.
FAIRFIELD (S. L.). The Poems and Prose Writings. Phila. 1841. 8° 1175.
FAIRFIELD (S. L.). The Poetical Works. Phila. 1842. 8° 1176.

FAIRFIELD (S. L.). The Siege of Constantinople. Charleston, 1822. 8° 1177.
FAIRFIELD (S. L.). The Sisters of St. Clara. Portland, 1825. 12° 1178.
? FAIRY Favor (A). *n.p.*, *n. d.* 8° 1179.
FALES (R.). Peregrinus. Bost. [1849.] 18° 1180.
? FALL (The) of British Tyranny: Or, American Liberty Triumphant. Phila. 1776. 8° 1181.
? FALLS (The) of Niagara. N. Y. 1829. 8° 1182.
FALSE Shame. *See* [Dunlap (W.).]
? FAMILY (The) and Guest. N. Y. 1850. 12° 1183.
FAMILY Tablet (A). *See* [Stiles (Family of Dr. Ezra).]
? FANATICISM Unveiled. N. Y. 1834. 8° 1184.
FANCY Ball (The). *See* [Anthony (H. B.).], *and* [Learned (Wm. L.).]
FANNY. *See* [Halleck (F. G.).]
? FANNY, Continued. N. Y. 1820. 8° 1185.
FARMER (C. M.). The Fairy, &c. Richmond, Va. 1847. 12° 1186.
FARMER (H. T.), *d.* 1840. Imagination. N. Y. 1819. 12° 1187.
FARMER (Mrs. P.). The Captives, &c. La Porte, Ind. 1856. 16° 1188.
FARMER'S Fireside. *See* American Sketches.
FASHION. *See* Irony (Solomon).
FASHIONABLE Satires. *See* Craigengelt (Arthur).
FASHION'S Analysis. *See* Avalanche (Sir Anthony).
FATHER Abbey's Will. *See* [Seccombe (J.).]
FAUGERES (*Mrs.* M. V.), *b.* 1771, *d.* 1801. Belisarius. N. Y. 1795. 8° 1189.
FAUGERES (Mrs. [M. V.]). The Ghost of John Young. [N. Y. 1797.] 8° 1190.
FAUGERES (*Mrs.* M. V.). *See also* Bleecker (*Mrs.* A. E.).
FAY (T. S.), *b.* 1807. Ulric. N. Y. 1851. 12° 1191.
FEATHERSTONHAUGH (G. W.), *d.* 1866. The Death of Ugolino. Phila. 1830. 8° 1192.
? FEDERALISM Triumphant. 1802. 8° 1193.
FELCH (W.). The Manufacturer's Pocket Piece. Medway, 1816. 12° 1194.
FELCH (W.). The Supplement to a Lecture. Southbridge, 1828. 16° 1195.

FELLOWES (J.). Reminiscences. Exeter, 1824. 12° 1196.
FELTON (J. B.). The Horse Shoe. Cambridge, 1849. 16° 1197.
FENN (J.). A Poem, &c. Schenectady, 1815. 12° 1198.
FENNER (C. G.). Poems. Bost. 1846. 16° 1199.
FENNO (Miss J.). Original Compositions. Wrentham, (Mass.) 1803. 18° 1200.
FERGUSON (L. D.). Occasional Poems. Rochester, N. Y. 1857. 12° 1201.
[FESSENDEN (T. G.),] *b.* 1771, *d.* 1837. Democracy Unveiled. [1st. ed.] Bost. 1805. 12° 1202.
[FESSENDEN (T. G.).] *The Same.* 2nd. ed. Bost. 1805. 12° 1203.
[FESSENDEN (T. G.).] *The Same.* 3rd. ed. N. Y. 1806. 2 vs. 12° 1204.
FESSENDEN (T. G.). The Ladies Monitor. Bellows Falls, Vt. 1818. 12° 1205.
[FESSENDEN (T. G.).] The Modern Philosopher. Phila. 1806. 8° 1206.
FESSENDEN (T. G.). Original Poems. [Lond.] 1804. 16° 1207.
FESSENDEN (T. G.). *The Same.* Phila. 1806. 12° 1208.
[FESSENDEN (T. G.).] Pills, Poetical, Political, &c. Phila. 1809. 12° 1209.
[FESSENDEN (T. G.).] A Poetical Petition. London, 1803. 8° 1210.
[FESSENDEN (T. G.).] Terrible Tractoration!! 2nd. ed. London, 1803. 16° 1211.
[FESSENDEN (T. G.).] *The Same.* 1st. Am. ed. N. Y. 1804. 12° 1212.
[FESSENDEN (T. G.).] *The Same.* 3d. Am. ed. Bost. 1836. 16° 1213.
[FESSENDEN (T. G.).] *The Same.* 4th. Am. ed. Bost. 1837. 16° 1214.
? FESTIVAL Carol (A). To the Saviour. N. Y. 1861. 4° 1215.
FEW Verses (A) for a few Friends. *See* [Fields (J. T.).]
FEZLER (Mrs. F.). Hymns, &c. N. Y. 1836. 16° 1216.
FIELD (Miss K.). Mad on Purpose. N. Y. 1868. 12° 1217.
FIELD (M. B.). Trifles in Verse. N. Y. 1869. Sqr. 8° 1218.
FIELD (M. B.). Vive La France!, &c. *n. p.*, *n. d.* 8° 1219.
FIELD (S.), *b.* 1743, *d.* 1800. The Miscellaneous Productions. Greenfield, Mass. 1818. 18° 1220.

FIELD (T. W.). The Minstrel Pilgrim. N. Y. 1848. Sqr. 8° 1221.
FIELDS (J. T.), *b.* 1820. Anniversary Poem. Bost. 1838. 8° 1222.
[FIELDS (J. T.).] A Few Verses. [Cambridge, 1858.] 16° 1223.
FIELDS (J. T.). Poems. Bost. 1849. Sqr. 16° 1224.
FIELDS (J. T.). Poems. Cambridge, [1854.] Sm. 16° 1225.
FINCH (F. M.). An Oration, &c. New Haven, 1853. 8° 1226.
FINCH (F. M.). Poem. New Haven, 1849. 8° 1227.
FIRST (The) Ten Cantos of the Inferno. *See* [Parsons (T. W.).]
FISH (F. W.). The Heart's Musings. N. Y. 1850. 12° 1228.
FISH (F. W.). The Mind, &c. N. Y. 1851. 12° 1229.
FISH (F. W.). Poems. New Haven, 1855. Sqr. 16° 1230.
FISHER (G. W.). Valedictory Poem. New Haven, 1859. 8° 1231.
FISHER (J.). Short Poems. Portland, 1827. 18° 1232.
FITCH (E.), *b.* 1745, *d.* 1788. The Beauties of Religion. Prov. 1789. 8° 1233.
FITZ (A.). *See* Song Books.
FITZ (J.). Gallery of Poetic Pictures. Richmond, 1857. 12° 1234.
FITZBALL (E.). *See* [Burk (J.).]
FLACCUS, *pseud.* *See* [Ward (T.).]
? FLACCUS (Horatius). The Church Knaviad. New Haven, 1864. 12° 1235.
FLAGG (W.). Analysis of Female Beauty. Bost. 1834. 12° 1236.
FLAGG (W.). The Tailor's Shop. Bost. 1844. 16° 1237.
FLASH (H. L.). Poems. N. Y. 1860. 12° 1238.
? FLEA (The). By You. N. Y. 1869. 12° 1239.
FLUNKEY (Aunty). *See* Cream of Tartar.
FLINT (J.). Verses, &c. Lynn, 1851. Sqr. 8° 1240.
FLINT (M. P.), *b. ab.* 1807, *d.* 1830. The Hunter, &c. Bost. 1826. 12° 1241.
FLORENCE Nightingale. *See* [Cary (A. B.).]
FLORI (C. De.). *See* De Flori (C.).
? FLOWERS (The) of Autumn, &c. Phila. 1828. 18° 1242.

? FOGGY Night (A) at Newport. [Copy-righted by H. C. Brokmeyer.] St. Louis, Mo. 1860. 16° 1243.
[FOLLEN (Mrs. E. L.),] *b.* 1787, *d.* 1860. Hymns, &c. 2nd. ed. Bost. 1833. 18° 1244.
FOLLEN (*Mrs.* E. L.). *The Same.* Bost. 1847. 18° 1245.
[FOLLEN (Mrs. E. L.).] Nursery Songs. N. Y. 1843. Sqr. 24° 1246.
FOLLEN (Mrs. [E. L.]). Poems. Bost. 1839. 12° 1247.
? FOLLOWING Jesus. Phila. 1845. 12° 1248.
? FOOTPRINTS. Phila. 1843. 12° 1249.
FOOTSTEPS on the Seas. *See* [Whitney (Mrs. A. D. T.).]
FORESTERS (The). *See* [Wilson (A.).]
FORGET-Me-Nots. *See* Rustic (Ruth.).
FORREST (M.). Travels through America. Phila. 1793. 12° 1250.
FORTRESS of Sorrento. *See* [Noah (M. M.).]
FOSDICK (W. W.), *b.* 1825, *d.* 1862. Ariel, and Other Poems. N. Y. [1855.] 12° 1251.
FOSTER (N. L.). The Last of his Family. Phila. 1841. 12° 1252.
FOSTER (S. C.). *See* Song Books.
FOSTER (W. C.). Poetry. Salem, (N. Y.) 1805. 12° 1253.
FOWLE (W. B.), *b.* 1795, *d.* 1865. Parlor Dramas. Bost. 1857. 12° 1254.
FOWLER (M. B.). The Prophecy. N. Y. 1821. 18° 1255.
FOX (C. H.). *See* Song Books.
? FOXHALL. Gleanings from the Field of Truth. Balt. [1866.] 12° 1256.
FOXTON (E.), *pseud.* *See* [Palfrey (Miss S. A.).]
FRANCIS (V. M.). The Fight for the Union. N. Y. 1863. 8° 1257.
? FRANK; Or Who's the Croaker? N. Y. 1820. 8° 1258.
FRANKENSTEIN (J.). American Art. Cincinnati, 1864. 12° 1259.
? FREE (A) and Independent Translation of the First and Fourth Books of the Æneid. Winsted, Conn. 1870. 8° 1260.
? FREEDOM'S Gift. Hartford, 1840. 12° 1261.
FREEMAN (F. W.). A Scottish Ballad. Bost. 1869. Sm. 4° 1262.
FREEMAN (N. C.). The Twilight Dream. Phila. 1853. 12° 1263.
? FREE Masonry: A Poem. Leicester, 1830. 12° 1264.

FREE Soil Minstrel (The). *See* Song Books.
FRELIGH (J. S.). Poems. St. Louis, 1852. 16° 1265.
FRENCH (B. B.). Fitz Clarence. Washington, 1844. 8° 1266.
? FRENCH Arrogance; Or, "The Cat let out of the Bag." Phila. 1798. 8° 1267.
[FRENEAU (P.),] *b.* 1752, *d.* 1832. The British Prison-Ship. Phila. 1781. 8° 1268.
FRENEAU (P.). A Collection, &c. N. Y. 1815. 2 vs. 18° 1269.
FRENEAU (P.). A Laughable Poem, &c. Phila. 1809. 12° 1270.
FRENEAU (P.). The Miscellaneous Works. Phila. 1788. 8° 1271.
FRENEAU (P.). The Poems. Phila. 1786. 8° 1272.
FRENEAU (P.). *The Same.* Monmouth, N. J. 1795. 8° 1273.
FRENEAU (P.). *The Same.* 3d. ed. Phila. 1809. 2 vs. 12° 1274.
FRENEAU (P.). *The Same.* Lond. 1861. Sm. 8° 1275.
FRENEAU (P.). *The Same.* N. Y. 1865. 8° 1276.
[FRENEAU (P.).] The Village Merchant. Phila. 1794. 12° 1277.
[FRENEAU (P.) & Brackenridge (H. H.).] A Poem, On the Rising Glory of America. Phila. 1772. 8° 1278.
? FRESH FLOWERS for Children. Bost. 1852. 16° 1279.
FRESH Hearts, &c. *See* [Lowell (R. T. S.).]
FRISBIE (Fannie). Songs of the Flowers. N. Y. *n. d.* 64° 1280.
FRISBIE ([L.]), *b.* 1784, *d.* 1822. A Collection, &c. Bost. 1823. 8° 1281.
FROG Opera. *See* [Miller (C. T.).]
? FRONTIER MAID (The). Wilkesbarre, Penn. 1819. 12° 1282.
FROTHINGHAM (N. L.), *b.* 1793, *d.* 1870. Metrical Pieces. Bost. 1855. 16° 1283.
FUDGE Family (The). *See* Nimrod (Harry).
FUGITIVE (The). *See* Bags (John Dryden).
FULLER (E. W.). The Angel, &c. N. Y. 1871. 12° 1284.
FULLER (Frances A. and Metta V.). Poems. N. Y. 1851. 8° 1285.
[FURMAN (G.).] The Maspeth Poems. N. Y. 1837. Sqr. 16° 1286.
[FURMAN (G.).] Rural Hours. *n. p.* [1824.] 8. 1287.
FURMAN (R.). The Pleasures of Piety. Charleston, 1859. 12° 1288.
FURNESS (W. H.) & Hedge (F. H.). Schiller's Song of the Bell. Phila. 1850. 12° 1289.

FURNESS (W. H.) & Hedge (F. H.). The Song of the Bell. Phila. 1851. 12° 1290.
FURNESS (W. H.). *See also* Song Books.

G (A. S.). *See* G[renville] (A. S.).
G (G.). *See* G[reen] (G.).
? G (L.). The Photograph. N. Y. 1862. 12° 1291.
G (L. E.). *See* Song Books.
[GAGE (Mrs. F. D.).] How Little Katie Knocked at the door of Heaven. N. Y. [1864.] 16° 1292.
GALLAGHER (W. D.), *b.* 1808. Address and Poem. Cincinnati, 1846. 8° 1293.
GALLAGHER (W. D.). Erato No. I. Cincinnati, 1835. 18° 1294.
GALLAGHER (W. D.). *The Same* No. II. Cincinnati, 1835. 18° 1295.
GALLAGHER (W. D.). *The Same* No. III. Cincinnati, 1837. 18° 1296.
GALLAUDET (T.). The Day of Days. N. Y. [1862.] 16° 1297.
GAMAGE (G. A.). The Garland. Auburn, N. Y. 1825. 8° 1298.
GANILH (A.). Odes. Bost. 1830. 12° 1299.
GANILH (A.). Southern Liberty. N. Y. 1834. 12° 1300.
GANTER (F. S.). Man. A Poem. N. O. 1871. 8° 1301.
GARDETTE (C. D.). The Fire-Fiend. N. Y. 1866. 8° 1302.
GARDINER (Mary L.). A Collection. N. Y. 1843. 12° 1303.
GARLAND (The). *See* [Luther (S.).]
GARRISON (W. L.), *b.* 1804. Sonnets. Bost. 1843. 16° 1304.
GAYLER (C.), *b.* 1820. The Love of a Prince. N. Y. [1857.] 12° 1305.
GAYLER (C.). The Son of the Night. N. Y. [1857.] 12° 1306.
? GAZELLE. Bost. 1866. Sm. 16° 1307.
? GEM (The). Bost. 1843. 18° 1308.
GEMS of Poetry. Phila. 1851. Sm. 16° 1309.
? GENEVESE (The). A Collection of Brief Poems, &c. Geneva, 1847 12° 1310.
GENIN (T. H.), *d.* 1868 *aged* 72. The Fatal Disunion. N. Y. 1816. 24° 1311.
GENIN (T. H.). The Napolead. St. Clairsville, 1833. 18° 1312.
GENIN (T. H.). Selections. N. Y. 1869. 8° 1313.
? GENIUS of America (The). A Manuscript. 1314.

? GENIUS of COLUMBIA (The). A Manuscript. 1315.
? GENIUS (The) of Erin, &c. Charleston, 1836. 12° 1316.
GENIUS (The) of Oblivion. *See* [Hale (Mrs. S. J.).]
GEOGRAPHY Epitomized. *See* [Davidson (R.).]
[GERARD (J. W.).] Aquarelles. N. Y. 1858. 12° 1317.
[GERARD (J. W.).] Ostrea. N. Y. 1857. 12° 1318.
? GHOSTS (The) of Acheron, &c. [Prov. 1842.] Broadside. 1319.
GIBBONS (T.). A Funeral Sermon, &c. And Some Verses. Lond. 1771. 8° 1320.
GIBSON (H. S.). A Collection, &c. Phila. 1834. 12° 1321.
GIBSON (H. S.). The Vision of War. Phila. 1835. 18° 1322.
GIBSON (W.). A Vision of Fairy Land. Bost. 1853. 16° 1323.
GIFFORD (C.). Mankind Unriddled. Bost. 1841. 8° 1324.
GILDEA (J. R.). Poems on Ireland. New Haven, 1871. 8° 1325.
GILES (Miss D. S.). A Collection. Ann Arbor, 1845. Sm. 16° 1326.
GILES (C.). The Convention of Drunkards. N. Y. 1839. 18° 1327.
GILLESPY (E.). *See* Song Books.
GILMAN (*Mrs.* C.), *b.* 1794. Oracles for Youth. N. Y. 1852. 12° 1328.
GILMAN (*Mrs.* C.). *The Same.* N. Y. 1853. 12° 1329.
GILMAN (*Mrs.* C.). Tales and Ballads. Bost. 1839. 16° 1330.
GILMAN (*Mrs.* C.). Verses of a Life Time. Bost. 1849. 16° 1331.
GILMAN (S.), *b.* 1791, *d.* 1858. Pleasures and Pains of the Student's Life. Bost. 1852. 4° 1332.
? GILPIN (Johnny). The Toddy Mill. *n. p.* Sept. 1, 1800. 8° 1333.
GIUSEPPINO. *See* [Bradley (W. H.).]
GLADDING (Mrs. E. N.). Leaves. Prov. 1858. 12° 1334.
? GLANCE (A) at the Nations. Bost. 1835. 16° 1335.
? GLANCE (A) at New York. N. Y. *n. d.* 12° 1336.
? GLANCE (A) at the Times. Phila. 1827. 12° 1337.
GLAZIER (W. B.), *b.* 1827. Poems. Hallowell, 1853. 12° 1338.
GLEANINGS from the Field of Truth. *See* Foxhall.
GLEASON (H.) Anniversary Poem. Bost. 1855. 8° 1339.
GLEEMAN (A. M.). A Rhyme, &c. Cincinnati, 1847. 12° 1340.

[GLENN (J.).] The City and Country Compared. N. Y. 1845. 8° 1341.
? GLIMPSE (A) at Watertown. 2nd. ed. Bost. 1851. 16° 1342.
? GLORIA BRITANNORUM. Bost. 1723. 8° 1343.
? GLORY (The) of America, &c. [Wants title.] 4° 1344.
GODDARD (H.). A Few..of the Articles, &c. Portland, 1866. 8° 1345.
GODFREY (T.), *b.* 1736, *d.* 1763. The Court of Fancy. Phila. 1762. 4to. 1346.
GODFREY (T.). Juvenile Poems. Phila. 1765. 4° 1347.
GLOVER (S. E.). The Cradle of Liberty. Bost. *n. d.* 12° 1348.
GLYNDON (Howard.), *pseud.* *See* Redden (Laura C.).
? GOGGLES (Phil.). Bro-de-hed-da: A Song of Slaughter. Phila. *n. d.* 16° 1349.
GOLDEN Fleece (The). *See* [Vaughan (W.).]
GOLDSMITH (O.). The Rising Village. 1834. 18° 1350.
? GOOD WIFE, (A) God's Gift. Bost. 1796. 12° 1351.
GOOODRICH (F. B.), *b.* 1826. Flirtation. N. Y. 1861. 18° 1352.
GOODRICH (F. B.) & Warden (F. L.). Romance after Marriage. N. Y. [1857.] 12° 1353.
GOODRICH (F. B.). *See also* Brougham (J.) & Goodrich (F. B.).
GOODRICH (S. G.), *b.* 1793, *d.* 1860. The Outcast, &c. Bost. 1836. 12° 1354.
GOODRICH (S. G.). Poems. N. Y. 1851. 12° 1355.
GOODWIN (E. C.). Wayside Songs. N. Y. 1856. 12° 1356.
GOODWIN (J. A.). Mr. Leach's Oration, and Mr. Goodwin's Poem. Prov. 1850. 12° 1357.
? GOODY Right-Thirsty. By Mag-Pie. Bost. [1858.] Ob. 8° 1358.
GORDON (N. M.). Alleghan. Cincinnati, 1856. 16° 1359.
[GORTON (S.),] *b. about* 1600, *d.* 1677. Simplicities Defence. [*Four pages of Verses, preliminary to* "this Treatise," *Signed* "*S. G.*"] Lond. 1646. Sm. 4° 1360.
GOSPEL (The) of Slavery. *See* Gray (Iron).
? GOSPEL Tragedy (The). Worcester, Mass. 1795. 12° 1361.
GOTHAM and the Gothamites. *See* [Judah (S. B. H.).]
GOULD (E. S.), *b.* 1808. "The Very Age!" N. Y. 1850. 12° 1362.

GOULD (Miss H. F.), *b.* 1789, *d.* 1865. The Diosma. Bost. 1851. 16° 1363.
GOULD (Miss H. F.). Hymns and Other Poems. Bost. 1854. 16° 1364.
GOULD (Miss H. F.). New Poems. Bost. 1850. 16° 1365.
GOULD (Miss H. F.). Poems. Bost. 1832. 18° 1366.
GOULD (Miss H. F.). *The Same.* 2nd. ed. Bost. 1833. 18° 1367
GOULD (Miss H. F.). *The Same.* 3d. ed. Bost. 1835. 16° 1368.
GOULD (Miss H. F.). *The Same.* Bost. 1839–1841. 3 vs 16° 1369.
GOULD (Miss H. F.). The Youth's Coronal. N. Y. 1851. 12° 1370.
GOULD (Sarah). Asphodels. N. Y. 1856. 12° 1371.
GOULD (Sarah). Poems. N. Y. 1860. 18° 1372.
GOULD (T. A.). A Bouquet of Poesy. 1848. 12° 1373.
? "Gov." Rhymed Tactics. N. Y. 1862. 18° 1374.
[GOVER (W. C.).] Peter Baker Association. N. Y. [1872.] 8° 1375.
GRADUATES' Reunion. [*Contains Poetry by* 'Miss Shaw,' 'Miss L. Boyer,' 'Miss G. Williams,' 'Miss E. Ireland,' 'Mrs. A. Smith' *and* 'Mrs. S. Bourne.'] N. Y. 1865. 4° 1376.
GRAHAM (W. S.). Remains. Phila. 1849. 12° 1377.
? GRAND National Allegory. Buffalo. N. Y. [1865.] 16° 1378.
GRAN Quivera (La). *See* [Ashe (S. M.).]
GRASSE (Will. De). *See* De Grasse (Will.).
GRATE (C.). Eugene. Phila. 1842. Sm. 16° 1379.
[GRAVE (J.).] A Song of Sion. *n. p.* 1662. Sm. 4° 1380.
? GRAVES (The) of the Indians, &c. Bost. 1827. 18° 1381.
GRAY (A.). Shades of the Hamlet. Woburn, Mass. 1852. 12° 1382.
? GRAY (Barry) & Savage (John). Ale. N. Y. 1866. Lg. 8° 1383.
? GRAY (Iron). The Gospel of Slavery. N. Y. [1864.] 16° 1384.
GRAY (T.). Change. Roxbury, 1830. 8° 1385.
GRAYSON (W. J.), *b.* 1788, *d.* 1683. The Hireling, &c. Charleston, 1856. 12° 1386.
[GRAYSON (W. J.).] *See also* The Proceedings of the 66th Anniversary of the Orphan House of Charleston, S. C.
GREEN (E. B.). The Child of Passion. Middletown, 1837. 8° 1387.

G[REEN] (G.). The Shunammite. N. Y. 1810. 8° 1388.
GREEN (J.), *b.* 1706, *d.* 1780. Entertainment for a Winter's Evening. Bost. 1795. 8° 1389.
[GREEN (J.).] A Mournful Lamentation For the.. Death of Mr Old Tenor, &c. *n.p.* [*about* 1750.] Broadside. 1390.
GREEN (J. W.). Satan Conquered. Albany, 1844. 12° 1391.
GREENE (A. G.), *b.* 1802, *d.* 1868. Anniversary Poem. Prov. 1829. 8° 1392.
GREENE (A. G.). Old Grimes. Prov. 1867. 4° 1393.
GREENE (N.), *b.* 1797. Improvisations, &c. Bost. 1852. 16° 1394.
GREENWOOD (Grace), *pseud.* *See* [Clarke (Sara J.).]
G[RENVILLE] (A. S.). Original Poetic Effusions. Bost. 1822. 18° 1395.
G[RENVILLE] (A. S.). *The Same.* 2nd. ed. Dedham. 1823. 18° 1396.
GRIDLEY (S.). The Mill of the Muses. Exeter, 1828. 18° 1397.
? GRIEVOUS (Peter), Jr. A Congratulatory Epistle to .."Peter Porcupine," &c. Phila. 1796. 8° 1398.
GRIFFIN (E. D.), *b.* 1804, *d.* 1830. Remains, &c. N. Y. 1831. 2vs. 8° 1399.
GRIFFIN (E. D.). Reverendo Viro, &c. [N. Y. 1822.] 4° 1400.
[GRIFFITH (Miss A.).] The Little Blind Girl of Normandie. N. Y. 1868. Sqr. 8° 1401.
GRIFFITH (Mattie). Poems. N. Y. 1853. 12° 1402.
[GRIGGS (Miss).] Songs for the Sorrowing. N. Y. 1861. 12° 1403.
GRISWOLD (R. W *b.* 1815, *d.* 1857. The Female Poets of America. Phila. 1860. Lg. 8° 1404.
GRISWOLD (R. W.). Gems from American Female Poets. Phila. 1844. 32° 1405.
GRISWOLD (R. W.). The Poets and Poetry of America. Phila. 1842. Lg. 8° 1406.
GRISWOLD (R. W.). *The Same.* 4th. ed. Phila. 1843. Lg. 8° 1407.
GRISWOLD (R. W.). *The Same.* Phila. 1860. Lg. 8° 1408.
GRISWOLD (R. W.). Readings, &c. N. Y. 1843. 12° 1409.
[GROSS (Mrs. J. M.).] In Memoriam. [Prov. 1870.] 16° 1410.
GROUP (The). *See* Cliffton (W.).
GROUPED Thoughts. *See* [Simms (W. G.).]

? GRUFF (Growler), Esq. The Cynick. Phila. 1812. 18° 1411.
? GUADALOUPE: A Tale, &c. Phila. 1860. 12° 1412.
GUERIN (M.). Satire against Satire. Balt. *n. d.* 12° 1413.
GUEST (M.). Poems. Cincinnati, 1823. 12° 1414.
GUEST (M.). *The Same.* 2nd. ed. Cincinnati, 1824. 12° 1415.
GUESTS (The) of Brazil. *See* [Huntingdon (G.).]
GUIDO, A Tale. *See* [Embury (Mrs. E. C.).]
GUILLOTINA (The). *See* [Hopkins (L.).]
GUIRE (A. Le). *See* Le Guire (A.).
GUNNISON (E. N.). Our Stars. Phila. 1863. 16° 1416.
GUTHRIE (W. E.). The Betrothed. Phila. 1867. 16° 1417.
GUTIERREZ (J. M.). Estudios Biograficos. Buenos Aires, 1865. Sqr. 16° 1418.
GUTTLE and Gulpit. *See* Rhand (Tally).

H *See* [Halpine (C. G.).]
H (A. B.). *See* H[assan] (A. B.).
? H (E. D.). Temperance Poems. No. II. Phila. 1844. 18° 1419.
H (F. S.). *See* H[ill] (F. S.).
? "H. G." at Chappaqua. N. Y. 1872. 32° 1420.
HABEAS Corpus (The). *See* [Vaux (R.).]
HADCOCK (J. W.). Science. Utica, 1851. 12° 1421.
HAGEN (J. C.). Ballads of the Revolution. N. Y. [1866.] 16° 1422.
HAGEN (J. C.). Foot-Prints of Truth. N. Y. 1853. Lg. 8° 1423.
HALE (Mrs. S. J.), *b.* 1790. Alice Ray. Phila. 1845. Sqr. 12° 1424.
[HALE (Mrs. S. J.).] The Genius of Oblivion. Concord, 1823. 12° 1425.
HALE (Mrs. S. J.). Happy Changes. N. Y. *n. d.* Sqr. 16° 1426.
HALE (Mrs. S. J.). Three Hours. Phila. 1848. 12° 1427.
HALE (Mrs. [S. J.]). The Ladies' Wreath. 2nd. ed. Bost. 1839. 12° 1428.
HALE (Mary W.). Poems. Bost. 1840. 12° 1429.
HALL (Mrs. E. B.), *b.* 1802. The Cross and Anchor. Prov. 1844. Sqr. 16° 1430.
[HALL (Mrs. E. B.).] Miriam. Bost. 1837. 12° 1431.
[HALL (Mrs. E. B.).] *The Same.* 2nd. ed. 1838. 12° 1432.
[HALL (Mrs. E. B.).] *The Same.* 2nd. ed. 1843. 12° 1433.

HALL [(Mrs. E. B.).] Miriam, &c. Bost. 1850. 12° 1434.
HALL (Mrs. J.). Phantasia. N. Y. 1849. Sqr. 8° 1435.
HALL (J. E.), *b.* 1783, *d.* 1829. The Philadelphia Souvenir. Phila. 1826. 18° 1436.
HALL (L. V.). Beauties, &c. Auburn, 1859. 8° 1437.
[HALLECK (F. G.),] *b.* 1790, *d.* 1867. Alnwick Castle. N. Y. 1827. 8° 1438.
[HALLECK (F. G.).] *The Same.* N. Y. 1836. Lg. 8° 1439.
HALLECK (F. G.). *The Same.* N. Y. 1845. 12° 1440.
[HALLECK (F. G.).] Fanny. N. Y. 1819. 8° 1441.
[HALLECK (F. G.).] *The Same.* 2nd. ed. N. Y. 1821. 8° 1442.
[HALLECK (F. G.).] *The Same.* Lond. 1821. 8° 1443.
HELLECK [*sic*](F. G.). *The Same.* N. Y. 1833. 24° 1444.
[HALLECK (F. G.).] Fanny, &c. N. Y. 1839. 12° 1445.
[HALLECK (F. G.).] *The Same.* N. Y. [1846.] 12° 1446.
HALLECK (F. G.). The Poetical Works. N. Y. 1852. 12° 1447.
HALLECK (F. G.). *The Same.* N. Y. 1854. 12° 1448.
HALLECK (F. G.). *The Same.* N. Y. 1855. 12° 1449.
HALLECK (F. G.). *The Same.* N. Y. 1858. 12° 1450.
HALLECK (F. G.). Young America. N. Y. 1865. 12° 1451.
[HALLECK (F. G.).] *See also* [Drake (J. R.) & Halleck (F. G.).]
HALLOCK (B.). Poems. N. Y. 1856. 12° 1452.
HALLOWEEN. *See* [Coxe (A. C.).]
[HALPINE (C. G.),] *b.* 1829, *d.* 1868. Lyrics by the Letter H. N. Y. 1854. 12° 1453.
[HALPINE (C. G.).] Oration, &c. Gettysburg, 1865. 8° 1454.
? HAMILTONIAD: Or, The Effects of Discord, &c. By a young gentlemen of Philadelphia. Phila. 1804. 8° 1455.
HAMILTONIAD (The). *See* [Williams (J.).]
HAMLET. *See* [Rice (G. E.).]
HAMMON (J.). A Winter Piece, &c. Hartford, 1782. 8° 1456.
HANAFORD (Mrs. J. H.). Stories about Egypt. Bost. 1856. Sqr. 8° 1457.
HANCOCK (Sallie J.). Rayon d'Amour. Phila. 1869. 12° 1458.
HANDY (G.). Poetic Sketch, &c. Bost. 1860. 16° 1459.
HANNA (Abigail S.). Withered Leaves. Prov. 1857. 12° 1460.
? HANNAH, The Mother of Samuel. Bost. 1839. 12° 1461.
HANS Breitman's Party. *See* [Leland (C. G.).]
HANSON (J. W.). *See* Centennial Celebration.

HARBAUGH (H.), *b.* 1817, *d.* 1867. Poems. Phila. 1860. 12° 1462.
HARBINGER (The). [By P. Benjamin, O. W. Holmes & J. O. Sargent.] Bost. 1833. 12° *Size*, 8° 1463.
HARBY (I.), *b.* 1788, *d.* 1828. Alberti. Charleston, 1819. 12° 1464.
HARBY (I.). A Selection, &c. Charleston, 1829. 8° 1465.
HARDCASTLE (J.). The Masonic Museum. N. Y. 5816. 12° 1466.
HARDY (D.), *b.* 1829, *d.* 1857. Poems. N. Y. 1858. 18° 1467.
[HARNEY (J. M.),] *b.* 1789, *d.* 1825. Crystalina. N. Y. 1816. 12° 1468.
HARP (The) and Plow. *See* [Canning (J. D.).]
HARP (The) of the Beech Woods. *See* [Turner (J. F.).]
? HARP of Pelham (The). N. Y. 1844. 18° 1469.
HARRIS (T. L.), *b.* 1824. An Epic. N. Y. 1854. 12° 1470.
HARRIS (T. L.). *The Same.* 4th. ed. N. Y. 1855. 12° 1471.
HARRIS (T. L.). Hymns. Part I. N. Y. 1857. 18° 1472.
HARRIS (T. L.). A Lyric. N. Y. 1856. 12° 1473.
HARRIS (T. M.), *b.* 1768, *d.* 1842. Hymns for the Lord's Supper. Bost. 1820. 18° 1474.
HARRIS (T. M.). *The Same.* 2nd. ed. Bost. 1821. 18° 1475.
[HARRIS (T. M.).] The Triumphs of Superstition. Bost. 1790. 4° 1476.
HARRISON (The), &c. *See* Song Books.
HARRY Clay (The), &c. *See* Song Books.
HART (S.). Poems. 2nd. ed. Fall River, 1846. Sqr. 16° 1477.
HART (S.). *The Same.* 3d. ed. Fall River, 1855. Sm. 16° 1478.
HARTE (F. B.), *b.* 1837. The Heathen Chinee. Chicago, 1870. *Size*, Sqr. 8° 1479.
HARTE (B.). *The Same.* Bost. 1871. 12° 1480.
HARTE (B.). Poems. Bost. 1871. 12°. 1481.
HARTFORD (The) Selection of Hymns. 3d. ed. Hartford, 1810. 24° 1482.
HARVEST (The) Festival. *See* H[ill] (F. S.).
HARVEY (M. J.). Poems. No. I. Concord, [1851.] 12° 1483.
HARWOOD (J. E.), *b.* 1771, *d.* 1809. Poems. N. Y. 1809. 12° 1484.
HARWOOD (J. E.). Select Poems. [Lond.] 1793. 16° 1485.
HASKELL (B. D.).] Zethar. *n. p.* [1859.] 12° 1486.
HASKINS (J.), *b.* 1805, *d.* 1845. The Poetical Works. Hartford, 1848. 12° 1487.
HASLETT (A.). Original Poems. Balt. 1812. 12° 1488.

H[ASSAN] (A. B.). Contributions, &c. [Balt. 1865.] 12° 1489.
HASTINGS (Sally). Poems. Lancaster, 1808. 12° 1490.
HASTINGS (T.), *b.* 1784. Devotional Hymns. N. Y. 1850. 18° 1491.
HASTINGS (T.). *See also* Song Books.
"HASTY Plate of Soup" (The). *See* Pickle (Peter).
HASTY Pudding (The). *See* [Barlow (J.).]
HAWES (Mrs. E.). The Harp, &c. Bost. 1838. 12° 1492.
HAWKINS (M.). The Saw-Mill. N. Y. 1824. 18° 1493.
HAWLEY (W. F.). Quebec. Montreal, 1829. 18° 1494.
? HAWSER (Harry). Buds and Flowers, of Leisure Hours. Phila. 1844. 8° 1495.
HAY (J.), *b.* 1839. Jim Bludso. Bost. 1871. 12° 1496.
HAY (J.). Little-Breeches. N. Y. 1871. 8° 1497.
HAY (J). *See also* Celebration, &c.
? HAYDN and Other Poems. N. Y. 1870. 16° 1498.
HAYES (J.). Rural Poems. Carlisle, 1807. 12° 1499.
HAYNE (P. H.), *b.* 1831. Avolio. Bost. 1860. 16° 1500.
HAYNE (P. H.). Poems. Bost. 1855. 16° 1501.
HAYNES (J.). Poems. Quebec, 1864. 12° 1502.
HAYWARD (W. H.). Camp Songs. Balt. 1864. 12° 1503.
HAZARD (J.). Poems. Brooklyn, N. Y. 1814. 18° 1504.
HEAD (J.). Enthusiasm. Bost. 1809. 8° 1505.
? HEADS and Points. Prov. Friday, June 17, 1842. 8° 1506.
HEART-Songs. [Ed. by Miss E. Hedge.] Bost. 1856. 16° 1507.
? HEAVENLY Friend (The). Portland, 1841. Sm. 16° 1508.
HEAVYSEGE (C.). Saul. Bost. 1869. 12° 1509.
HEBBARD (W. W.). The Night of Freedom. Bost. 1857. 8° 1510.
HEDGE (F. H.). *See* Furness (W. H.) & Hedge (F. H.).
HELDERBERGIA, *See* [Schoolcraft (H. R.).]
HELMER (C. D.). The Stars and Stripes. New Haven, 1862. 8° 1511.
HEMENWAY (Abby M.). Poets and Poetry of Vermont. Rutland, 1858. 12° 1512.
HEMPSTEAD (T.). Poems. N. Y. 1859. 12° 1513.
HENCK (E. C.). Spirit Voices. Phila. 1853. 18°* 1514.
HENCK (E. C.). *The Same.* 3d. ed. Phila. 1855. 18° 1515.
HENCK (G. L.). Poems. Balt. 1870. 18° 1516.
HENDERSON (Marc A), *pseud.* *See* [Strong (G. A.).]

Henry (G. W.). The Golden Harp. N. Y. 1853. 16° 1517.
Herbert (H. W.). The Prometheus, &c. Cambridge, 1849. 12° 1518.
Herbert (S.). *See* Song Books.
Heroes (The) of the Last Lustre. *See* [Mines (J. F.).]
[Heron (Miss M.).] Camille. N. Y. *n. d.* 12° 1519.
Heron (*Miss* M.). *The Same.* 5th. ed. Cincinnati, 1857. 8° 1520
Herre (B. G.). Voyage in the Air. Harrisburg, Pa. 1870. Sm. 16° 1521.
Hersey (A. G.). Dew-Drops. Bost. 1836. 12° 1522.
Hesselrigge. *See* [Dodge (Mrs. H. M.).]
Hewes (G. W.). Ballads of the War. N. Y. 1862. 12° 1523.
Hewett (J. D.). The Votary. N. Y. 1867. 12° 1524.
Hewett (J. H.). Miscellaneous Poems. Balt. 1838. 12° 1525.
Hewett (*Mrs.* M. E.). The Memorial. N. Y. 1851. 12° *Size*, Lg. 8° 1526.
Hewett (*Mrs.* M. E.). Poems. N. Y. 1854. 12° 1527.
Hewett (*Mrs.* M. E.). The Songs of Our Land. Bost. 1844. 12° 1528.
Hewett (*Mrs.* M. E.). *The Same.* Bost. 1846. 12° 1529.
He wou'd be a Poet. *See* Touchstone (Geoffry).
Heyde (C. L.). Louie and Marie. N. Y. 1844. 18° 1530.
Heywood (J. C.). Antonius. N. Y. 1867. 16° 1531.
Heywood (J. C.). Herodias. N. Y. 1867. 16° *Sig.* 12° 1532.
[Heywood (J. C.).] Salome. N. Y. 1862. 12° 1533.
Heywood (J. C.). *The Same.* N. Y. 1867. 16° 1534.
Heywood (W. S.). Celebration of, &c. Bost. 1859. 8° 1535.
Hickey (J.). *See* Song Books.
Hicock (J. W.). *See* Song Books.
? Hierosolyma, &c. Princeton, 1850. 12° 1536.
[Higginson (T. W.).] *See* [Longfellow (S.) & Higginson (T. W.).]
H[ill] (F. S.). The Harvest Festival. Bost. 1826. 18° 1537.
Hill (F. S.). The Shoemaker of Toulouse. Bost. *n. d.* 12° 1538.
Hill (F. S.). The Six Degrees of Crime. Bost. 1856. 12° 1539.
[Hill (G.),] *b.* 1796. The Ruins of Athens. Washington, 1831. 8° 1540.
Hill (G.). The Ruins of Athens, &c. Bost. 1839. 8° 1541.

[HILL (T.),] *b.* 1818. Christmas, &c. Cambridge, 1843. 16° 1542.
HILL (T.). The Poetical Works. Vol. I. Worcester, 1851. 16° 1543.
HILL (T.). The Songs and Poems. Vol. II. Worcester, 1852. 12° 1544.
HILL (W.). The Rise and Fall of the Jews. Albany, 1859. 32° 1545.
HILLARD (I.). A Short Poetical History. Danbury, 1808. 12° 1546.
HILLER (O. P.). American National Lyrics. Bost. 1860. 16° 1547.
HILLHOUSE (J. A.), *b.* 1789, *d.* 1841. Dramas, &c. Bost. 1839. 2vs. 16° 1548.
HILLHOUSE (J. A.). Hadad. N. Y. 1825. Lg. 8° 1549.
[HILLHOUSE (J.A.).] The Judgment. N. Y. 1821. 8° 1550.
[HILLHOUSE (J. A.).] Sachem's Wood. New Haven, 1838. 8° 1551.
HINE (B.). Miscellaneous Poetry. N. Y. 1835. 12° 1552.
? HINE (C. C.). Mrs. Leary's Cow. N. Y. 1872. 8° 1553.
HINE (E. C.). The Haunted Barque. Auburn, 1848. Lg. 8° 1554.
HIRST (H. B.), *b.* 1813. The Coming of the Mammoth. Bost. 1845. 12° 1555.
HIRST (H. B.). Endymion. Bost. 1848. 16° 1556.
HIRST (H. B.). The Penance of Roland. Bost. 1849. 16° *Sig.* 12° 1557.
HISTORICO Dramatico Ambrosial Eclogues. *See* Hobnail (Hengist).
? HISTORY (The) of Benedict Arnold the Traitor. *n. p.* [*about* 1780.] Broadside. 1558.
? HISTORY (The) of John Smith's Picture. Cambridge, 1858. 8° 1559.
? HISTORY (The) of the Holy Jesus. 24th. ed. Bost. Isaiah Thomas. 1771. 32° 1560.
? HISTORY (The) of Thomas Brown. Phila. [1849.] 16° 1561.
HITCHCOCK (D.), *b.* 1773. Christ not the Minister of Sin. Hartford, 1832. 12° 1562.
HITCHCOCK (D.). A Poetical Dictionary. Lenox, 1808. 12° 1563.
HITCHCOCK (D.). The Poetical Works. Bost. 1806. 12° 1564.
HITCHCOCK (D.). The Shade of Plato. Hudson, 1805. 18° 1565.

HITCHCOCK (D.). The Social Monitor. Stockbridge, 1812. 12° 1566.
HITCHCOCK (D.). *The Same.* 2nd. ed. N. Y. 1814. 18° 1567.
HITCHCOCK (R.). A Funeral Oration, &c. New Haven, 1786. 8° 1568.
HOBART (J. M.). Authentic Memoirs, &c. Birmingham, 1793. 8° 1569.
? HOBNAIL (Hengist). Historico Dramatico Ambrosial Eclogues. N. Y. 1820. Sm. 16° 1570.
[HODGKINS (T. G.).] Time on the Iron Horse. N. Y. [1847.] 12° 1571.
HOFFMAN (C. F.), *b.* 1806. The Echo. Phila. 1844. Lg. 8° 1572.
HOFFMAN (C. F.). Love's Calendar. N. Y. 1847. 32° 1573.
HOFFMAN (C. F.). The Vigil of Faith. N. Y. 1842. 12° 1574.
HOFFMAN (C. F.). *The Same.* 4th. ed. N. Y. 1845. 18° 1575.
? HOGG (Elkanah). The Lay of the First Minstrel. N. Y. 1834. 12° 1576.
HOLCOMBE (W. H.). Poems. N. Y. 1860. 12° *Size*, 8° 1577.
? HOLIDAY Exercises. Or, The Christian A. B. C. Phila. MDCCXLXXV. [1785.] 12° 1578.
HOLLAND (E. G.), *b.* 1817. Essays, &c. Bost. 1852. 12° 1579.
HOLLAND (J.). Poems. Bost. 1858. 12° 1580.
HOLLAND (J. G.), *b.* 1819. Bitter-Sweet. 15th. ed. 1863. N. Y. 12° 1581.
HOLLAND (J. G.). Kathrina. 20th. ed. N. Y. 1867. 12° 1582.
HOLLISTER (G. H.). A Poem. New Haven, 1840. 8° 1583.
HOLLISTER (G. H.). Thomas à Becket. Bost. 1866. 16° 1584.
HOLMES (Alice A.). Arcadian Leaves. N. Y. 1858. 18° 1585.
HOLMES (Alice [A.]). Poems. N. Y. 1849. 12° 1586.
HOLMES (Alice A.). Stray Leaves. N. Y. 1868. 12° 1587.
HOLMES (O. W.), *b.* 1809. Astræa. Bost. 1850. 12° 1588.
HOLMES (O. W.). A Poem, dld. Sept. 9, 1850. *n. p.*, *n. d.* 8° 1589.
HOLMES (O. W.). Poems. Bost. 1836. 12° 1590.
HOLMES (O. W.). *The Same.* Lond. 1846. 16° 1591.
HOLMES (O. W.). *The Same.* Bost. 1849. 16° 1592.
HOLMES (O. W.). *The Same.* Bost. 1850. 16° 1593.
HOLMES (O. W.). *The Same.* Bost. 1851. 16° 1594.
HOLMES (O. W.). *The Same.* Bost. 1852. 16° 1595.
HOLMES (O. W.). *The Same.* Bost. 1864. 32° 1596.

HOLMES (O. W.). Songs in Many Keys. Bost. 1862. 12° 1597.
HOLMES (O. W.). Urania. Bost. 1846. 8° 1598.
HOLMES (O. W.). Vive la France. *See* [Field (M. B.).]
HOLMES (O. W.). *See also* The Harbinger Part II., *and* The Berkshire Jubilee.
HOME Ballads. N. Y. 1865. 16° 1599.
HOMER. *See* [Kilty (Chancellor).]
[HONEYWOOD (St. J.), *b.* 1765, *d.* 1798. A Poem on the President's Farewell Address. Phila. [1798.] 8° 1600.
HONEYWOOD (St. J.). Poems. N. Y. 1801. 16° 1601.
HOOD (C.). Gonzalvo. Bost. 1845. 16° 1602.
HOOPER (Miss L.), *b.* 1816, *d.* 1841. The Complete Poetical Works. N. Y. 1848. Lg. 8° 1603.
HOOPER (*Miss* L.). The Lady's Book of Flowers. N. Y. 1842. 12° 1604.
HOOPER (*Miss* L.). *The Same.* N. Y. 1843. 12° 1605.
HOOPER (*Miss* L.). Poetical Remains. N. Y. 1842. 12° 1606.
HOOPER (Lucy H.). Poems. Phila. 1864. 16° 1607.
HOPE (J. B.). A Collection of Poems. Richmond, 1859. 12° 1608.
HOPE (J. B.). An Elegiac Ode. Richmond, 1866. 12° 1609.
HOPE (J. B.). Leoni di Monota. Phila. 1857. 12° 1610.
HOPKINS (J. H.), *b.* 1792, *d.* 1868. The History of the Church. N. Y. 1867. 12° *Sig.* 16° 1611.
[HOPKINS Jr (J. H.).] The Christmas Tree. [N. Y.] *n. d.* 8° 1612.
[HOPKINS Jr. (J. H.).] Evergreen, &c. [N. Y.] *n. d.* 8° 1613.
[HOPKINS Jr. (J. H.).] Hosanna, &c. N. Y. *n. d.* 8° 1614.
[HOPKINS Jr. (J. H.).] The Little Doves. [N. Y.] *n. d.* 8° 1615.
[HOPKINS Jr. (J. H.).] The Mighty Men. N. Y. *n. d.* 8° 1616.
[HOPKINS Jr. (J. H.).] The Praise of Woman. N. Y. *n. d.* 8° 1617.
[HOPKINS Jr. (J. H.).] Shepherds, &c. N. Y. *n. d.* 8° 1618.
[HOPKINS Jr. (J. H.).] Three Kings. N. Y. *n. d.* 8° 1619.
HOPKINS (J. S.). The Poetical Works. Balt. 1842. 12° 1620.
[HOPKINS (L.),] *b.* 1750, *d.* 1780. The Democratiad. Phila. 1796. 8° 1621.
[HOPKINS (L.).] The Guillotina. Phila. *n. d.* 8° 1622.

HOPKINS (L.). *See also* The Echo, The Political Green-House, *and* Riggs (L. C.).
HOPKINSON (F.), *b.* 1738, *d.* 1791. The Battle of the Kegs. *n. p.* 1866. 1623.
HOPKINSON (F.). The Miscellaneous Essays. Phila. 1792. 3 vs. 8° 1624.
HOPKINSON (F.). Science. A Poem. Phila. 1762. 4° 1625.
HOPKINSON (F.). *See also* Duché (J.) & Hopkinson (F.).
HOPKINSON (J.), *b.* 1788, *d.* 1842. Song Adapted to the President's March, &c. [Phila. *n. d.*] 8° 1626.
HOPPER (E.). The Dutch Pilgrim Fathers. N. Y. 1865. 16° 1627.
HOPPER (E.). The Fire on the Hearth, &c. N. Y. 1865. 16° 1628.
HOPPER (E.). Old Horse Gray, &c. Cambridge, 1869. 16° 1629.
HOPPER (E.). One Wife too Many. N. Y. 1867. 16° 1630.
HOPPIN (A.). Carrot-Pomade. N. Y. 1864. 4° 1631.
[HOPPIN (W. J.).] The Lady of the Bed-Chamber. N. Y. [1858.] 12° 1632.
HORACE in New York. *See* [Clason (I. S.).]
HORN (S.). *See* Song Books.
? HORNE (A. Greene). The New Temple of Ceres. *n. d.*, *n. p.* Lg. 8° 1633.
HORNER (J. M.). The Rights of Adopted Citizens. N. Y. 1844. 12° 1634.
HORSFORD (Mary G.). Indian Legends, &c. N. Y. 1855. 12° 1635.
HORTON (F. A.). Memorials of Brookfield. Springfield, 1868. 8° 1636.
HORTON (Mary L.). Poetical, &c. Salem, 1832. 18° 1637.
HORTON (S. J.). Pastor's Offering. [Prov.] 1847. 8° 1638.
HOSMER (W. H. C.). The Months. Bost. 1847. 16° *Sig.* 12° 1639.
HOSMER (W. H. C.). The Pioneers. Geneva, N. Y. 1838. 1640.
HOSMER (W. H. C.). Yonnondio. N. Y. 1844. 12° 1641.
? HOSMOT (Hyton). The Saturniad. Translated by A. Secret, Esq. Phila. 1832. 18° 1642.
HOUGH (L. S.). The Wanderer. Cleveland, 1847. 16° 1643.
[HOUK (G. W.).] Puritan. Cincinnati, 1868. 8° 1644.
HOURS (The). *See* Burgess (G.).

? HOURS of Childhood, &c. Montreal, 1820. 18° 1645.
? HOURS of Childhood. N. Y. 1837. 12° 1646.
HOUSE (The) of Wisdom. *See* Touchstone (Geoffry).
? HOUSE (The) Old Nick built. Balt. 1834. 12° 1647.
? HOUSE (The) that Jeff built. [By J. J. Reed?] N. Y. [1868.] 1648.
? HOUSE (The) that Jonathan built. Phila. 1832. 8° 1649.
? HOUSE (The) that Tweed built. N. Y. [1871.] 8° 1650.
How Little Katie Knocked, &c. *See* [Gage (Mrs. F. D.).]
HOWARD (Paul). *See* Song Books.
HOWARTH (*Mrs.* E. C.), *b.* 1827. Poems. Newark, 1868. Sqr. 12° *Sig.* 16° 1651.
HOWARTH (Mrs. E. C.). The Wind Harp. Phila. 1864. 12° 1652.
HOWE (J. B.). The British Slave. Bost. [1856.] 12° 1653.
HOWE (J. B.). The Golden Eagle. N. Y. [1857.] 12° 1654.
HOWE (J. B.). The Woman of the World. N. Y. *n. d.* 12° 1655.
HOWE (*Mrs.* J. W.), *b.* 1819. Leonore. N. Y. 1857. 8° 1656.
[HOWE (Mrs. J. W.).] Passion-Flowers. Bost. 1854. 16° 1657.
[HOWE (Mrs. J. W.).] Words for the Hour. Bost. 1857. 16° 1658.
HOWE (*Mrs.* J. W.). The World's Own. Bost. 1857. 16° 1659.
HOWE (M. A. D'W.). *See* Celebration of, &c.
HOWELL (J. E.). Poems. N. Y. 1867. 2 vs. 12° 1660.
[HOWELLS (W. D.).] *See* Poems of Two Friends.
[HOWLAND (Miss A.).] Rhode-Island Tales. N. Y. 1833. 18° 1661.
[HOWLAND (Miss A.).] *The Same.* N. Y. 1839. Sqr. 16° 1662.
HOYT (R.). A Chaunt of Life. Pt. I. N. Y. 1844. 8° 1663.
HOYT (R.). *The Same.* Pt. II. N. Y. 1845. 8° 1664.
[HOYT (R.).] Echoes of Memory. N. Y. 1859. 12° 1665.
[HOYT (R.).] *The Same.* N. Y. 1861. 12° 1666.
[HOYT (R.).] *The Same.* N. Y. 1862. 12° 1667.
HOYT (R.). Sketches of Life, &c. N. Y. 1847-8. 8° 1668.
HOYT (R.). *The Same.* N. Y. 1849. 12° 1669.
HOYT (R.). *The Same.* 3d. ed. N. Y. 1850. 8° 1670.
HOYT (R.). *The Same.* 4th. ed. N. Y. 1852. 8° 1671.

HOYT (R.). The True Life. Hartford, 1849. 8° 1672.
HUBBARD (H.). Ixion, &c. Bost. 1852. 16° 1673.
[HUBBELL (Miss M. E.),] *b.* 1833, *d.* 1854. The Memorial, &c. Bost. 1857. 12° 1674.
HUGGINS (J. R. D.). Hugginiana. N. Y. 1808. 12° 1675.
HULBERT (F. R.). Wandering Strains. N. Y. 1850. 8° 1676.
HULL (J.). What I Know of Farming. N. Y. 1871. 16° 1677.
? HUMBLE Effort (The). 2nd. ed. Balt. 1848. 8° 1678.
HUMBOLDT (G.). Poems and Letters. Albany, 1857. 12° 1679.
? HUMBUGS of Speculation. Saratoga Springs, 1840. 12° 1680.
HUMMING Bird (The). *See* Song Books.
HUMPHREYS (D.), *b.* 1752, *d.* 1818. Discours en Vers, &c. Paris, 1786. 8° 1681.
HUMPHREYS (D.). Life of the Hon. Major-General Israel Putnam, &c. N. Y. 1810. 12° 1682.
HUMPHREYS (D.). *The Same.* Phila. 1811. 12° 1683.
HUMPHREYS ([D.]). The Miscellaneous Works. N. Y. 1790. 8° 1684.
HUMPHREYS (D.). *The Same.* N. Y. 1804. 8° 1685.
[HUMPHREYS (D.).] A Poem, Addressed to the Armies. New Haven, 1780. 8° 1686.
HUMPHRIES [*sic*] (D.). *The Same.* Lond. 1785. 4° 1687.
HUMPHREYS (D.). A Poem, On the Happiness of America. Portsmouth, 1790. 8° 1688.
HUMPHREYS (D.). A Poem on Industry. Phila. 1794. 8° 1689.
HUMPHREYS (D.). Poems. 2nd. ed. Phila. 1789. 18° 1690.
HUMPHREYS (D.). *See also* The Anarchiad.
HUNT (G. J.). An Elegy. Newark, 1823. 8° 1691.
HUNT (J.). Hours of Reflection. 1845. 12° 1692.
HUNTINGTON (D.), *b.* 1788, *d.* 1858. A Poem. Prov. 1819. 12° 1693.
HUNTINGTON (D.). Religion, &c. Bost. 1830. 12° 1694.
[HUNTINGTON (G.).] The Guests of Brazil. N. Y. 1844. 12° 1695.
HUNTINGTON (G.). The Shadowy Land. N. Y. 1860. 8° 1696.
HUNTINGTON (J.). Poems. N. Y. 1843. 12° 1697.
HUNTINGTON (J. V.), *b.* 1815, *d.* 1862. America Discovered. N. Y. 1852. 12° 1698.
HUNTLEY (*Miss* L.). *See* [Sigourney (Mrs. L. H.).]

HURLBUT (W. H.), *b.* 1827. Wealth and Beauty. Cambridge, 1855. 16° 1699.
? HUSBAND *vs.* Wife. N. Y. 1858. 12° 1700.
HUTCHINSON Family. *See* Song Books.
HUTCHINSON (J. W.). *See* Song Books.
[HUTTON (J.).] The Field of Orleans. Phila. 1816. 18° 1701.
HYDE (Mrs. L.). *See* The Berkshire Jubilee.
HYDE (Miss N. M.), *b.* 1792, *d.* 1816. The Writings of, &c. Norwich, 1816. 12° 1702.
[HYER (W. G.).] Rosa, A Melo-Drama. N. Y. 1822. 8° 1703.
HYMN, &c. *See* [Boker (G. H.).]
HYMNS and Sacred Songs. Andover, 1823. 18° 1704.
HYMNS..of Universalists. 2nd. ed. Charlestown, Mass. 1810. 18° 1705.
? HYMNS Illustrative, &c. N. Y. 1858. 18° 1706.
HYMNS. *See* [Stowe (Mrs. H. B.).]
HYMNS, Songs, &c. *See* [Follen (Mrs.).]
HYNEMAN (Mrs. R.). The Leper. Phila. 1853. 12° 1707.

I would not live alway. *See* [Muhlenberg (W. A.).]
IANTHE, *pseud.* *See* [Embury (Mrs. E. C.).]
? IDA. Bost. 1851. 16° 1708.
? IDA Randolph, of Virginia. Phila. 1860. 12° 1709.
IDEALS and other Poems. *See* Algernon.
IDEALINA. *See* Quillem (Harry).
IDOMEN. *See* [Brooks (Mrs. M.).]
IMMORTALITY, &c. *See* [Wheeler (A.).]
? IMPRISONMENT for Debt. Prov. 1855. 8° 1710.
? IN Memoriam. Sarah Hills Hall. [Cambridge, 1866.] Sqr. 8° 1711.
? IN Memoriam. The Wonderful W. P. [Concord, N. H. 1868.] 16° 1712.
IN Memoriam. *See* [Gross (Mrs. J. M.),] *and* [Poyas (C. G.).]
INES de la Cruz (Juana). *See* Cruz.
INGERSOL[L] (C. J.). *b.* 1782, *d.* 1862. Edwy and Elgiva. Phila. 1801. 8° 1713.
[INGERSOLL (C. J.).] Julian. Phila. 1831. 8° 1714.
? INNOCENT Poetry. N. Y. *n. d.* 18° 1715

? INTELLECTUAL Flambeau (The). Washington City, 1816. 18° 1716.
? INTROITS: Or Ante-Communion Psalms. Phila. 1844. 12° 1717.
IRELAND and America. *See* [Pilgrim (J.).]
[IRELAND (Miss E.).] *See* Graduates' Reunion.
IRISH Assurance. *See* Pilgrim (J.).]
IRISH-Office-Hunter-Oniad (The). *See* O'Democrat (Blarney).
? IRONY (Solomon). Fashion; Or, The Art of Making Breeches. Phila. 1800. 8° 1718.
ISABEL, *pseud.* *See* [Mowatt (Mrs. A. C.).]
? ISABEL Davalos. Glen's Falls, 1832. 18° 1719.
? ITALIAN Bride (The). [By Yates?] Savannah, 1856. 12° 1720.
ITALIAN in Algiers (The). *See* Ponte (L. Da).
IVES (C.). Chips from the Workshop, &c. New Haven, 1843. 12° 1721.

JACKSON (H. R.), *b.* 1810. Tallulah. Savannah, 1850. 12° 1722.
[JACOBS (Miss S. S.).] Annie Gray. Cambridgeport, 1869. Sq. 8° 1723.
? JAMES Gordon Bennett. *n. p.*, *n. d.* 8° 1724.
JAMES (Maria), *b. abt.* 1795. Wales. N. Y. 1839. 12° 1725.
? JANE Eaton. Phila. 1858. 12° 1726.
JANNEY (S. M.), *b.* 1801. The Last of the Lenapé. Phila. 1839. 12° 1727.
JANVIER (F. de H.). The Sleeping Sentinel. Phila. 1863. 12° 1728.
? JEANNETTE. By Esculapius Non Vinctus. N. Y. 1857. 8° 1729.
[JENCKES (T. A.).] *See* Song Books.
JENKINS (C. W.). A Poem, July 3d, 1857. Hartford, 1857. 8° 1730.
? JENNY Wade of Gettysburg. Phila. 1864. 12° 1731.
JERAULD (Mrs. C. A.). Poetry. Bost. 1850. 12° 1732.
JEWETT (C.). Temperance Poem. Bost. 1840. 8° 1733.
JEWETT (C.). *The Same.* [4th. ed.] Bost. 1840. 8° 1734.
JEWETT (Susan). The Parent's Gift. N. Y. 1843. *Size,* Sqr. 16° 1735.

JILLSON (C.). Progress, &c. Worcester, 1853. 12° 1736.
? JIMS' Gambol (The). *n. p.* 1858. 8° 1737.
? JINGLE (Bob). The Association, &c. of the Delegates of the Colonies, held at Philadelphia, Sept. 1, 1774. versified. *n. p.* 1774. 8° 1738.
JOBSON (Constantine), *pseud. See* [Rafinesque (C. S.).]
JOBSON (D. W.). A Metrical Version of the Sermon on the Mount. N. Y. 1870. 8° 1739.
JOBSON (D. W.). The Poetry of the Flag. N. Y. 1858. 8° 1740.
JOCELYN (E.). *See* Centennial Celebration at Danvers.
JOHN of Enon, *pseud. See* [Benedict (N.).]
JOHNSON (A.). The Mariner. Phila. 1818. 12° 1741.
JOHNSON (E. R.). The Dame of Ossipee. [Concord, N. H.] 1870. 8° 1742.
JOHNSON (J.). The Rape of Bethesda. Charleston, 1792. 8° 1743.
JOHNSON (N. E.). The Sacred Seal. N. Y. 1843. 12° 1744.
JOHNSON (Rosa V.). Poems. Bost. 1857. 16° 1745.
JOHNSON (S. D.). The Fireman, Bost. [1856.] 12° 1746.
JOHNSON (S. D.). In and Out of Place. N. Y. [1856.] 12° 1747.
JOHNSON (S. D.). Our Gal. N. Y. [1856.] 12° 1748.
JOHNSON (S. D.). The Shaker Lovers. Bost. *n. d.* 12° 1749.
JOHNSTON (N. P.). Poetry. Bost. 1835. 18° 1750.
JONES (A.). Melodies of the Church. N. Y. 1832. 8° 1751.
JONES (Amanda T.). Ulah, &c. Buffalo, 1861. 12° 1752.
JONES (Amanda T.). *The Same.* 2nd. ed. Buffalo, 1861. 12° 1753.
? JONES (Major Joseph). Major Jones' Courtship. Savannah, 1850. 16° 1754.
JONES (C. A.), *b.* 1815, *d.* 1851. The Outlaw, &c. Cincinnati, 1835. 18° 1755.
JONES (C. L. S.). American Lyrics. Mobile, 1834. 12° 1756.
JONES (C. L. S.). The Henriad. Mobile, 1834. 12° 1757.
JONES (E. C.). Echoes of the Heart. Phila. 1850. 12° 1758.
JONES (E. C.). The Harp of Sylva. Phila. 1841. 12° 1759.
JONES (Mrs. E. C.). Fugitive Poems. Prov. 1828. 12° 1760.
JONES (*Mrs.* E. C.). Original Poems. Prov. 1821. 12° 1761.
JONES (*Mrs.* E. C.). Poems. Prov. 1819. 12° 1762.
JONES (J. S.). Capt. Kyd. Bost. *n. d.* 12° 1763.
JONES (J. S.). The Carpenter of Rouen. N. Y. *n. d.* 12° 1764.

JONES (J. S.). The Green Mountain Boy. Bost. *n. d.* 12° 1765.
JONES (J. S.). Moll Pitcher. Bost. 1855. 12° 1766.
JONES (J. S.). The People's Lawyer. Bost. 1856. 12° 1767.
JONES (J. S.). The Surgeon of Paris. Bost. 1856. 12° 1768.
JORDAN (Cornelia J. M.). Corinth. Lynchburg, [1865.] 8° 1769.
JORDAN (Cornelia J. M.). Richmond, &c. Richmond, Va. 1867. 8° 1770.
? JOSLYNN (Jep.). Tar-Heel Tales. N. Y. 1873. 12° 1771.
JOSSELYN (R.). The Faded Flower, &c. Bost. 1849. 16° 1772.
? JOURNAL of Incidents (A) of the 22d Reg. Conn. Vol. in Verse. Hartford, 1863. 8° 1773.
JOURNALS of the Ocean. *See* [Weaver (Lieut.).]
JOVELLANOS ([Don G. M. de]), *b.* 1749, *d.* 1812. Epistola Moral. Lima, 1815. Sqr. 8° 1774.
? JUBA. United We Stand: Divided We Fall. N. Y. 1812. 24° 1775.
[JUDAH (S. B. H.).] Gotham, &c. N. Y. 1823. 24° 1776.
JUDAH (S. B. [H.]). The Mountain Torrent. N. Y. 1820. 18° 1777.
JUDAH (S. B. H.). Odofriede. N. Y. 1822. 8° 1778.
JUDAH (S. B. H.). The Rose of Arragon. N. Y. 1822. 18° 1779.
JUDAH (S. B. H.). A Tale of Lexington. N. Y. 1823. 18° 1780.
[JUDD (S.),] *b.* 1813, *d.* 1853. Philo. Bost. 1850. 12° 1781.
JUDGMENT (The). *See* [Hillhouse (J. A.).]
JUDITH. *See* [Brooks (Mrs. M.).]
JUDSON (*Mrs.* E.), *b.* 1817, *d.* 1854. An Olio of Domestic Verses. N. Y. 1852. 12° 1782.
? JULIAN, A Tragedy. Baltimore. 1843. 12° 1783.
JULIAN. *See* [Ingersoll (C. J.).]
? JULIETTA Gordini. N. Y. 1839. 8° 1784.
JULIUS (Julia M.). Hoboken, &c. N. Y. 1866. 12° 1785.
? JUMBO-Jum! An Original Farce. Bost. *n. d.* 12° 1786.
? JUNIPER (The) Hill Cemetery, in Bristol, R. I. *n. p.*, *n. d.* 8° 1787.
JUNKIN (D. X.). The Class of 1831. Pittsburgh, 1861. 12° 1788.
? JUVENILE Lyre. Bost. 1835. 8° 1789.

? KALEWALA and Hiawatha. [Lancaster, Pa.] *n. d.* 8° 1790.
? KANSAS War (The). N. Y. 1856. 12° 1791.
KEEFER (J.). Slavery. Balt. [1864.] 12° 1792.
KEESE (J.). The Mourner's Chaplet. Bost. 1844. 32° 1793.
KEESE (J.). The Poets of America. Vol. 2nd. N. Y. 1842. 12° 1794.
KEESE (J.). *The Same.* 5th. ed. Bost. *n. d.* 2 vs. 12° 1795.
[KEIMER (S.).] Caribbeana. Lond. 1741. 2 vs. 4° 1796.
KEMBLE (*Miss* F. A.), *b.* 1811. Francis the First. Lond. 1832. 8° 1797.
KEMBLE (*Miss* F. A.). *The Same.* N. Y. 1832. 8° 1798.
KEMBLE (*Miss* F. A.). *The Same.* Phila. 1832. 18° 1799.
KEMBLE (*Miss* F. A.). *The Same.* 6th. ed. N. Y. 1833. 8° 1800.
[KEMBLE] (*Mrs.* F. A.). Poems. Phila. 1844. 12° 1801.
[KEMBLE] (*Mrs.* F. A.). *The Same.* Lond. 1844. 18° 1802.
KEMBLE (*Mrs.* F. A.). *The Same.* Bost. 1859. 16° 1803.
[KEMBLE (Mrs. F. A.).] The Star of Seville. N. Y. 1837. 1804.
KEMBLE (Mrs. F. A.). *See also* Berkshire Jubilee (The).
KENDALL (E. H.). Poems. Bost. 1850. 12° 1805.
KENDALL (H.). Real Life. San Francisco, 1861. 8° 1806.
KENDRICK (A. C.), *b.* 1809. Echoes. N. Y. 1855. 12° 1807.
KENDRICK (J. R.). *See* Proceedings (The), &c.
KENNEDY (C.). Corn in the Blade. N. Y. 1860. 12° 1808.
KENNEDY (J.). The Night Vision. Phila. 1859. 12° 1809.
KENNEDY (T.). Poems. Washington, 1816. 12° 1810.
KENNEDY (T.). Songs of Love. Washington, 1817. 12° 1811.
KENNICOTT (E. D.). Zethe. Rochester, 1837. 8° 1812.
KENYON (W. A.). Poetry of Observation. Bost. 1851. 16° 1813.
KENYON (W. A.). *The Same.* Pt. 2nd. Bost. 1853. 16° 1814.
KERR (Orpheus C.), *pseud.* *See* [Newell (R. H.).]
KETCHUM (Annie C.). Benny. N. Y. 1870. Sqr. 8° 1815.
KETELTAS (*Miss* C. M.). The Last of the Plantagenets. N. Y. 1844. 12° 1816.
KEY (F. S.), *b.* 1779, *d.* 1843. Poems. N. Y. 1857. 12° 1817.
[KEY (F. S.).] The Star Spangled Banner. N. Y. 1861. 4° 1818.
KEYES (F. J.). A Life-Poem. Bost. 1855. 12° 1819.
KIDD (A.). The Huron Chief. Montreal, 1830. 12° 1820.

KIDDER (J.). The Drama of Earth. N. Y. 1857. 12° 1821.
KIDNEY (J. S.), *b.* 1819. Catawba River. N. Y. 1847. 12° 1822.
KIDNEY (J. S.). The Conflicts of the Age. Hartford, 1856. 8° 1823.
KILBOURN (P. K.), *b.* 1815, *d.* 1859. The Skeptic. Hartford, 1843. 12° 1824.
KILBOURNE (L. H.). The Wonderful Murder-Trial. N. Y. 1870. 8° 1825.
[KILTY (Chancellor)?] Homer. A Burlesque Translation. A Manuscript. 1826.
[KILTY (Chancellor)?] The Vision of Don Crocker. Balt. *n. d.* 12° 1827.
KIMBALL (S. C.). Poems. Albany, 1858. 16° 1828.
KIMMENS (H.). The Number of the Beast. N. Y. 1806. 8° 1829.
KING (The) and his Cabinet. *See* Delpho (Th. Horatius).
KING (D. S.). Fireside Poetical Readings. Bost. 1843. 12° 1830.
KING (H. F.). The Rebellion. Portland, 1865. 12° 1831.
KINNEY (Coates-), *b.* 1826. Keeuka. *n. p.* 1855. 8° 1832.
KINNEY (*Mrs.* E. C.). Felicità. N. Y. 1855. 12° 1833.
KINNEY (*Mrs.* E. C.). Poems. N. Y. 1867. 8° 1834.
[KIRK (T.).] Lines, &c. N. Y. 1829. 8° 1835.
KNEELAND (A.), *b.* 1774, *d.* 1844. National Hymns. Bost. 1834. 18° 1836.
[KNIGHT (F.),] *b.* 1791, *d.* 1849. Thorn Cottage. Bost. 1855. 12° 1837.
KNIGHT (H. C.), *b. abt.* 1788, *d.* 1835. The Broken Harp. Phila. 1815. 18° 1838.
KNIGHT (H. C.). The Cypriad. Bost. 1809. 8° 1839.
KNIGHT (H. C.). Poems. 2nd. ed. Bost. 1821. 2 vs. 18° 1840.
? KNIGHT (The) of the Rum Bottle & Co. N. Y. 1818. Sm. 16° 1841.
? KNOW Nothing. Bost. 1854. 12° 1842.
KNOWLES (Sarah E.). Orlean Lamar. N. Y. 1864. 12° 1843.
KNOWLES (W. J.). Features, &c. Bost. 1856. 8° 1844.
KNOWLES (W. J.). Poetical Expression. Bost. 1858. 8° 1845.
KNOWLTON (J. M.). Beauty. Sing-Sing, N. Y. 1848. 16° 1846.
KNOWLTON (J. M.). The Prize of Life. Sing-Sing, N. Y. 1850. 16° 1847.

? KORMAK, An Icelandic Romance. Bost. 1861. 16° 1848.
? KOSSUTH Coppered. N. Y. 1852. 8° 1849.
KRAUSE (W. E. F.). Four Poems. San Francisco, 1868. 8° 1850.
KRAUSE (W. E. F.). The Sanctity of Marriage. San Francisco, 1869. 8° 1851.
KUNZE (J. C.), *b.* 1744, *d.* 1807. Einige Gedichte. Phila. 1778. Sm. 8° 1852.

? L Sybelle. By L. N. Y. 1862. 12° 1853.
L (A.). *See* L[ee] (A[bby]).
? L (E.). Leisure Hours. Calcutta, 1846. 8° 1854.
? L (E.). Night Watches. Phila. 1853. 12° 1855.
? L (E.). Treasures of Darkness. Phila. 1854. 12° 1856.
L (E. N.). *See* L[ockerby] (*Miss* E. N.).
LA Bree (L.). Ebenezer Venture. N. Y. *n. d.* 12° 1857.
LADD (J. B.), *b.* 1764, *d.* 1786. The Literary Remains. N. Y. 1832. 12° 1858.
? LA Déesse, An Elssler-atic Romance. N. Y. 1841. 12° 1859.
? LADIES' Fair (The). Brooklyn, 1836. 12° 1860.
LADY Elgiva (The). *See* B (M. L.).
LADY of the Bed-Chamber (The). *See* [Hoppin (W. J.).]
LAFITTE. *See* [Rogers (J. W.).]
LA Fontaine. *See* [Wright (E.).]
LAIGHTON (A.). Poems. Bost. 1859. 16° 1861.
LAIGHTON (A.). *See* Poets of Portsmouth.
LAKE (W.), *b.* 1787, *d.* 1805. The Parnassian Pilgrim. Hudson, 1807. Sm. 8° 1862.
LAMAR (M. B.), *b.* 1798, *d.* 1859. Verse Memorials. N. Y. 1857. Lg. 8° 1863.
? LAMENT (The) of Quintin McKell, &c. N. Y. 1858. Sqr. 16° 1864.
? LAMENTATIONS of a bereaved Mother. Farmville, Va. 1849. 8° 1865.
? LAMENTATIONS (The) of Gen'l Burgoyne. *n. p.*, *n. d.* 16° 1866.
? LAMENTATIONS (The) of Mary Magdalene. Printed for Wm. Glendinning, Preacher of the Gospel. *n. p.* 1793. 12° 1867.

? LAMPLIGHTER Picture Book (The). Bost. 1856. Sqr. 8° 1868.
LANCEY (S. H.). The Native Poets of Maine. Bangor, 1854. 12° *Size*, 8° 1869.
? LAND of Powhatan (The). Balt. 1821. 18° 1870.
LANDIS (J.). Jehovah! The Glorious God. Harrisburg, Pa. 1859. 12° 1871.
LANDIS (J.). The Messiah. Chambersburg, 1838. Sqr. 16° 1872.
LANDIS (R. W.). Liberty's Triumph. N. Y. 1849. 12° 1873.
LANDSCAPE Views. *See* Morgan (G. C.).
[LANE (M.).] This is Christmas Day. Chicago, 1865. 8° 1874.
LA Neuville (M. J.). Elégie sur la Mort de George Washington. Phila. 1800. 8° 1875.
LARKIN (S.). *See* Song Books.
LASH (The). *See* Swammerdam (Eustacius).
LATHROP (J.). The Speech of Canonicus. Calcutta, 1802. 4° 1876.
LATHY (T. P.). Reparation. Bost. 1800. 12° 1877.
LAUREL (The). Bost. 1836. 18° 1878.
LAUREL (The). Balt. 1837. 18° 1879.
[LAURENS...... ?] Poems. By Serulan. Charleston, 1854. 8° 1880.
LAW given at Sinai (The). *See* [Dawes (T.).]
LAWRENCE (I.). Shadows of the Metropolis. N. Y. 1859. 8° 1881.
LAWRENCE (J.), *b.* 1807, *d.* 1833. A Selection. N. Y. 1833. 12° 1882.
LAWSON (J.), *b.* 1799. Giordano. N. Y. 1832. 8° 1883.
LAWSON (J.). The Maniac. Phila. 1811. 18° 1884.
LAY (The) of the First Minstrel. *See* Hogg (E.).
? LAY (The) of John Haroldson. Phila. 1866. 4°. 1885.
? LAY (The) of the Last Pilgrim. Charleston, S. C. 1832. 12° 1886.
LAY (The) of the Scottish Fiddle. *See* [Paulding (J. K.).]
? LAY (The) of the Wilderness. St. John, 1833. 12° 1887.
? LAYS of Leisure. Phila. 1825. 18° 1888.
? LAYS of Liberty. Bost. 1854. 18° 1889.
LAYS of a Lifetime. *See* [Meigs (Mary N.).] Sqr. 8°
LAZARUS (Emma). Poems. N. Y. 1867. 16° 1890.

[LEARNED (W. L.).] The Fancy Ball. Albany, 1846. 8° 1891.
LEARNED World (The). *See* [Clark (W. A.).].
LEAVES of Grass. *See* [Whitman (W.).]
LEAVITT (J. M.). Afranius. N. Y. 1869. 16° 1892.
[LEAVITT (J. M.).] The Siege of Babylon. N. Y. 1869. 16° 1893.
L[EE] (*Miss* A.). [Appendix to] Rhode Island Tales. N. Y. 1839. 1894.
LEE (A. M.). Fashion. N. Y. 1864. 12° 1895.
LEE (A. T.). Army Ballads. *n. p.* 1871. 12° 1896.
LEE (C.), *b.* 1763, *d.* 1842. Scriptural Hymns. Middletown, Conn. 1824. 12° 1897.
LEE (C.). The Trial of Virtue. Hartford, 1806. 12° 1898.
[LEE (Mrs. I.).] The Mother's Lament. Prov. 1860. 16° 1899.
LEE (Leila), *pseud.* *See* [Coe (Miss R.).]
LEE (M. E.), *b.* 1813, *d.* 1849. The Poetical Remains. Charleston, S. C. 1851. 12° 1900.
LEES (T. J.). The Musings of Carol. Wheeling, Va. 1831. 18° 1901.
LEGARE (J. M.). Orta-Undis. Bost. 1848. 16° 1902.
[LEGGETT (W.),] *b.* 1809, *d.* 1838. Leisure Hours at Sea. N. Y. 1825. 12° 1903.
LEGUIRE (A.). A Juvenile Poem. Haverstraw, 1828. 12° 1904.
LEHMANOWSKI (L. F.). The Fall of Warsaw. Annapolis, 1840. 16° 1905.
LEIGHTON (R.). Character. Bost. 1859. 12° 1906.
LEIGHTON (R.). A Poem. *n. p.* 1859. 8° 1907.
LEIGHTON (R.). *See also* Sanborn (F. B.) & Leighton (R.).
LEISURE Hours. *See* L (E.), *and* Tacita.
LEISURE Hours at Sea. *See* [Leggett (W.).]
LELAND (C. G.), *b.* 1824. Hans Breitmann in Politics. Phila. 1869. 8° 1908.
[LELAND (C. G.).] Hans Breitmann's Party. Phila. [1868.] 8° 1909.
LELAND (C. G.). *The Same:* Phila. [1869.] 8° 1910.
LELAND (C. G.). Hans Breitmann und His Philosopede. N. Y. 1869. 8° 1911.
LELAND (C. G.). Heine's Book of Songs. Phila. 1864. 16° 1912.

LELAND (C. G.). The Music-Lesson. Lond. 1872. Sm. 16° 1913.
LELAND (C. G.). The Poetry and Mystery of Dreams. Phila. 1856. 12° 1914.
LELAND (O. S.), *d.* 1870. Beatrice. Bost. 1858. 12° 1915.
LELAND (O. S.). Caprice. Bost. [1857.] 12° 1916.
LELAND (O. S.). The Rights of Man. Bost. [1857.] 12° 1917.
LEMMON (Miss N.). *See* [Ridgely (N. G.) & Lemmon (Miss N.).]
LEONORE. A Romance. *See* [Peter . . . . . ?]
LESDERNIER (*Mrs.* E. P.). Voices of Life. N. Y. 1853. 12° 1918.
LESDERNIER (*Mrs.* E. P. De). *The Same.* Paris, 1862. 12° 1919.
L'ESTRANGE (Corinne). Woman's Witchcraft. Phila. 1854. 12° 1920.
LETTER Carriers. *See* Carriers' Addresses.
LETTERS from a Maryland Mail Bag. *See* [Wallis (S. T.).]
LETTERS from Peter Pindar. *See* Pindar (Peter).
LEWIS (A.), *b.* 1794, *d.* 1861. Poems. Portsmouth, 1823. 12° 1921.
LEWIS (A.). *The Same.* Bost. 1831. 12° 1922.
LEWIS (Eliza G.). Poems. Brooklyn, 1850. 12° 1923.
LEWIS (Mrs. S. A.), *b.* 1824. Child of the Sea. N. Y. 1848. 12° 1924.
LEWIS (*Mrs.* [S.] A.). Myths of the Minstrel. N. Y. 1852. 12° 1925.
LEWIS (Mrs. S. A.). Records of the Heart. N. Y. 1844. 12° 1926.
LEWIS (*Mrs.* [S.] A.). *The Same.* N. Y. 1857. Lg. 8° 1927.
LEXINGTON, &c. *See* [Wetmore (P. M.).]
? LIBERTY, A Poem, Lately found in a bundle of papers. Phila. 1769. Sm. 4° 1928.
LIBERTY Bell (The). Bost. 1839. 16° 1929.
LIBERTY Bell (The). Bost. 1841. 16° 1930.
LIBERTY Bell (The). Bost. 1842. 16° 1931.
LIBERTY Bell (The). Bost. 1843. 12° 1932.
LIBERTY Bell (The). Bost. 1844. 12° 1933.
LIBERTY Bell (The). Bost. 1845. 12° 1934.
LIBERTY Bell (The). Bost. 1846. 12° 1935.
LIBERTY Bell (The). Bost. 1848. 12° 1936.
LIBERTY Bell (The). Bost. 1858. 12° 1937.

LIBERTY Chimes (The). Prov. 1845. 12° 1938.
? LIDSTONE (James Torrington Spencer). The Bostoniad. Bost. 1853. 16° 1939.
LIEBER (F.), *b.* 1800. The West. N. Y. 1848. Sqr. 16° 1940.
LIES (E.). The Preludes. N. Y. 1846. 12° 1941.
? LIFE Boat (The). [Bost. 1806.] 8° 1942.
LIFE in the Union Army. *See* Reminisco (Don Pedro Quærendo).
LIFE (The) of the Boston Bard. *See* [Coffin (R. S.).]
LIFE Wake (The). *See* [Pike (A.).]
LIGHT (G. W.), *b.* 1810, *d.* 1868. Keep Cool, &c. Bost. 1851. 18° 1943.
LIGHT (G. W.). *The Same.* 2nd. ed. Bost. 1853. 18° 1944.
LILLIBRIDGE (G. R.). Tancred. Prov. 1824. Sm. 16° 1945.
? LIMA por dentro y fuera. *n. p.* 1797. 18° 1946.
[LINCOLN (E.),] *b.* 1788, *d.* 1829. The Village. Portland, 1816. 18° 1947.
LINCOLN (J.). Anti-Slavery Melodies. Hingham, *n. d.* 12° 1948.
LINDSAY (W. M.). Poems. N. Y. 1856. 12° 1949.
LINDSLEY (A. B.). Love and Friendship. N. Y. 1809. 18° 1950.
LINEN (J.), *d.* 1873. The Poetical and Prose Writings. N. Y. 1865. 8° 1951.
LINEN (J.). *The Same.* N. Y. 1866. 8° 1952.
LINEN (J.). Songs of the Seasons. N. Y. [1852.] 12° 1953.
LINES Occasioned by, &c. *See* [Kirk (T.).]
LINN (J. B.), *b.* 1777, *d.* 1804. The Death of Washington. Phila. 1800. 8° 1954.
[LINN (J. B.).] Miscellaneous Works. N. Y. 1795. 12° 1955.
[LINN (J. B.).] The Poetical Wanderer. N. Y. 1796. 18° 1956.
LINN (J. B.). The Powers of Genius. Phila. 1801. 16° 1957.
LINN (J. B.). *The Same.* 2nd. ed. Phila. 1802. 12° 1958.
LINN (J. B.). *The Same.* [Lond.] 1804. 16° 1959.
LINN (J. B.). Valerian. Phila. 1805. 4° 1960.
? LIST (A) of the Members of the Assembly. Albany, 1864. 8° 1961.
LITCHFIELD County Celebration. [*Contains poems by* 'J. Pierpont,' 'H. Goodwin,' 'P. Kilbourne,' 'J. Lee,' 'H Ward,' 'J. L. Wadsworth,' *and others.*] Hartford, 1851. 8° 1962.

LITERAL Reprint (A), &c. *See* Whole Booke (The) of Psalms.

LITTLE (*Mrs.* S. L.), *b.* 1799. The Birth, &c. of Jesus. Pawtucket, 1841. 18° 1963.

LITTLE (*Mrs.* S. L.). The Branded Hand. Pawtucket, 1845. 18° 1964.

LITTLE (*Mrs.* S. L.). The Last Days of Jesus. Pawtucket, 1839. 12° 1965.

LITTLE (*Mrs.* S. L.). Pentecost. Newport, 1869. Sqr. 16° 1966.

LITTLE Blind Girl (The) of Normandie. *See* [Griffith (Miss A.).]

? LITTLE Giant (The). Chicago, Ill. 1860. 24° 1967.

? LITTLE Mac. How he captured Manassas. Bost. *n. d.* *Size*, Sqr. 16° 1968.

[LITTLEFORD (Mrs.)?] The Wreath. 2nd. ed. Richmond, 1828. 12° 1969.

? LIVE Woman (A) in the Mines. By "Old Block." N. Y. [1857.] 12° 1970.

LIVERMORE (Harriet). The Harp of Israel. Phila. 1835. 18° 1971.

LIVINGSTON (Ann H. S.). Sacred Records. Phila. 1817. 12° 1972.

[LIVINGSTON (W.),] *b.* 1723, *d.* 1790. Philosophic Solitude. Bost. 1762. 8° 1973.

LLOYD (S. H.). Glimpses. N. Y. 1869. 8° 1974.

LOCKE (Mrs. J. E.), *b.* 1805, *d.* 1859. Daniel Webster. Bost. 1854. Sqr. 8° 1975.

LOCKE (Mrs. J. E.). Miscellaneous Poems. Bost. 1842. 12° 1976.

LOCKE (Mrs. J. E.). Rachel. Lowell, 1844. Sqr. 16° 1977.

LOCKE (*Mrs.* J. E.). The Recalled. Bost. 1854. 16° 1978.

L[OCKERBY] (*Miss* E. N.). The Wild Brier. Charlottetown, P. E. I. 1866. 16° 1979.

LOCKWOOD (J.). Palermo... 1860. [N. Y. 1861.] 8° 1980.

? LOCO'S Lament (The), &c. Bost. 1841. 1981.

LOEW'S Bridge. *See* [Tucker (M. E.).]

LOFLAND (J.). The Poetical and Prose Writings. Balt. 1846. 12° 1982.

LOG CABIN (The). *See* Song Books.

LOG of Yacht Sea Drift. *See* [Coxe (L. de T.).]

[LOGAN (C. A.),] *b.* 1800, *d.* 1853. Vermont Wool-Dealer. N. Y. *n. d.* 12° 1983.

LOGAN (C. A.). Yankee Land. Bost. *n. d.* 12° 1984.
LOMAX (Judith). The Notes of An American Lyre. Richmond, 1813. 18° 1985.
LONG (Mrs. E. W.). The Parallel. Balt. [1848.] 8° 1986.
LONGFELLOW (H. W.), *b.* 1807. Aftermath. Bost. 1873. 16° 1987.
LONGFELLOW (H. W.). Ballads. Cambridge, 1842. 16° 1988.
LONGFELLOW (H. W.). *The Same.* 3d. ed. Cambridge, 1842. 8° 1989.
LONGFELLOW (H. W.). *The Same.* 4th. ed. Cambridge, 1842. 16° 1990.
LONGFELLOW (H. W.). *The Same.* 8th. ed. Cambridge, 1844. 16° 1991.
LONGFELLOW (H. W.). *The Same.* 9th. ed. Cambridge, 1845. 16° 1992.
LONGFELLOW (H. W.). *The Same.* 10th. ed. Bost. 1848. 16° 1993.
LONGFELLOW (H. W.). The Belfry of Bruges. Cambridge, 1846. 16° 1994.
LONGFELLOW (H. W.). *The Same.* 2nd. ed. Cambridge, 1846. 16° 1995.
LONGFELLOW (H. W.). *The Same.* 3d. ed. Cambridge, 1846. 16° 1996.
LONGFELLOW (H. W.). *The Same.* 4th. ed. Cambridge, 1846. Lg. 8° 1997.
LONGFELLOW (H. W.). Christus A Mystery. Bost. 1872. 3vs. 12° 1998.
LONGFELLOW (H. W.). Coplas de Don Jorge Manrique. Bost. 1833. 12° 1999.
LONGFELLOW (H. W.). The Courtship of Miles Standish. Bost. 1859. 12° Sig. 16° 2000.
LONGFELLOW (H. W.). *The Same.* Lond. 1859. Sm. 4° 2001.
LONGFELLOW (H. W.). The Divine Comedy. Bost. 1867. 3 vs. Lg. 8° 2002.
LONGFELLOW (H. W.). The Divine Tragedy. Bost. 1871. 16° 2003.
[LONGFELLOW (H. W.).] The Estray. Bost. 1847. 16° 2004.
LONGFELLOW (H. W.). Evangeline. 2nd. ed. Bost. 1848. 16° 2005.
LONGFELLOW (H. W.). *The Same.* 9th. ed. Bost. 1854. 16° 2006.

LONGFELLOW (H. W.). Evangéline; Suivie des Voix de la Nuit. Jersey, [France,] 1856. 16° 2007.
LONGFELLOW (H. W.). Excelsior. N. Y. 1872. Sqr. 16° 2008.
LONGFELLOW (H. W.). Flower-de-Luce. Bost. 1867. Sm. 4° 2009.
LONGFELLOW (H. W.). The Golden Legend. Bost. 1851. 16° 2010.
LONGFELLOW (H. W.). Household Poems. Bost. 1866. Sm. 4° 2011.
LONGFELLOW (H. W.). The New England Tragedies. Bost. 1868. 16° 2012.
LONGFELLOW (H. W.). Poems. Phila. 1845. 12° *Size*, 8° 2013.
LONGFELLOW (H. W.). The Poems. N. Y. 1846. Lg. 8° 2014.
LONGFELLOW (H. W.). Poems. Bost. 1850. 2 vs. 16° 2015.
LONGFELLOW (H. W.). *The Same.* Bost. 1857. 2 vs. 32° 2016.
LONGFELLOW (H. W.). *The Same.* Bost. 1864. 2 vs. 32° 2917.
LONGFELLOW (H. W.). *The Same.* Lond. *n. d.* 24° 2018.
LONGFELLOW (H. W.). Poems on Slavery. Cambridge, 1842. 16° 2019.
LONGFELLOW (H. W.). *The Same* 3d. ed. Cambridge, 1843. Lg. 8° 2020.
LONGFELLOW (H. W.). The Poetical Works. Lond. 1855. 16° 2021.
LONGFELLOW (H. W.). *The Same.* Lond. 1855. 16° 2022.
LONGFELLOW (H. W.). *The Same.* Leipzig, 1856. 2 vs. Sqr. 16° 2023.
LONGFELLOW (H. W.). Poets and Poetry of Europe. Phila. 1845. Lg. 8° 2024.
LONGFELLOW (H. W.). The Seaside and the Fireside. Bost. 1850. 16° 2025.
LONGFELLOW (H. W.). The Song of Hiawatha. Bost. 1855. 16° 2026.
LONGFELLOW (H. W.). *The Same.* Lond. 1855. 16° 2027.
LONGFELLOW (H. W.). *The Same.* Bost. 1856. 8° 2028.
LONGFELLOW (H. W.). *The Same.* Bost. 1856. 12° *Sig.* 16° 2029.
LONGFELLOW (H. W.). *The Same.* Lond. 1856. 16° 2030.
LONGFELLOW (H. W.). The Spanish Student. Cambridge, 1843. 16° 2031.

LONGFELLOW (H. W.). *The Same.* 3d. ed. Cambridge, 1843. Lg. 8° 2032.
LONGFELLOW (H. W.). *The Same.* 4th. ed. Cambridge, 1843. 16° 2033.
LONGFELLOW (H. W.). *The Same.* 6th. ed. Cambridge, 1844. 16° 2034.
LONGFELLOW (H. W.). Tales of a Wayside Inn. Bost. 1863. 12° 2035.
LONGFELLOW (H. W.). *The Same.* Lond. 1864. 16° 2036.
LONGFELLOW (H. W.). *The Same.* Bost. 1866. Sm. 4° 2037.
LONGFELLOW (H. W.). Three Books of Song. Bost. 1872. 16° 2038.
LONGFELLOW (H. W.). Tract No. 1. Poems on Slavery. [Bost.] *n. d.* 16° 2039.
LONGFELLOW (H. W.). Voices of the Night. 2nd. ed. Cambridge, 1840. 16° 2040.
LONGFELLOW (H. W.). *The Same.* 3d. ed. Cambridge, 1840. Lg. 8° 2041.
LONGFELLOW (H. W.). *The Same.* 8th. ed. Cambridge, 1843. 16° 2042.
LONGFELLOW (H. W.). *The Same.* 10th. ed. Cambridge, 1844. 16° 2043.
LONGFELLOW (H. W.). *The Same.* Bost. 1845. Lg. 8° 2044.
LONGFELLOW (H. W.). *The Same.* Lond. 1844. 32° 2045.
LONGFELLOW (H. W.). The Waif. 4th. ed. Cambridge, 1845. 16° 2046.
[LONGFELLOW (S.) & Higginson (T. W.).] Thalatta. Bost. 1853. 16° 2047.
LOOSE Leaves. *See* [Sutherland (T. J.).]
LORD (W. W.). André. N. Y. 1856. 12° 2048.
LORD (W. W.). Christ in Hades. N. Y. 1851. 12° 2049.
LORD (W. W.). Poems. N. Y. 1845. 12° 2050.
LORD Niel. *See* M[oore] (J. M. [D.]).
? LOST "Spade" (The). N. Y. 1864. 16° 2051.
LOTTERY (The). *See* [Denison (E.).]
LOUD (Mrs. M. St. L.). Wayside Flowers. Bost. 1851. 16° 2052.
LOVE of Nature. *See* [Adams (G. Z.).]
LOVES (The) of Jonathan and Virginia. By Boswell. Phila. 1873. 12° 2053.

LOW (S.), *b.* 1765. Ode. N. Y. 1800. 8° 2054.
LOW (S.). Poems. N. Y. 1800. 2 vs. 12° 2055.
[LOWE (Mrs. C.).] The Olive and the Pine. Bost. 1859. 16° 2056.
[LOWELL (J. R.),] *b.* 1819. The Biglow Papers. Cambridge, 1848. 16° 2057.
LOWELL (J. R.). *The Same.* N. Y. 1858. 2058.
LOWELL (J. R.). *The Same.* Lond. 1859. Sqr. 16° 2059.
LOWELL (J. R.). *The Same.* Lond. 1865. 16° 2060.
LOWELL (J. R.). *The Same.* Montreal, 1866. Lg. 8° 2061.
[LOWELL (J. R.).] *The Same.* 2nd. Series. Bost. 1867. 12° 2062.
LOWELL (J. R.). Conversations. Cambridge, 1845. 16° 2063.
LOWELL (J. R.). Poems. Cambridge, 1844. 16° 2064.
LOWELL (J. R.). *The Same.* Cambridge, 1844. Lg. 8° 2065.
LOWELL (J. R.). *The Same.* 3d. ed. Cambridge, 1844. 16° 2066.
LOWELL (J. R.). *The Same.* 2nd. Series. Cambridge, 1848. 16° 2067.
LOWELL (J. R.). *The Same.* Bost. 1849. 2 vs. 16° 2068.
LOWELL (J. R.). The Poetical Works. Bost. 1861. 2 vs. 32° 2069.
[LOWELL (J. R.).] Reader, &c. A Fable for Critics. N. Y. [18]48. 12° 2070.
LOWELL (J. R.). *The Same.* [2nd. ed.] N. Y. [18]48. 12° 2071.
LOWELL (J. R.). The Vision of Sir Launfal. Cambridge, 1848. 12° 2072.
LOWELL (J. R.). *The Same.* 2nd. ed. Cambridge, 1849. 12° 2073.
LOWELL (J. R.). *The Same.* 4th. ed. Bost. 1851. 12° 2074.
LOWELL (J. R.). A Year's Life. Bost. 1841. 16° 2075.
LOWELL (J. R.). Under the Willows. Bost. 1869. 12° 2076.
[LOWELL (R. T. S.),] *b.* 1816. Fresh Hearts, &c. Bost. 1860. 16° 2077.
LOYALIST Poetry (The) of the Revolution. *See* [Sargent (W.).]
LUCAS (A.). The Shaving Mill. Freetown, 1831. 12° 2078.
LUCAS (D. B.). The Wreath of Eglantine. Balt. 1869. 12° 2079.
LUCKEY (S.). Ethic Hymns. Rochester, N. Y. 1868. Sm. 12° 2080.

? LUCRÉZIA; Or, the Bag of Gold. Phila. *n. d.* 18° 2081.
LUNT (G.), *b.* 1803. The Age of Gold. Bost. 1843. 16° 2082.
LUNT (G.). Anniversary Poem. Bost. 1843. 12° 2083.
LUNT (G.). Culture. Bost. 1843. 12° 2084.
[LUNT (G.).] The Dove and the Eagle. Bost. 1851. 16° 2085.
LUNT (G.). The Grave of Byron. Bost. 1826. 18° 2086.
[LUNT (G.).] Julia. Bost. 1855. 16° 2087.
LUNT (G.). Lyric Poems. Bost. 1854. 16° 2088.
LUNT (G.). Poems. N. Y. 1839. 12° 2089.
[LUTHER (S.).] The Garland of Gratitude. Prov. 1842. 12° 2090.
LUTTON (Anne). Poems. N. Y. 1842. 12° 2091.
LYDE (A. F.). Buds of Spring..With Addenda [By T. H. Vail.] Phila. 1838. 12° 2092.
LYNCH (Anne C.). Poems. N. Y. 1849. 8° 2093.
LYNCH (Anne C.). *See also* The Rhode Island Book.
LYONS (J. G.), *d.* 1868. Christian Songs. Phila. 1848. 8° 2094.
LYONS (J. G.). Christian Songs. Phila. 1861. 8° 2095.
LYRA Americana. *See* Rider (G. T.).
LYRIC Works of Horace (The). *See* [Parke (J.).]
LYRICS. *See* W (W. A.).
LYRICS of a Day. *See* [Brownell (H. H.).]
? LYRICS of Trade. N. Y. [1865.] 12° 2096.
LYRICS by the Letter H. *See* [Halpine (C. G.).]
? LYRICS for Freedom. N. Y. 1862. 12° 2097.
? LYRICS of the War. Phila. *n. d.* 4° 2098.
LYTERIA. *See* [Quincy (J. P.).]

? M (A.). Niagara. N. Y. 1822. 8° 2099.
M (A. W.). *See* M[itchell] (A. W.).
? M (H. H.). Summer Songs. Phila. 1865. 12° 2100.
? M (J. C.). Savonarola. Harrisburg, 1831. 8° 2101.
M (J. L.). *See* M[artin] (J. L.).
M (J. M.). *See* M[oore] (J. M.).
? M (M.). Uriel Acosta. N. Y. 1860. 12° 2102.
Ma-Ka-Tai-Me-She-Kia-Kiah. *See* [Smith (E. H.).]
MCBRIDE (F.). The Robber. N. Y. 1842. 18° 2103.
MCCABE (J. C.). Scraps. Richmond, 1835. 12° 2104.
MCCABE (J. C.). *The Same.* 2nd. ed. Richmond, 1835. 12° 2105.

McCaffrey (M. J. A.). The Siege of Spoleto. N. Y. 1864. 12° 2106.
M'Call (J. C.). Fleurette. Phila. 1828. 12° 2107.
M'Call (J. C.). The Troubadour. Phila. 1822. 12° 2108.
McCarty (W.). *See* Song Books.
M'Conochie (J. R.). Leisure Hours. Louisville, Ky. 1846. 12° 2109.
McCord (Louisa S.), *b.* 1810. Caius Gracchus. N. Y. 1851. 12° 2110.
McDermott (H. F.). Lavona. N.Y. 1860. 12° 2111.
McDonald (Mrs. M. N.). *See* [Meigs] (Mrs. M. N.).
Maceuen (M.). A Mosaic from Italy. Phila. 1867. 12° 2112.
M'Fingal. *See* [Trumbull (J.).]
M'Gee, *b.* 1825, *d.* 1868. Canadian Ballads. [Lacks title.] 12° 2113.
M'Henry (J.). The Antediluvians. Phila. 1840. 12° 2114.
M'Henry (J.). The Pleasures of Friendship. Phila. 1825. 12° 2115.
M'Henry (J.). *The Same.* 7th. ed. Phila. 1836. 18° 2116.
M'Henry (J.). Waltham. N. Y. 1823. 18° 2117.
M'Jilton (J. N.). An Address..and a Poem, &c. Balt. 1841. 8° 2118.
M'Jilton (J. N.). Poems. Bost. 1840. 12° 2119.
M'Jilton (J. N.). The Triumphs of Liberty. Balt. 1838. 12° 2120.
McJimsey (W.). Hebrew Melodies. N. Y. 1859. 8° 2121.
M'Jimsey (W.). The Lessons of Nature. Nyack, N. Y. 1867. 8° 2122.
M'Jimsey (W.). *The Same.* No. 2. Nyack, 1867. 8° 2123.
McJimsey (W.). The Memory of Humboldt. N. Y. 1869. 8° 2124.
McJimsey (W.). The Memory of the Sabbath. Balt. [1837.] 8° 2125.
McJimsey (W.). The Pleasures of Religion. N. Y. 1834. 8° 2126.
M'Jimsey (W.). The Rose Flower. N Y. 1853. 8° 2127.
McJimsey (W.). Thompsonville. N. Y. 1847. 12° 2128.
Mack (E.). The Cat-Fight. N. Y. 1824. 12° 2129.
Mack (E.). The Crisis. Bost. 1842. 12° 2130.
Mack (R.). Kyle Stuart. Columbia, T. 1834. 16° 2131.

MACKELLAR (T.), *b.* 1812. Droppings from the Heart. Phila. 1844. 12° 2132.
MACKELLAR (T.). Lines for the Gentle. Phila. 1853. 12° 2133.
MACKELLAR (T.). Tam's Fortnight Ramble. Phila. 1847. 12° 2134.
M'KENZIE (C.). *See* Report of the Meeting, &c.
MACKENZIE (J.). Original Poems. Phila. 1835. 12° 2135.
M'KINNON (J. D.). Descriptive Poems. N. Y. 1802. 16° 2136.
MCLACHLAN (C.). I dine with my Mother. N. Y. [1856.] 12° 2137.
M'LAUGHLIN (E. A.), *b.* 1798. The Lovers of the Deep. Cincinnati, 1841. 12° 2138.
MCLELLAN (I.), *b.* 1810. The Fall of the Indian. Bost. 1830. 12° 2139.
MCLELLAN (I.). Mount Auburn. Bost. 1843. 16° 2140.
[MCLELLAN (I.).] The Year. Bost. 1832. 8° 2141.
[MCLEOD (Mrs......?).] Zarvona. [Balt. Feb. 1863.] 8° 2142.
MCLEOD (C. D.). Plasmion. N. Y. 1841. 8° 2143.
M'LOUGHLIN (T.). The Works. N. Y. 1837. 12° 2144.
MCMASTERS (Julia R.). Silver Pictures. Phila. 1856. 16° 2145.
MACMULLEN (J.). Nathan Hale. N. Y. 1858. 8° 2146.
MCNAIR (J.). Eighty Original Poems. Lancaster, Pa. 1865. 12° 2147.
M'NAUGHTON (J. H.). 'Babble Brook' Songs. Bost. 1864. 16° 2148.
MACOY (R.). *See* Song Books.
? MAD House Lyrics. Concord, 1852. 12° 2149.
MAD Poet (The), *pseud.* *See* [Clark (McD.).]
? MÆLSTROM (The). [Copy-righted by John Hammond.] San Francisco, 1861. 8° 2150.
MAFFITT (J. N.), *b.* 1794, *d.* 1850. Ireland. Louisville, 1839. 8° 2151.
MAFFITT (J. N.). Literary and Religious Sketches. N. Y. 1832. 12° 2152.
MAFFITT (J. N.). Poems. Louisville, 1839. 12° 2153.
MAFFITT (J. N.). Tears of Contrition. New-London, 1821. 12° 2154.
MAGDALEN Report (The). *See* Pendergrass (Peter).

MAGIC Word (The). *See* Alton.
MAG-PIE. *See* Goody Right-Thirsty.
? MAHOMET. N. Y. 1850. 8° 2155.
? MAID (The) of the Doe. Washington, 1842. 12° 2156.
? MAID of Midian (The). Phila. 1833. 12° 2157.
MAID of Midian (The). 3d. ed. Phila. 1836. 12° 2158.
? MAI-JOUR (translated May-Day), &c. Lond. 1864. Sqr. 16° 2159.
MAJOR Jones' Courtship. *See* Jones (Major Joseph).
MAN (T.). Picture of a Factory Village. Prov. 1833. 12° 2160.
MAN (T.). A Picture of Woonsocket. *n. p.* 1835. 12° 2161.
MANGUM (A. W.). Myrtle Leaves. 2nd. ed. Raleigh, N. C. 1864. 12° 2162.
? MANIACS (The). *n. p.* 1824. 12° 2163.
MANNERS (G.). The Conflagration. Bost. 1825. 4° 2164.
MANNERS (Motley), *pseud.* *See* [Duganne (A. J. H.).]
MANNING (J. B.). The Voice of Letters. Bost. 1854. 12° 2165.
MANSFIELD (J.). Hope. Cambridge, 1800. Sm. 4° 2166.
MANSILLA (J. T.). Soberana y Guerrero. Arequipa, 1844. 16° 2167.
MARCH (D.). A Poem dld. before the P. B. K. Soc. New Haven, 1846. 8° 2168.
MARCH (D.). Yankee Land. Hartford, 1840. 12° 2169.
? MARCH Flowers. [Providence, 1836.] 12° 2170.
? MARCH of Science (The). Phila. 1846. 12° 2171.
MARIA del Occidente, *pseud.* *See* [Brooks (Mrs. M.).]
? MARIE, The Bandit's Daughter. N. Y. 1834. 12° 2172.
[MARIE (P.).] A Midsummer's Fete. N. Y. 1850. 12° 2173.
[MARIE (P.).] A Tribute to the Fair. N. Y. 1864. 12° 2174.
MARKOE (P.), *d.* 1792. Miscellaneous Poems. Phila. 1787. 8° 2175.
[MARKOE (P.).] The Patriot Chief. Phila. 1783. 8° 2176.
[MARKOE (P.).] The Times. Phila. 1788. 8° 2177.
MARKOE (P.). The Times. [2nd. ed.] Phila. 1788. 8° 2178.
? MARKS of Barhamville. Elfreide of Guldal. N. Y. 1850. 12° 2179.
MARSDEN (J.). Leisure Hours. N. Y. 1812. 12° 2180.
MARSH (Mrs. G. P.), *b.* 1816. Wolfe of the Knoll. N. Y. 1860. 12° 2181.

MARSH (J.), *b.* 1788, *d.* 1868. Temperance Hymn Book. N. Y. 1842. 18° 2182.
MARSH (W.). England. N. Y. 1839. 12° 2183.
? MARSHALL. Eugenia. N. Y. 1823. 18° 2184.
? MARTENZE (Claes). Cannon-Flashes and Pen-Dashes. N. Y. 1866. 12° 2185.
MARTIN (A.), *b. abt.* 1740, *d.* 1807. A New Scene, &c. Phila. 1798. 8° 2186.
M[ARTIN] (J. L.). Native Bards. Phila. 1831. 12° 2187.
MARTYR President (The). *See* [Newell (R. H.).]
[MASON (Mrs. E. B.).] A Talk with the Ganges. N. Y. 1860. 8° 2188.
MASON (Miss E. V.). The Southern Poems of the War. 2nd. ed. Balt. 1868. 12° 2189.
[MASON (H. B.).] Valedictory Poem. New Haven, 1870. 8° 2190.
MASONIC Museum (The). *See* Hardcastle (J.).
MASONICK Minstrel (The). Dedham, 1816. 8° 2191.
MASTERS (M. K.). The Progress of Love. Bost. 1808. 12° 2192.
[MATHER (C.),] *b.* 1663, *d.* 1728. Psalterium Americanum. Bost. 1718. Sm. 8° 2193.
MATHEWS (C.), *b.* 1817. Man in the Republic. N. Y. 1846. 32° 2194.
MATHEWS (C.). Poems on Man. N. Y. 1843. 12° 2195.
MATHEWS (C.). *The Same.* Lond. 1843. 12° 2196.
[MATHEWS (C.).] Wakondah. N. Y. 1841. Lg. 8° 2197.
MATHEWS (C.). Witchcraft. Lond. 1852. 24° 2198.
MATHIES (J.). Rochester. Rochester, 1830. 18° 2199.
MATILDA, *pseud.* *See* [Smiley (Miss ....?).]
MATTESON (Mrs. F. F.). The Wild Poet's Rest. Rome, 1852. 18° 2200.
MATTHEWS (A.). Paraphrase of the Book of Genesis. Prov. 1816. 8° 2201.
MATURIN (E.). Lyrics of Spain. Bost. 1850. 12° 2202.
MAXWELL (W.). Poems. Phila. 1812. 24° 2203.
MAXWELL (W.). *The Same.* Phila. 1816. 24° 2204.
MAY (Caroline). The American Female Poets. Phila. 1848. 8° 2205.
MAY (Caroline). Poems. N. Y. 1865. 16° 2206.
MAY (Edith), *pseud.* *See* [Drinker (Anna).]

? MAYFIELD (Millie). Progression. Cincinnati, 1860. 12° 2207.
MAYLIN (Anne W.). Lays. Phila. 1847. 12° 2208.
MAYO (Mrs. S. C. E.). Selections. Bost. 1849. 12° 2209.
MEACHAM (A. G.). Summer Rushville, Ill. 1856. 16° 2210.
MEAD (C.). American Minstrel. Phila. 1828. 18° 2211.
MEAD (C.). Mississippian Scenery. Phila. 1819. 12° 2212.
[MEAD (......?).] Wall Street. N. Y. 1819. 18° 2213.
? MEDITATUS. Poems. Phila. 1853. 18° 2214.
MEDLEY (The). New Haven, 1833. 8° 2215.
? MEDLEY (A) of Joy and Grief. N. Y. 1822. 12° 2216.
MEEK (A. B.), *b.* 1814. *d.* 1865. The Red Eagle. N. Y. 1855. 12° 2217.
MEEK (A. B.). Songs and Poems of the South. Mobile, 1857. 12° 2218.
MEGIA (F.). Carta de Benigno Morales. Phila. 1825. 12° 2219.
[MEGRATH (G.).] The New Dido. N. Y. 1851. 12° 2220.
MEIGS (Mrs. M. N.). A Christmas Carol. N. Y. *n. d.* Sm. 4° 2221.
[MEIGS (Mrs. M. N.).] Lays of a Lifetime. N. Y. 1857. Sqr. 8° 2222.
[MEIGS] (Mrs. M. N.). Poems. N. Y. 1844. 8° 2223.
MEIGS (R. J.), *b.* 1765, *d.* 1825. A Poem. New Haven, [1784.] Sqr. 8°. 2224.
MELLEN (G.), *b.* 1799, *d.* 1841. The Age of Print. Bost. 1830. 8° 2225.
[MELLEN (G.).] The Martyr's Triumph. Bost. 1833. 12° 2226.
MELLEN (G.). Our Chronicle of '26. Bost. 1827. 8° 2227.
MELLEN (G.). The Passions. Bost. 1836. 8° 2228.
MELLEN (G.). Poem before the Literary Societies in Amherst. Amherst, 1839. 8° 2229.
MELLEN (G.). Poem pronounced at New Haven. New Haven, 1839. 8° 2230.
MELLEN (G.). The Rest of the Nations. Portland, 1826. 8° 2231.
MELMOTH (S.). The Confessions of Cuthburt. Bost. 1827. 18° 2232.
MELVILLE (H.), *b.* 1819. Battle Pieces. N. Y. 1866. 12° 2233.
MELZINGA. *See* D[e Wint] (*Mrs.* C. A.).
MEMORIAL (The). *See* [Hubbell (Miss M. E.).]
? MERRY's Illustrated Book of Rhymes. Bost. 1859. 12° 2234.

? METRICAL Description (A) of a Fancy Ball. Washington, 1858. 4° 2235.
? METRICAL Sketches. Phila. 1817. 18° 2236.
MEYLER (W. T.). Ballads. N. Y. 1869. 16° 2237.
MICHAEL Agonistes. *See* [Brown (J. W.).]
? MICHAEL Bonham. Richmond, 1852. Lg. 8° 2238.
MICHARD (J.). Religio Pœtæ. Richmond, 1860. 12° 2239.
? MICROCOSMUS Philadelphicus. By Notus Nulli, Esq. Phila. 1825. 12° 2240.
MIDDLETON (EDDA). Sappho. N. Y. 1858. 4° 2241.
[MIDDLETON (J. C.).] Poem. [The Last Decade.] New Haven, 1865. 8° 2242.
? MIDNIGHT, &c. N. Y. 1858. 12° 2243.
MIDSUMMER'S Fete. *See* [Marié (P.).]
MILES (G. H.), *b.* 1824. Christine. N. Y. 1866. 12° 2244.
MILES (G. H.). Mary's Birthday. Bost. [1858.] 12° 2245.
MILES (G. H.). Mohammed. Bost. 1850. 12° 2246.
MILES (G. H.). Senor Valiente. Bost. [1859.] 12° 2247.
[MILLER (C. T.).] Frog Opera. Bost. 1872. 16° 2248.
[MILLER (C. T.).] Frog Opera. [2nd ed.] Prov. 1873. 8° 2249.
MILLER (J. W.). Poems and Sketches. Bost. 1830. 12° 2250.
[MILLER (S. E.),] *b.* 1817. Caprices. N. Y. 1849. 12° 2251.
[MILLER (W. E.).] Wounded. [Balt. 1864.] 16° 2252.
MILLS (J. H.). Poetic Trifles. Balt. 1808. 12° 2253.
MILLS (H.). Horæ Germanicæ. Auburn, 1845. 18° 2254.
MILLS (H.). *The Same.* 2nd. ed. N. Y. 1856. 16° 2255.
MINES (J.). The Infant. N. Y. 1837. 18° 2256.
[MINES (J. F.).] The Heroes of the Last Lustre. N. Y. 1858. 16° 2257.
? MINIATURE (A) of Martin Van Buren. *n. p.*, *n. d.* 18° 2258.
MINSHULL (J.). A Comic Opera. N. Y. 1801. 8° 2259.
MINSTRELSY of Edmund the Wanderer. *See* [Spence (R. T.).]
MIRIAM. *See* [Hall (Mrs. E. B.).]
? MIRON and Florilla. N. Y. 1838. 12° 2260.
MIRROR (The) of Merit and Beauty. *See* S[mith] (J[ames]).
? MISANTHROPE (The) of the Mountain. New Haven, 1833. 12° 2261.
? MISCELLANEOUS Poems. [Bost.?] 1828. 12° 2262.

MISCELLANEOUS Poems (The) of the Boston Bard. *See* [Coffin (R. S.).]

? MISCELLANEOUS Poems on Moral and Religious Subjects. By a Lady. Woodstock, 1820. 12° 2263.

MISCELLANEOUS Poems Selected from the United States Literary Gazette. Bost. 1826. 18° 2264.

MISCELLANEOUS Poems. *See also* [Allen (B.),] *and* [Murden (Mrs. E.).]

MISCELLANEOUS Works. *See* [Linn (J. B.).]

MISCELLANIES Moral and Instructive in Prose and Verse. Phila. printed: Lond. Reprinted. 1790. 12° 2265.

MISCELLANIES. *See also* [Ralling (J.).]

MISS M'Flimsey. *See* [Butler (W. A.).]

? MISS Milly Millefleur's Career. N. Y. 1869. Lg. 4° 2266.

M[ITCHELL] (A[gnes] W.). The Smuggler's Son. Phila. 1842. 12° 2267.

MITCHELL (Catharine). The Minstrel's Bride. Phila. 1859. 12° 2268.

MITCHELL (J. K.), *b.* 1796, *d.* 1858. Indecision. Phila. 1839. 12° 2269.

MITCHELL (W.). Poems. N. Y. 1860. 18° 2270.

? MOCK Auction (The). Ossawatomie Sold. Richmond, Va. 1860. 12° 2271.

MOCKING Bird (The). *See* Song Books.

? MODERN Battle (The) of the Kegs. Phila. 1854. 12° 2272.

? MODERN Gilpin (The). N. Y. 1866. 16° 2273.

? MODERN Hamlet (The). [Bost.] 1850. 12° 2274.

MODERN Philosopher (The). *See* [Fessenden (T. G.).]

MOELLING (C. E.). Faust's Death. Phila. 1865. 12° 2275.

MOISE (Miss P.). Fancy's Sketch Book. Charleston, 1833. 12° 2276.

? MONIAD (The). A Satire. By "Truth." Phila. 1867. 18° 2277.

? MONITOR (The). N. Y. 1863. 12° 2278.

MONTCLAIR (J. W.). Real and Ideal. Phila. 1865. 12° 2279.

MONTEREY Conquered. *See* [Ashe (S. M.).]

MONTGOMERY (H. P.). Tadmor. Phila. 1865. 8° 2280.

MONTH of Freedom (A). *See* [Ward (T.).]

MOODS and Emotions of Rhyme. *See* R (H. A.).

MOORE (C. C.), *b.* 1799, *d.* 1863. The Night before Christmas. Phila. [1864.] Lg. 8° 2281.

MOORE (C. C.). Poems. N. Y. 1844. 12° 2282.
MOORE (C. C.). Santa Claus. N. Y. *n. d.* Sqr. 8° 2283.
MOORE (C. C.). A Visit from Saint Nicholas. N. Y. 1862. 4° 2284.
MOORE (F.), *b.* 1828. Lyrics of Loyalty. N. Y. 1864. 32° 2285.
MOORE (F.). Personal and Political Ballads. N. Y. 1864. 32° 2286.
MOORE (F.). Rebel Rhymes and Rhapsodies. N. Y. 1864. 32° 2287.
MOORE (F.). Songs and Ballads of the American Revolution. N. Y. 1856. 12° 2288.
MOORE (F.). Songs of the Soldiers. N. Y. 1864. 32° 2289.
MOORE (F. A.). Gems for You. Manchester, N. H. 1850. 12. 2290.
MOORE (Mollie E.). Minding the Gap. Houston, Texas, 1867. 12° 2291.
MOORE (H. D.). *See* C (E. H.).
MOORE (J.). The Kimeliad. Phila. 1867. 18° 2292.
M[OORE] (J. M.). Lord Nial. N. Y. 1834. 12° 2293.
MOORE (J. S.). The Oracle of Delphos. Washington, 1844. 18° 2294.
MOORE (Thomas), *pseud.* *See* [Barlow (J.).]
MORANGE (W. D.). A Poem. Albany, 1860. 8° 2295.
MOREY (A. C.). Charlotte Corday. N. Y. 1844. 8° 2296.
MORFORD (H.). The Great Rebellion. Chicago, 1863. 16° 2297.
MORFORD (H.). Music of the Spheres. Granville, Middletown, N. J. 1840. 12° 2298.
MORFORD (H.). The Rest of Don Juan. N. Y. 1846. Lg. 8° 2299.
MORFORD (H.). Rhymes of an Editor. Lond. 1873. 8° 2300.
MORFORD (H.). Rhymes of Twenty Years. N. Y. 1859. 12° 2301.
MORFORD (H.). Society of Tammany. N. Y. 1862. 8° 2302.
MORFORD (H.). *The Same.* N. Y. 1863. 8° 2303.
MORFORD (H.). Tammany and Union. [N. Y. 1862.] 8° 2304.
MORFORD (H.). *See also* Celebration at Tammany Hall, &c.
MORGAN (G. C.). Landscape Views. [*Contains Poems by* 'H. B. Wildman,' *and* 'J. W. Nichols.'] N. Y. 1847. Lg. 8° 2305.

MORGAN (G. G. W.). Poems. 2nd. ed. Bost. 1855. 18° 2306.
MORLEY (Mrs. H.). The Poor Broken-Hearted Widow. New London, 1857. 12° 2307.
? MORMONIAD. Bost. 1858. 16° 2308.
? MORNING Watch (The). N. Y. 1850. 12° 2309.
? MORON, A Tale of the Alhambra. Phila. 1829. 12° 2310.
MORRIS (G. P.), *b.* 1802, *d.* 1864. The American Melodies. N. Y. 1841. 18° 2311.
MORRIS (G. P.). The Deserted Bride. N. Y. 1838. 8° 2312.
MORRIS (G. P.). *The Same.* N. Y. 1843. 8° 2313.
MORRIS (G. P.). *The Same.* N. Y. 1853. 12° Size, Lg. 8° 2314.
MORRIS (G. P.). The Songs and Ballads. N. Y. 1844. Lg. 8° 2315.
MORRIS (G. P.). *The Same.* N. Y. 1846. 32° 2316.
MORRIS (G. P.). *The Same.* N. Y. 1852. 32° 2317.
MORRIS (G. P.). Songs, Duetts, &c. N. Y. 1842. 16° 2318.
MORRIS (G. P.). The Whip-Poor-Will. N. Y. *n. d.* 8° 2319.
[MORRIS (T. H.).] A. D. 1862. Balt. [1862.] 8° 2320.
[MORRIS (T. H.).] *The Same.* 3d. ed. Balt. [1862.] 8° 2321.
[MORRIS (T. H.).] *The Same.* 4th. ed. Balt [1862.] 8° 2322.
MORRISON (J. M.). Clarsach Albin. Phila. 1847. 12° 2323.
MORSE (O. A.). A Vindication, &c. N. Y. 1867. Sqr. 8° 2324.
MORTON (J. W.). The Pleasures of Home. Pittsburgh, 1841. 12° 2325.
[MORTON (Mrs. S. W.),] *b.* 1759, *d.* 1846. Beacon Hill. Bost. 1797. 4° 2326.
MORTON (Mrs. S. W.). My Mind and its Thoughts. Bost. 1823. Lg. 8° 2327.
[MORTON (Mrs. S. W.).] Ouabi. Bost. 1790. 8° 2328.
[MORTON (Mrs. S. W.).] The Virtues of Society. Bost. 1799. 4° 2329.
? MOSES; Or, The Man who supposes himself to be Moses. N. Y. 1866. 12° 2330.
MOSES (T. P.). Leisure Thoughts. Portsmouth, N. H. 1849. 12° 2331.
MOSSES from a Rolling Stone. By Tenella—Mary Bayard Clarke. Raleigh, N. C. 1866. Sm. 16° 2332.
MOTHER Goose for Grown Folks. *See* [Whitney (Mrs. A. D. T.).]
MOTHER'S Lament (The). *See* [Lee (Mrs. I.).]

MOURNFUL Lamentation (A). *See* [Green (J.).]
MOUNTAIN (G. J.), *b.* 1789, *d.* 1863. Songs of the Wilderness. Lond. 1846. 16° 2333.
? MOUNTAIN Buds and Blossoms. Petersburg, 1825. 12° 2334.
MOWATT (Mrs. A. C.), *b* 1819, *d.* 1870. Armand. N. Y. 1851. 12° 2335.
MOWATT (Mrs. A. C.). *The Same.* N. Y. *n. d.* 12° 2336.
MOWATT (Mrs. A. C.). Fashion; Or, Life in New York. Lond. 1850. 12° *Sig.* 8° 2337.
MOWATT (Mrs. A. C.). *The Same.* N. Y. *n. d.* 12° 2338.
[MOWATT (Mrs. A. C.).] Pelayo. N. Y. 1836. 12° 2339.
MOWATT (Mrs. A. C.). Plays. Bost. 1855. 16° 2340.
[MOWATT (Mrs. A. C.).] Reviewers Reviewed. N. Y. 1837. 12° 2341.
MUDGE (E.). A Temperance Address. New-Bedford, 1837. 12° 2342.
MUHLENBERG (W. A.). Church Poetry. Phila. 1823. 12° 2343.
[MUHLENBERG (W. A.).] I would not live alway. N. Y. 1860. 12° 2344.
[MUHLENBERG (W. A.).] *The Same.* 2nd. ed. N. Y. 1860. 12° 2345.
MULCHINOCK (W. P.). The Ballads and Songs. N. Y. 1851. 12° 2346.
MULLER (A. A.). Gospel Melodies. Charleston, 1823. 12° 2347.
MULLER (N.). Zehn Gepanzerte Sonnete. N. Y. [1863.] 8° 2348.
MULTIFLORA (The). N. Y. *n. d.* 48° 2349.
? MULTIPLICATION Table (The) in Rhyme. Bost. 1830. 16° 2350.
MUNDAY (*Mrs.* L. A. H.). Acacian Lyrics. Cincinnati, 1860. 16° 2351.
MUNFORD (R.). Collection of Plays and Poems. Petersburg, Va. 1798. 8° 2352.
MUNFORD (W.), *b.* 1775, *d.* 1825. Homer's Iliad. Bost. 1846. 2 vs. 8° 2353.
MUNFORD (W.). Poems. Richmond, 1798. 8° 2354.
MUNSON (A. D.). Lyrics. N. Y. 1865. 12° 2355.
[MURDEN (Mrs. E.).] Miscellaneous Poems. Charleston, 1826. 12° 2356.
[MURDEN (Mrs. E.).] *The Same.* 2nd. ed. N. Y. 1827. 12° 2357.
MURDOCK (J. E.). *b.* 1811. Patriotism. Phila. 1866. 12° 2358.
[MURDOCK (J.).] The Triumphs of Love. Phila. 1795. 12° 2359.

MURDOCK (W.). Poems and Songs. St. John, N. B. 1860. 12° 2360.
MURPHY (H. C.), *b.* 1810. Anthology of New Netherland. N. Y. 1865. Lg. 8° 2361.
[MURPHY (W. D.).] The Burial of Wm. Colgate. N. Y. 1857. 8° 2362.
MUSE of Hesperia (The). *See* [Peirce (T.).]
MUSCIPULA sive Cambromyomachia. *See* [Prime (B. Y.).]
MUSIAD or Ninead (The). *See* Diabolis.
?MUSINGS at An Evening Club in Boston. Bost. 1819. 18° 2363.
MUZZY (Mrs. H.). Poems. N. Y. 1821. 12° 2364.
[MYERS (P. H.).] Ensenore. N. Y. 1840. Lg. 8° 2365.
? MYNEHIEUR Von Herrick Heimelman. N. Y. 1824. 8° 2366.
MYSTERIES (The) of Odd-Fellowship. Phila. *n. d.* 16° 2367.
MYSTICAL Craft (The). N. Y. 1844. 12° 2368.

N (H.). *See* [Griggs (Miss).]
[NACK (J.).] Address, &c. N. Y. 1830. 8° 2369.
NACK (J.). Earl Rupert. N. Y. 1839. 12° 2370.
NACK (J.). The Immortal. N. Y. 1850. 12° 2371.
NACK (J.). The Legend of the Rocks. N. Y. 1827. 12° 2372.
NACK (J.). An Ode. N. Y. 1833. 8° 2373.
NACK (J.). The Romance of the Ring. N. Y. 1859. 12° 2374.
? NANCY Blake. [By Ruth M. Cromwell?] N. Y. 1864. Lg. 8° 2375.
NASSAU Rake (The). Princeton, N. J. 1858. 8° 2376.
NATIONAL Clay (The), &c. *See* Song Books.
NATIVE Bards. *See* M[artin] (J. L.).
? NATURE: On Freedom of Mind, &c. Bost. 1839. 12° 2377.
NAVAL Songster (The). *See* Song Books.
[NEAL (J.),] *b.* 1793. Battle of Niagara. Balt. 1818. 16° 2378.
NEAL (J.). *The Same.* 2nd. ed. Balt. 1819. 18° 2379.
NEAL (M. L.). *See* Song Books.
NEAR Home. *See* [Channing (W. E.).]
? NEBRASKA. Bost. 1854. 12° 2380.
NEEDHAM (J. R.). The Pleasures of Poverty. N. Y. 1837. 12° 2381.
? "NEMO," (of Louisiana.) Reveries in Rhyme. N. Y. 1846. 12° 2382.

NEUVILLE (M. J. La). *See* La Neuville (M. J.).

? NEW Bedford Traders in Rhyme. New Bedford, 1860. 12° 2383.

? NEW Book of Nonsense (The). Phila. 1864. Ob. 8° 2384.

NEW Comic Valentine (The). Phila. 1848. 16° 2385.

NEW DIDO (The). *See* [Megrath (G.).]

NEW Diogenes (The). *See* [Conrad T. A.).]

? NEW England (The) Drama. Dedham, 1825. 12° 2386.

NEW-Fashioned Girl (The). N. Y. 1870. 12° 2387.

NEW Hampshire Book (The). Nashua, 1842. 12° 2388.

NEW Hampshire Book (The). Nashville, 1844. 12° 2389.

NEW-Haven. *See* [Woodworth (S.).]

NEW Orleans Book (The). New Orleans, 1851. 12° 2390.

? NEW Pantheon (The). N. Y. 1860. 12° 2391.

NEW Scene (A). *See* Martin (A. .

NEW Temple of Ceres (The). *See* Horne (A. Greene).

NEW Translation (A). *See* [Duer (J.).]

NEW Yankee Doodle (The). *See* Tucker (Dan (Not Bev)).

? NEW Year's Address (A), A circular, &c. Prov. 1857. 12° 2392.

NEW Year's Address. *See* Carriers' Addresses.

NEW Year's Lays. *See* Carriers' Addresses.

NEW Year's Offering. *See* Carriers' Addresses.

NEW York Book of Poetry (The). N. Y. 1837. 8° 2393.

NEW York Letter Carrier. *See* Carriers' Addresses.

[NEWELL (R. H.).] The Martyr President. N. Y. 1865. 12° 2394.

[NEWELL (R. H.).] The Palace Beautiful. N. Y. 1865. 12° 2395.

[NEWMAN (........?).] Wa-Wa-Wanda. N. Y. 1860. 12° 2396.

NEWMAN (B. J.). The Eagle of Washington. Louisville, 1859. 12° 2397.

NEWMAN (J. C.). The Harmonies of Creation. Balt. 1836. 18° 2398.

NIAGARA. *See* M (A.).

NICHOLS (A.). The Spirit of Free-Masonry. Bost. 1831. 8° 2399.

NICHOLS (A.). *See also* Centennial Celebration at Danvers.

NICHOLS (J. H.). The Future. New Haven, 1842. 8° 2400.

NICHOLS (J. H.). The New England Coquette. Salem, *n. d.* 12 2401.

NICHOLS (J. W.). *See* Morgan (G. W.).
NICHOLS (Mrs. L. H.). Poems. N. Y. 1857. 12° 2402.
NICHOLS (*Mrs.* R. S.). Bernice. Cincinnati, 1844. 12° 2403.
NICHOLS (Mrs. R. S.). Songs of the Heart, &c. Cincinnati, 1851. Lg. 8° 2404.
NICHOLSON (E. G.). The Votaries of Twilight. *n. p.* 1840. 8° 2405.
NICHOLSON (G. W. S.). Poems of the Heart. Phila. 1850. 12° 2406.
? NIGHT. A Poem. N. Y. 1845. Lg. 8° 2407.
NIGHT Watches. *See* L (E.).
NIL Admirari, *pseud.* *See* [Shelton (F. W.).]
NILES (S.), *b.* 1674, *d.* 1762. A Brief and Plain Essay on God's Wonder-working Providence. New London, 1747. 8° 2408.
? NIMBLE-Chops (Aquiline). Democracy. An Epic Poem. N. Y. *n. d.* 8° 2409.
? NIMROD (Harry). The Fudge Family in Washington. Balt. 1820. 12° 2410.
No Sect in Heaven. *See* [Cleaveland (Mrs. E. H. J.).]
? No Slur, Else-Slur. N. Y. 1840. 12° 2411.
No Slur, Else-Slur. 2nd. ed. N. Y. 1840. 12° 2412.
[NOAH (M. M.),] *b.* 1785, *d.* 1851. The Fortress of Sorrento. N. Y. 1808. 18° 2413.
NOAH (M. M.). The Grecian Captive. N. Y. 1822. 18° 2414.
[NOAH (M. M.).] The Wandering Boys. N. Y. *n. d.* 12° 2415.
NOBLE (L. L.), *b.* 1812. Home. Hartford, 1857. 8° 2416.
NOBLE (L. L.). The Lady Angeline. N. Y. 1856. 12° 2417.
NOCTE Cogitata. *See* [Sewall (S.).]
NOLASCO de Nordenflycht (A. D. Petro). Prolosio Academica. Lima, 1807. 4° 2418.
[NORMAN (J. A. L.).] The Dade Asylum. Charleston, 1837. 12° 2419.
NORTH Star (The). Phila. 1840. 18° 2420.
NORTHALL (W. K.). Macbeth Travestie. N. Y. 1847. 12° 2421.
NORTON (A.), *b.* 1786, *d.* 1853. Verses. *n. p.* 1853. 8° 2422.
NORWICH Jubilee (The). *See* Stedman (J. W.).
? NOTES of the Phull, Phamous, &c. Bost. 1872. Sm. 8° 2423.
NOTHING but Leaves. *See* [Akerman (Mrs. C.).]

? NOTHING to Do. An accompaniment to "Nothing to Wear." [By J. H. Howard?] N. Y. 1857. 12° 2424.
NOTHING to Do: A Tilt at Our Best Society. *See* [Alger (H.).]
? NOTHING to Eat. N. Y. 1857. 12° 2425.
NOTHING to Say. *See* [Thompson (M.).]
? NOTHING to Wear. Phila. *n. d.* Ob. 16° 2426.
NOTHING to Wear. *See also* [Butler (W. A.).]
? NOTHING to You. N. Y. 1857. 12° 2427.
NOURSE (J.). The Book of Psalms. N. Y. 1842. 32° 2428.
NOWELL (Sarah (A.). Poems. Bost. 1850. 16° 2429.
NOYES (G. R.), *b.* 1798, *d.* 1868. An Amended Version of the Book of Job. Cambridge, 1827. 8° 2430.
NOYES (G. R.). A New Translation, &c. Bost. 1833. 12° 2431.
? NUGAE Canoræ. Charleston, 1797. 8° 2432.
NULLI (Notus). *See* Microcosmus Philadelphicus.
NUNES (J. A.). Day Dreams. Phila. 1863. 12° 2433.
NURSERY Songs. *See* [Follen (Mrs. E. L.).]
NUTTALL (W.). Wayside Flowers. Phila. 1845. 32° 2434.

? O Tempora! O Mores! Phila. 1844. 12° 2435.
? OAK Hall. 5th. ed. Bost. 1846. 12° 2436.
OAKES (R. A.). Poems. N. Y. 1859. 8° 2437.
OAKEY (J.). Our Village in Rhyme. N. Y. 1863. 12° 2438.
O'BRIEN (L.). The Unpublished Poetic Writings. Leavenworth, 1867. 8° 2439.
O'Cataract (Jehu), *pseud.* *See* [Neal (J.).]
OCEAN Harp (The). *See* [Agg (J.).]
? OCEAN Waves in Lyric Strains. Pittsburg, 1856. 8° 2440.
? OCCURRENCES of the Times. Or, the transactions of Four Days. [Bost. 1789.] 12° 2441.
[ODELL (J.)?] The American Times. A Satire. Lond. 1780. 4° 2442.
ODELL ([J.])? The Times, A Satirical Poem, written during the American Revolution, By the Rev. Mr. Odell. New Jersey: Printed but not Published. *n. d.* Sm. 4° 2443.
A later edition of the preceding, but with variations in the text and probably printed from a manuscript copy—perhaps from the original manuscript. When, where, and by whom was it printed?

? O'DEMOCRAT (Blarney). The Irish-Office-Hunter-Oniad. N. Y. 1838. Sm. 16° 2444.

ODES. *See* [Allen (P.).]

ODIORNE (T.), *b.* 1769, *d.* 1851. The Progress of Refinement. Bost. 1792. 12° 2445.

OGEE (Quirk), *pseud.* *See* [Cooley (J. E.).]

OLAVIDE (D. P.). El Escandalo. Guayaquil, 1839. Sm. 16° 2446.

OLAVIDE (D. P.). El Fin del Hombre. Guayaquil, 1839. 12° 2447.

? OLD Abe, The Miller; Or, The Campaigns of Richmond. *n. p.*, *n. d.* 8° 2448.

OLD Buck's Feast. *See* Dryden, Jr.

? OLD-Fashioned 'Lection. Hartford, 1869. 16 2449.

OLD Fashioned Sounds. *See* [Whitaker (H. C.)]

? OLD Things and New. Balt. 1835. 8° 2450.

? OLIO (The), being a Collection of Poems, &c. By the author of "Patriotic Effusions." N. Y. 1823. 18° 2451.

? OLIO; Or, Satirical Poetic-Hodge-Podge. Phila. 1801. 8° 2452.

OLIVE (The) and the Pine. *See* [Lowe (Mrs. C.).]

OLIVER (Isabella). Poems. Carlisle, 1805. 12° 2453.

OLIVER (J. E.). Class Poem of 1849. [Cambridge, 1849.] 12° 2454.

[OLIVER (P.).] A Poem to the Memory of Josiah Willard. Bost. 1757. Sm. 4° 2455.

OLNEY (C. F.). *See* Celebration at Tammany Hall.

? OLWINE (Wayne). Camille. N. Y. *n. d.* 12° 2456.

O-NA-WE-QUAH. *See* [Everts (O.).]

? ONE Week at Amer. Bost. 1858. 16° 2457.

ONE Year in Savannah. *See* [Young (E. R.).]

ONTWA. *See* [Whiting (H.).]

? OPDYKE Libel Suit (The). N. Y. 1865. 8° 2458.

ORATION (An), Poem and Ode. [By H. H. Coolidge, and W. C. Williamson.] [Cambridge, 1849.] 12° 2459.

ORATION, &c. *See* [Carman (A. F.).], [Halpine (C. G.).], *and* [Perry (I.).]

ORGALLEZ (M.). Poesias. Habana, 1858. Sqr. 16° 2460.

O'RIELLY (H.). American Anthems. N. Y. [1865.] 8° 2461.

O'RIELLY (H.). Songs of United Germany. N. Y. 1870. Lg. 8° 2462.

ORIENTAL Harp. *See* [Coffin (R. S.).]

? ORIGINAL Hymns for Sabbath Schools. Bost. 1833. 12° 2463.
? ORIGINAL Poems, by a Citizen of Baltimore. Balt. 1809. 12° 2464.
? ORIGINAL Poems, with Imitations of Horace. Albany, *n. d.* 12° 2465.
ORIGINAL Poetic Effusions. *See* G[renville] (A. S.).
? ORMUSD's Triumph. N. Y. 1842. 12° 2466.
ORNE (Caroline F.). Sweet Auburn. Cambridge, 1844. 16° 2467.
ORONDALIE. *See* Whippoorwill (Byron).
? ORPHAN Sisters (The). By A Catholic Clergyman. Balt. 1862. 12° 2468.
? ORPHAN Twins (The). N. Y. 1849. 12° 2469.
? ORTHODOX Trinity (The). [Shaker Village, Canterbury, N. H.] *n. d.* 16° 2470.
? ORTHOS. Chimasia: A Reply to Longfellow's Theologian. Phila. 1864. 12° 2471.
ORTON (J. R.), *b.* 1806, *d.* 1867. Arnold. N. Y. 1854. 12° 2472.
OSANDER, *pseud.* *See* [Allen (B.).]
OSBORN (L.). Alice. N. Y. 1867. 12° 2473.
[OSBORN (L.).] Arthur Carryl. N. Y. 1841. 12° *Size,* 8° 2474.
OSBORN (L.). The Silver Head. N. Y. 1867. 12° 2475.
[OSBORN (L.).] The Vision of Rubeta. Bost. 1838. 8° 2476.
OSBORN (S.), *b.* 1783, *d.* 1826. Poems. Bost. [1823.] 12° 2477.
OSGOOD (*Mrs.* F. S.), *b.* 1811, *d.* 1850. The Casket of Fate. 2nd. ed. Bost. 1840. 48° 2478.
OSGOOD (*Mrs.* F. S.). A Letter about the Lions. N. Y. 1849. 32° 2479.
OSGOOD (*Mrs.* F. S.). Poems. N. Y. 1850. 18° 2480.
OSGOOD (*Mrs.* F. S.). *The Same.* Phila. 1850. 12° *Size,* 8° 2481.
OSGOOD (*Mrs.* F. S.). *The Same.* N. Y. 1852. 18° 2482.
OSGOOD (*Mrs.* F. S.). *The Same.* N. Y. 1861. 18° 2483.
OSGOOD (*Mrs.* F. S.). The Poetry of Flowers. N. Y. 1841. 12° 2484.
OSGOOD (*Mrs.* F. S.). The Snow Drop. Prov. 1842. Sqr. 24° 2485.
OSGOOD (*Mrs.* F. S.). A Wreath of Wild Flowers. 2nd. ed. Lond. 1842. 12° 2486.
OSTREA. *See* [Gerard (J. W.).]
[OTTARSON (F. J.).]. Proceedings of the Tribune Club. N. Y. 1855. 8° 2487.

OUABI. *See* [Morton (Mrs. S. W.).]
OUR BOOK. A Call from Salem's Watch Towers. Salem, 1844. 12° 2488.
OUR Chronicle of '26. *See* [Mellen (G.).]
? OUR City Clubs. By a City Poet. Phila. 1840. 2489.
? OUR City-People. Washington, 1874. 12° 2490.
OUR Modern Athens. *See* [Clarke (W. A.).]
OUTCROPPINGS. San Francisco, 1866. Sqr. 16° 2491.
OVID's Metamorphosis Englished. *See* S[andys] (G.).
[OWEN (R. D.),] *b.* 1801. Pocahontas. N. Y. 1837. 12° 2492.

? P (J. B.). Stray Leaves. [N. Y. 185-] Sqr. 12° 2493.
P (H. W.). *See* P[arker] (H. W.).
PABODIE (W. J.). Calidore. Bost. 1839. 8° 2494.
PACKARD (Hannah J.), *b.* 1815, *d.* 1831. The Choice. Bost. 1832. 18° 2495.
PAGE (Miss A.). A Tribute for Pupils. Prov. 1842. 18° 2496.
PAGE (Miss A.). The World. Prov. 1842. 12° 2497.
PAGE (Miss A.). *See also* Song Books.
PAINE ([R. T.]), *b.* 1773, *d.* 1811. The Invention of Letters. Bost. 1795. 4° 2498.
PAINE ([R. T.]). *The Same.* 3d. ed. Bost. 1819. 8° 2499.
PAINE (R. T.). A Monody, &c. Bost. 1811. 8° 2500.
PAINE (R. T.). *The Same.* 2nd. ed. Bost. 1811. 8° 2501.
PAINE ([R. T.]). The Ruling Passion. Bost. 1797. 4° 2502.
PAINE (R. T.). The Works. Bost. 1812. 8° 2503.
PAINE (R. T.), *and* [J. Barlow.] The Hasty-Pudding; Together with the Ruling Passion. Hallowell, 1815. 18° 2504.
[PAINE (R. T.),] *and others.* Spain. An Account of the Public Festival, &c. Bost. 1809. 12° 2505.
PAINE (T.). The Miscellaneous Poems. Middletown, 1844. 8° 2506.
PAINE (T.)? The Religion of the Sun. Phila. 1826. 12° 2507.
PAINE (T.)? Tom Paine's Jests. Phila. 1796. 12° 2508.
PAINE (T.). *See also* Paine ([R. T.]).
? PAINS of Memory (The). N. Y. 1808. 12° 2509.
PALACE Beautiful (The). *See* [Newell (R. H.).]

[PALFREY (Miss S. A.).] Sir Pavon and St. Pavon. Bost. 1867. Sm. 4° 2510.
PALMER [J. C.). Thulia. N. Y. 1843. Lg. 8° 2511.
[PALMER (J. W.).] The Queen's Heart. Bost. 1858. 12° 2512.
PALMER (R.). Hymns. Albany, 1865. 8° 2513.
PALMER (R.). The Spirit's Life. Bost. 1837. 8° 2514.
PALMER (S. W.). The Minstrel's Release. Middletown, [1841.] 8° 2515.
PALMER (W. P.). *See* Berkshire Jubilee (The).
? PALMETTO Pictures. N. Y. 1863. 12° 2516.
PARADISISCHES Wunder=Spiel. [By Conrad Beissel and others.] Ephratæ, 1766. 4° 2517.
PARADISE Lost. *See* Redivivus (Lucien).
PARADISE of Fools (The). *See* [Yellott (G.).]
PARBURT (G. R.). Anselmo. San Francisco, 1865. 12° 2518.
PARDEY (H. O.). Nature's Nobleman. N. Y. [1853.] 12° 2519.
PARDON (Jane). The Soldier's Boy. [Albany, 1864.] 12° 2520.
? PARK (Marmaduke). Æsop, in Rhyme. N. Y. 1855. 12° 2521.
PARK (R.), *b.* 1807, *d.* 1869. Jerusalem. N. Y. 1857. 12° 2522.
PARK (R.). Selections. Phila. 1836. 12° 2523.
[PARKE (J.).] The Lyric Works of Horace. Phila. 1786. 8° 2524.
PARKER (D.). Phrenology. Lowell, 1859. 8° 2525.
PARKER (H. W.), *b.* 1822. Poems. Auburn, 1850. 12° 2526.
PARKER (H. W.). The Story of a Soul. N. Y. 1852. 8° 2527.
P[ARKER] (H. W.). Verse. Bost. 1862. 12° 2528.
PARMLY (E.). Address, &c. Balt. 1847. 8° 2529.
PARNASSIAN Shop (The). *See* [Story (I.).]
PARNASSUS in Philadelphia. *See* Pindar, Jr. (Peter).
PARNASSUS in Pillory. *See* [Duganne (A. J. H.).]
PARRIS (S. B.), *b.* 1806, *d.* 1827. Remains, &c. Plymouth, Mass. 1829. 12° 2530.
[PARSONS (T. W.),] *b.* 1819. The First Ten Cantos of the Inferno. Bost. 1843. 8° 2531.
PARSONS (T. W.). The Magnolia. Cambridge, 1866. 4° 2532.
PARSONS (T. W.). Poems. Bost. 1854. 16° 2533.
[PARSONS (T. W.).] Seventeen Cantos. Bost. 1865. 4° 2534.
PARSONS (T. W.). *See also* Whittier (J. G.) & Parsons (T. W.).
PARTHENON (The). N. Y. [1851.] 4° 2535.
? PASCHALL'S Pilgrimage. Phila. [1858.] 12° 2536.

PASQUIN (Anthony), *pseud.* *See* [Williams (J.).]
? PASQUINO. The American Cyclops. Balt. 1868. Sqr. 8° 2537.
PASSAIC. *See* [Ward (T.).]
PASSION Flowers. *See* [Howe (Mrs. J. W.).]
? PASTOR (The). N. Y. 1821. 12° 2538.
PASTOR'S Offering. *See* [Horton (S. J.).]
[PATCH (J.).] The Poet's Offering. Bost. 1842. 12° 2539.
PATCH (J.). *The Same.* Bost. 1847. 12° 2540.
? PATENT KEY (The) to Uncle Tom's Cabin. N. Y. 1853. 12° 2541.
? PATENT Right Oppression Exposed. Phila. 1813. 12° 2542.
PATRIOT Chief (The). *See* [Markoe (P.).]
PATRIOTIC Effusions. *See* Short (Bob).
? PATRIOTS (The) of North America. N. Y. 1775. 8° 2543.
PATTERSON (Lizzie). Songs in Affliction. 2nd. ed. Balt. 12° 1853. 2544.
PAUL (H.). A Change of System. Lond. *n. d.* 16° 2545.
PAUL (H.). A Lucky Hit. Bost. *n. d.* 12° 2546.
PAUL (H.). The Man who follows the Ladies. Lond. *n. d.* 16° 2547.
PAUL (H.). The Mob Cap. N. Y. *n. d.* 12° 2548.
PAUL (H.). The Queen of Arragon. Lond. *n. d.* 16° 2549.
PAUL (H.). Twice Married. Lond. *n. d.* 16° 2550.
PAUL (H.). *See also* Song Books.
PAULDING (J. K.), *b.* 1779, *d.* 1860. The Backwoodsman. Phila. 1818. 12° 2551.
[PAULDING (J. K.).] The Lay of the Scottish Fiddle. Phila. 1813. 24° 2552.
[PAULDING (J. K.).] *The Same.* Lond. 1814. 16° 2553.
PAULDING (J. K. & W. J.). American Comedies. Phila. 1847. 8° 2554.
PAYNE (D. A.). The Pleasures, &c. Balt. 1850. 18° 2555.
PAYNE (J. H.), *b.* 1790, *d.* 1852. Accusation. Bost. 1818. 18° 2556.
PAYNE (J. H.). Adeline. N. Y. 1822. 18° 2557.
PAYNE (J. H.). Ali Pacha. N. Y. 1823. 18° 2558.
PAYNE (J. H.). *The Same.* Lond. *n. d.* 18° 2559.
PAYNE (J. H.). Brutus. Lond. 1819. 8° 2560.
PAYNE (J. H.). *The Same.* N. Y. 1848. 12° 2561.
PAYNE (J. H.). *The Same.* Lond. *n. d.* 18° 2562.

PAYNE (J. H.). Charles the Second. N. Y. 1846. 12° 2563.
PAYNE (J. H.). *The Same.* Lond. *n. d.* 18° 2564.
PAYNE (J. H.). Clari. Bost. 1856. 12° 2565.
PAYNE (J. H.). *The Same.* Lond. *n. d.* 18° 2566.
PAYNE (J. H.). The Fall of Algiers. Lond. *n. d.* 18° 2567.
PAYNE (J. H.). The Lancers. Lond. *n. d.* 18° 2568.
PAYNE (J. H.). Lispings of the Muse. [Lond.] 1815. 8° 2569.
PAYNE (J. H.). Love in Humble Life. N. Y. *n. d.* 12° 2570.
PAYNE (J. H.). *The Same.* N. Y. *n. d.* 16° 2571.
PAYNE (J. H.). *The Same.* Lond. *n. d.* 18° 2572.
PAYNE (J. H.). Lovers' Vows. Balt. 1809. 18° 2573.
PAYNE (J. H.). Richelieu. N. Y. 1826. 18° 2574.
PAYNE (J. H.). Therese. N. Y. *n. d.* 12° 2575.
PAYNE (J. H.). *The Same.* Lond. *n. d.* 18° 2576.
PAYNE (J. H.). 'Twas I! Lond. *n. d.* 16° 2577.
PAYNE (J. H.). The Two Galley Slaves. Lond. *n. d.* 18° 2578.
PAYSON (A. M.). *See* Poets of Portsmouth (The).
PEABODY (Miss M. R.). The Poetical Efforts. Newbury, Vt. [1845.] 12° 2579.
PEABODY (W. B. O.), *b.* 1799, *d.* 1847. The Literary Remains. Bost. 1850. 12° 2580.
PEALE (R.). Portfolio of an Artist. Bost. 1839. 12° 2581.
PEARCE (B. W.). *See* Song Books.
PEARCE (W.). The Millenium. Prov. 1871. 8° 2582.
"PEASANT Bard," *pseud.* *See* [Canning (J. D.).]
PECK (J.). A Descant, &c. New Haven, 1822. 12° 2583.
PECK (J.). *The Same.* Brooklyn, 1823. 18° 2584.
PECK (J.). *The Same.* Bost. 1823. 12° 2585.
PECK (J.). A Short Poem, &c. 4th. ed. Phila. 1823. 18° 2586.
PECK (J.). *The Same.* 4th. ed. Bost. 1858. 18° 2587.
PECKHAM (R.). Historical Poem. Fitchburg, 1868. 8° 2588.
[PEIRCE (A.).] The Rebelliad. Bost. 1842. 12° 2589.
[PEIRCE (T.).] The Muse of Hesperia. Cincinnati, 1823. 8° 2590.
[PEIRCE (T.).] *See also* Carriers' Addresses.
PEIRSON (*Mrs.* L. J.). Forest Leaves. Phila. 1845. 12° 2591.
PEIRSON (Mrs. L. J.). The Forest Minstrel. Phila. 1846. 12° 2592.
PELAYO. *See* [Mowatt (Mrs. A. C.).]
PELTON (C.). Key to Pelton's, &c. Phila. 1854. 8° 2593.

? PENC(S)ILLY Sketches. N. Y. 1850. 12° 2594.

? PENDERGRASS (Peter). The Magdalen Report. N. Y. 1831. 12° 2595.

PEPPER (H.). Juvenile Essays. Phila. *n. d.* 8° 2596.

PEPPER-Box (Peter), *pseud.* *See* [Fessenden (T. G.).] 12°

PERCIVAL (J. G.), *b.* 1795, *d.* 1856. Clio. No. I. Charleston, 1822. 12° 2597.

PERCIVAL (J. G.). *The Same.* No. II. New Haven, 1822. 12° 2598.

PERCIVAL (J. G.). *The Same.* No. III. N. Y. 1827. 12° 2599.

PERCIVAL (J. G.). The Dream of a Day. New Haven, 1843. 12° 2600.

PERCIVAL (J. G.). Poem. Bost. 1826. 8° 2601.

PERCIVAL (J. G.). Poems. New Haven, 1821. 24° 2602.

PERCIVAL (J. G.). *The Same.* N. Y. 1823. 8° 2603.

PERCIVAL (J. G.). The Poetical Works. Bost. 1859. 2 vs. 32° 2604.

PERCY (Florence), *pseud.* *See* [Allen (Mrs. E. A.).]

PERKINS (Miss E.), *b.* 1804, *d.* 1823. Memoirs, &c. N. Y. 1823. 12° 2605.

PERRIN (W.). Hebrew Canticles. Phila. 1820. 18° 2606.

PERRY (A.). Harold and Rosaline. Bost. 1846. 18° 2607.

[PERRY (T.).] Oration, &c. N. Y. 1861. 8° 2608.

? PESCEBALLO (Il). *n. p.*, *n. d.* 16° 2609.

[PETER (......?).] Leonore. [Phila. 184-.] 16° 2610.

PETER Baker Association. *See* [Glover (W. C.).]

PETERS (A.). The City of the Silent. N. Y. 1866. 12° 2611.

PETERS (W. A.). Embers of the Past. N. Y. 1866. 12° 2612.

PETERSON (C. J.). Monody, &c. Phila. *n. d.* 4° 2613.

PETERSON (H.), *b.* 1818. Poems. Phila. 1863. 12° 2614.

[PETTES (G. W.).] Celebration, &c. Chicago, 1862. 8° 2615.

[PETTIS (S.).] Boston and its Environs. Bost. 1832. 12° 2616.

? PHANTASMAGORIA (The) of New York. N. Y. *n. d.* 12° 2617.

PHELLES. *See* [Potter (R.).]

PHELPS (Mrs. A. C.). The Life of Christ. Bost. 1852. 16° 2618.

PHELPS (D.). A Song of Thanksgiving. New Haven, 1870. 8° 2619.

PHELPS (E.). Modern Benevolence. N. Y. 1860. 8° 2620.

PHELPS (S. D.), *b.* 1816. Eloquence of Nature. Hartford, 1842. 12° 2621.

PHELPS (S. D.), *b.* 1816. Sunlight and Hearthlight. N. Y. 1856. 12° 2622.
PHELPS (S. M. & Harriette E.). The Triumphs of Divine Grace, &c. N. Y. 1835. 12° 2623.
PHILADELPHIA Book (The). Phila. 1836. 12° 2624.
? PHILAGATHOS. A Poem, Commemorative of Goffe, Whaley, & Dixwell. Bost. 1793. 8° 2625.
PHILENIA, *pseud.* *See* [Morton (Mrs. S. W.).]
PHILLIPS (J. B.). Camillus. N. Y. [1833.] 18° 2626.
PHILO. *See* [Judd (S.).]
PHILOSOPHIC Solitude. *See* [Livingston (W.).]
PHOTOGRAPH (The). *See* G (L.).
? PHYLANTHUS. The Scourge of Fashion. N. Y. 1800. 12° 2627.
PIATT (J. J.). Poems in Sunshine. Cincinnati, 1866. 16° 2628.
PIATT (J. J. & Sarah M. B.). The Nests at Washington. N. Y. 1864. 12° 2629.
[PIATT (J. J.) & Howells (W. D.).] Poems. Columbus, 1860. 16° 2630.
[PICKERING (H.), *b.* 1781, *d.* 1838. The Buckwheat Cake. Bost. 1831. 8° 2631.
PICKERONIAD (The). *See* Risible (Ralpho).
? PICKLE (Peter). The "Hasty Plate of Soup." No. II. Cassville, Geo. 1852. Lg. 8° 2632.
? PICKLE (Peter). The Times. A Satire. N. Y. 1853. 12° 2633.
PIERCE (W. L.). The Year. N. Y. 1813. 18° 2634.
PIERPONT (J.), *b.* 1785, *d.* 1866. Airs of Palestine. Balt. 1816. 8° 2635.
PIERPONT (J.). *The Same.* 2nd. ed. Bost. 1817. 18° 2636.
PIERPONT (J.). *The Same.* 3d. ed. Bost. 1817. 18° 2637.
PIERPONT (J.). Airs of Palestine, and Other Poems. Bost. 1840. 16° 2638.
PIERPONT (J.). The Anti-Slavery Poems. Bost. 1843. 16° 2639.
[PIERPONT (J.).] Celebration by the Colored People's Association, &c. Washington, 1865. 8° 2640.
PIERPONT (J.). Lays for the Sabbath. Bost. 1850. 16° 2641.
PIERPONT (J.). The Pilgrims of Plymouth. Bost. 1856. 8° 2642.
PIERPONT (J.). The Portrait. Bost. 1812. 8° 2643.
PIERPONT (J.). Sabbath Recreations. Bost. 1839. 18° 2644.

PIERPONT (J.). *See also* Litchfield County, *and* Song Books.
PIETAS et Gratulatio, &c, Bost. 1751. 4° 2645.
? PIGMIES (The) and the Priests. N. Y. 1863. 8° 2646.
[PIKE (A.),] *b.* 1809. The Life-Wake. Washington, 1859. 8° 2647.
PIKE (A.). Nugæ. Phila. 1854. 12° 2648.
PIKE (A.). Prose Sketches and Poems. Bost. 1834. 12° 2649.
PIKE (M. S.). Creola. Bost. 1850. 8° 2650.
PILGRIM (J.). Eveleen Wilson. Bost. *n. d.* 12° 2651.
[PILGRIM (J.).] Ireland and America. N. Y. *n. d.* 12° 2652.
[PILGRIM (J.).] Irish Assurance. N. Y. *n. d.* 12° 2653.
PILGRIM (J.). The Limerick Boy. Bost. *n. d.* 12° 2654.
PILGRIM (J.). Shandy Maguire. Bost. *n. d.* 12° 2655.
? PILGRIM (John). The Soldier's Armor of Strength. Brooklyn, 1863. 12° 2656.
PILGRIMAGE to the Holy Land. *See* [Agg (J.).]
? PILGRIMS (The) of Hope. Albany, 1820. 12° 2657.
PILLS, Poetical, Political, &c. *See* [Fessenden (T. G.).]
PILSBURY (A.). The Sacred Songster. Columbia, S. C. 1825. Sm. 16° 2658.
? PINDAR (Peter). Letters from Peter Pindar relative to the Sunday Mail. N. Y. 1830. 18° 2659.
? PINDAR (Peter). The Vagabond, Or New Looking Glass. N. Y. 1823. 8° 2660.
? PINDAR, Jr. (Peter). Parnassus in Philadelphia. Phila. 1854. 12° 2661.
? PINDAR, Jr. (Peter). Secession: Or, "Borrowed Plumes." Aurora, Ill. [1861.] 16° 2662.
PINDLE (B. T.). Miscellaneous Poems. Balt. 1851. 18° 2663.
PINKNEY (E. C.), *b.* 1802, *d.* 1828. Poems. Balt. 1825. 18° 2664.
PINKNEY (E. C.). *The Same.* [2nd. ed.] Balt. 1838. 18° 2665.
PINKNEY (E. C.). The Rococo: No. 2. N. Y. 1844. Lg. 8° 2666.
[PINKNEY (E. C.).] Rodolph. Balt. 1823. 8° 2667.
? PIPER (John). The Echo; Or the Battle of the Shells. *n. p.* 1854. 12° *Size,* 8° 2668.
PISE (C. C.), *b.* 1802, *d.* 1866. The Pleasures of Religion. Phila. 1833 18° 2669.
PITMAN (J.). A Poem on the Social State. Prov. [1811.] 8° 2670.

PLANCARTE (R. P. F. J.). Poema Panegerico, &c. Mexico, 1790. Sm. 4° 2671.
PLANCARTE (R. P. F. J.). Recreacion Poetica, &c. Mexico, 1794. Sm. 4° 2672.
? PLEA (A): Written for the Fair. [Bost. 1863.] 4° 2673.
PLEASANTS (Miss J.) & Bradley (T. B.). Aphelia. N. Y. 1854. 12° 2674.
? PLEASURES of Action (The). Phila. 1846. 16° 2675.
PLEASURES of Religion (The). *See* [DeWitt (Susan).]
PLUMB (D.). The Slaveholders' Rebellion. [N. Y. 1865.] 8° 2676.
PLUMER (W.), *b.* 1759, *d.* 1850. Lyrica Sacra. Bost. 1846. 16° 2677.
PLUMER (W.). Manhood. Bost. 1843. 12° 2678.
PLUMER (W.). Youth. Bost. 1841. 12° 2679.
PLU-RI-BUS-TAH. *See* [Thompson (M.).]
? PLUTO. Raleigh, 1867. 8° 2680.
POCAHONTAS. *See* [Owen (R. D.).]
POE (E. A.), *b.* 1809? *d.* 1849. Eureka. N. Y. 1848. 12° 2681.
POE (E. A.). Poems. 2nd. ed. N. Y. 1831. 18° 2682.
POE (E. A.). The Poetical Works. Lond. 1853. 16° 2683.
POE (E. A.). *The Same.* N. Y. 1858. Lg. 8° 2684.
POE (E. A.). The Raven, &c. N. Y. 1845. 16° 2685.
POE (E. A.). *The Same.* Lond. 1846. 16° 2686.
POE (E. A.). The Works. N. Y. 1850–6. 4 vs. 12° 2687.
POEM. *See* [Middleton (J. C.).]
POEM and Other Thoughts. *See* [Wellman (Mary W.).]
POEM (A), Commemorative of Goffe, &c. *See* Philagathos.
? POEM (A), Comprising a Few Thoughts. [By E. B. R.] N. Y. 1861. 18° 2688.
POEM (A), &c. *See* [Barlow (J.),] [Freneau (P.) & Brackenridge (H. H.),] [Honeywood (St. J.),] [Humphreys (D.),] [Oliver (P.),] *and* Thurber (C.).]
POEM (The), &c. *See* [Allen (J.).]
? POEMS. Bost. 1820. 8° 2689.
POEMS and Tales. *See* B (M. E.).
POEMS. By Amelia. *See* [Welby (Mrs. A.).]
? POEMS by an American. Not Published. Bost. 1830. 8° 2690.

POEMS by a Collegian. *See* [Simms (W. G.).]
POEMS by Croaker, &c. *See* [Drake (J. R.) & Halleck (F. G.).]
? POEMS. By Gold-Pen. 2nd. ed. Phila. 1856. 12° 2691.
POEMS by Grace Greenwood. *See* [Clarke (Mrs. S. J.).]
? POEMS by a Harvard Student. Bost. 1855. 12° 2692.
POEMS. By Meditatus. *See* Meditatus.
? POEMS by a Priest. [Dedication Signed "W. A. W."] Salisbury, Md. 1851. 12° 2693.
? POEMS by a Proser. N. Y. 1831. 12° 2694.
? POEMS, by a South Carolinian. Charleston, 1848. 12° 2695.
POEMS Chiefly in Scottish Dialect. *See* [Bruce (D.).]
POEMS: Comprising the Trial of Cain, &c. *See* [Brown (E.).]
? POEMS Moral and Divine, &c. By an American Gentleman. Lond. Printed by Charles Rivington. For John and James Rivington in St. Paul's Churchyard. 1756. 4° 2696.
POEMS occasioned by Several Circumstances. *See* [Case (W.).]
POEMS Original, &c. By Serulan. *See* [Laurens (....?)]
POEMS of the Boston Bard. *See* [Coffin (R. S.).]
POEMS (The) of J. O. T. *See* T[erry] (J. O.).
? POEMS, On Subjects arising in England, and the West Indies. By a Native of the West Indies. Lond. 1783. 4° 2697.
POEMS of Two Friends. *See* [Piatt (J. J.) & Howells (W. D.).]
? POEMS, on Different Subjects. By a Lady. Bost. 1813. 24° 2698.
POEMS on Several Occasions written in Pennsylvania. *See* [Smith (W. M.).]
POEMS on Slavery. Lond. 1853. 16° 2699.
POEMS read, &c. *See* [Sanborn (F. B.) & Leighton (R.).]
POEMS, written chiefly in the West Indies. *See* [Edwards (B.).]
? POESIE's Dream. Halifax, N. S. 1835. 12° 2700.
? POET (The) and his Song. Charleston, 1848. 12° 2701.
POET Skies. *See* De Flori (C.).
POETIC Reveries. *See* [Robinson (Anne S.).]

? POETICAL Account (A) of the American Campaigns of 1812 and 1813. Halifax, 1815. Sm. 8° 2702.
? POETICAL Epistle (A) to the Enslaved Africans. Phila. 1790. 8° 2703.
POETICAL Epistle (A) to His Excellency George Washington, Esq. *See* [Worster (C. H.).]
POETICAL Gift (A). *See* Carriers' Addresses.
POETICAL Petition (A). *See* [Fessenden (T. G.).]
? POETICAL Sketch (A) of Fowler and Wells' Phrenological Museum. [N. Y.] *n. d.* 8° 2704.
POETICAL Tributes to the Memory of A. Lincoln. Phila. 1865. Lg. 12° 2705.
? POETICAL Vagaries (The) of a Knight of the Folding Stick. Gotham, 1815. 18° 2706.
POETICAL Wanderer (The). *See* [Linn (J. B.).]
? POETS (The) and Poetry of America. A Satire. Phila. 1847. 18° 2707.
POET'S Offering (The). *See* [Patch (J.).]
POETS (The) of Portsmouth. Compiled by A. M. Payson and A. Laighton. Portsmouth, 1865. 8° 2708.
? POET'S Progress (A). 3d. Impression. N Y. 1818 12° 2709
? POETICAL Duenna (The): A Comic Opera. Phila. 1778. 8° 2710.
? POLAND. N. Y. 1834. 12° 2711.
POLITICAL Green House (The). [*By* 'R. Alsop,' 'Th. Dwight,' & 'L. Hopkins.'] Hartford, [1799.] 12° 2712.
? POLITICAL (The) Passing Bell: An Elegy. Bost. 1789. 8° 2713.
? POLITICIANS (The); or A State of Things. Phila. 1798. 8° 2714.
POLLOCK (Mrs. L.). The Life and Adventures of Chanticleer. Bost. 1862. Sqr. 12° 2715.
[PONTE (L. Da)?] *b.* 1794, *d.* 1838. The Italian in Algiers. N. Y. 1832. 18° 2716.
PONTE (L. Da). Poesie Varie. 2nd. ed. N. Y. 1830. 24° 2717.
PONTE (L. Da). Versi, &c. N. Y. 1832. 24° 2718.
PONTEACH. *See* [Rogers (R.).]
[POOLE (F.).] *See* Centennial Celebration at Danvers.
POOLE (J. F.). *See* Song Books.
? POOR Man's Advice (The) to his Poor Neighbours. N. Y. 1774. 8° 2719.

POPE'S Proclamation. *See* [Cozzens (F. S.).]
POPULOUS Village (The). *See* [Deane (S.).]
PORTER (C. L.). Pebbles. Phila. 1855. 12° 2720.
PORTER (H. B.). Theology in Verse. New Haven, 1844. 12° 2721.
PORTER (J.). Poems. Hartford, 1818. 8° 2722.
PORTER (J. A.), *b.* 1822, *d.* 1866. A Poem. New Haven, 1842. 8° 2723.
PORTLAND Sketch Book (The). *See* Stephens (Mrs. A. S.).
? POTOMAC Muse (The). Richmond, 1825. 12° 2724.
[POTTER (R.).] Phelles. King of Tyre. N. Y. 1825. 24° 2725.
POTTS (W. D.). *See* Song Books.
POWER (Miss [S. A.]). Cinderella. Prov. 1867. 12° 2726.
POWER (Miss [S. A.]). Dissolving Views. Prov. 1868. 12° 2727.
POWER (Miss [S. A.]). The Garnered Years. Prov 1870. 12° 2728.
POWER (Miss [S. A.]). The Sleeping Beauty. Prov. 1868. 12° 2729.
POWER (T.). Lafayette. Bost. 1834. 8° 2730.
POWER (T.). Secrecy. Bost. 1832. 8° 2731.
[POYAS (Catherine G.).] In Memory of, &c. Charleston, 1871. 8° 2732.
POYAS (Catherine G.). Year of Grief. Charleston, 1869. 12° 2733.
PRAIRIE Bird, *pseud.* *See* [Wellman (Mary W.).]
PRATT (P. P.). The Millenium. N. Y. 1840. 12° 2734.
PRATT (S. D.). Inklings. Auburn, 1852. 12° 2735.
PRAY (I. C.), *b.* 1813, *d.* 1869. Poems. Bost. 1837. Lg. 8° 2736.
PRAY (I. C.). Prose and Verse. Bost. 1836. 12° 2737.
PRENTISS (C.), *b.* 1774, *d.* 1820. Child of Pallas. Balt. 1800. 12° 2738.
PRENTISS (C.). A Collection. Leominster, Mass. 1797. 12° 2739.
PRENTISS (C.). New England Freedom. Brookfield, 1813. Sm. 4° 2740.
PRESCOTT (Henrietta). Poems. Lond. 1839. 16° 2741.
? PRESIDENT'S Hymn (The). N. Y. [1863.] Lg. 8° 2742.
PRESTON (H. C.). Address and Poem. Bost. 1855. 8° 2743.
PRESTON (*Miss* H. W.). Memoirs, &c. Bost. 1873. 16° 2744.

PRESTON (Mrs. M. J.). Beechenbrook. Richmond, 1865. 12° 2745.
PRESTON (Mrs. M. J.). *The Same.* Balt. 1867. 12° 2746.
PREUSS (H. C.). Fashions. Washington, 1857. 12° 2747.
PREUSS (H. C.). God save our Noble Union. [Washington, 1862.] 8° 2748.
PRICE (C A.). Poems. Charleston, 1850. 12° 2749.
PRICE (J. H.). Miscellany. Albany, 1813. 12° 2750.
PRICE (W.). *See* William Price.
PRIME (B. Y.). Columbia's Glory. N. Y. 1791. 8° 2751.
[PRIME (B. Y.).] Muscipula, &c. N. Y. [1840.] 16° 2752.
? PRINCE Erick, A Satire. N. Y. 1872. 8° 2753.
PRINCE (J. C.). *See* Carriers' Addresses.
? PRISONER (The); Or, A Collection of Poetical Pieces, &c. Trenton, 1802. 12° 2754.
PRIZE Papers. *See* [Atkinson (Miss M. E.) & Spalding (Miss C. A.).]
PROBATIONARY Odes (The). *See* [Tucker (St. G.).]
PROCEEDINGS of the Tribune Club, 1855. *See* [Ottarson (F. J.).]
? PROCEEDINGS (The) on the Sixty-Sixth Anniversary of the Orphan House of Charleston. [*Contains Poems by* 'W. J. Grayson,' 'H. Timrod' *and* 'Rev. J. R. Kendrick.'] Charleston, 1855. 8° 2755.
PROCTOR (*Miss* E. D.). Poems. N. Y. 1866. 16° 2756.
? PROFECIA (La) del Almendares. N. Y. 1860. *Size of* 12° 2757.
PROGRESS of Dullness (The). *See* [Trumbull (J.).]
? PROGRESS of Society (The). N. Y. 1817. 16° 2758.
? PROMETHEUS' Diarial Account. Chicago, 1869. 8° 2759.
PROPHECY (The). *See* [Swan (J. R.).]
? Ps and Qs. Bost. 1828. 18° 2760.
? Ps and Qs. 2nd. ed. Hingham, 1831. 18° 2761.
PSALMS. *See* [Barlow (J.).]
PSALTERIUM Americanum. *See* [Mather (C.).]
PSI Upsilon. *See* Song Books.
PUBLISHERS' Festival (The). *See* T[uel] (J. E.).
PUMPELLY (Mary H.). Poems. N. Y. 1852. 8° 2762.
PURITAN. *See* [Howk (G. W.).]
PUTNAM (*Mrs.* M. L.), *b.* 1810. The Bondmaid. Bost. 1844. 16° 2763.

[PUTNAM (Mrs. M. L.).] Tragedy of Errors. Bost. 1862. 16° 2764.
[PUTNAM (Mrs. M. L.).] Tragedy of Success. Bost. 1862. 16° 2765.
PUTNAM Portraits. *See* T[uel] (J. E.).

QUAKER Quiddities. *See* [Congdon (J. B.).]
QUARTER Day. *See* [Woodworth (S.)]
QUEEN'S Heart (The). *See* [Palmer (J. W.).]
QUERNO (Camillo), *pseud. See* [Odell (J.).]
? QUILLEM (Harry). Idealina. San Francisco, 1853. 12° 2766.
? "Quilp." The Bridal Ballad, &c. Norfolk, 1846. 12° 2767.
QUINCE (Peter), *pseud. See* [Story (J.).]
[QUINCY (J. P.),] *b.* 1830. Charicles. Bost. 1856. 16° 2768.
[QUINCY (J. P.).] Lyteria. Bost. 1854. 16° 2769.

? R * * *. Six Months Ago, Or The Eventful Friday Phila. 1844. 16° 2770.
? R. I. P. Hic Jacet Impeachment. N. Y. *n. d.* 8° 2771.
? R (H. A.). Moods and Emotions. Bost. 1855. 16° 2772.
[RADCLIFF (Miss A. G.).] Exercises, &c. Albany, 1853. Lg. 8° 2773.
[RAFINESQUE (C. S.).] *See his pseud.* Jobson (C.).
RAID (The) of Blakrivvah. *See* Esesen.
? RAINY Day (A) in Camp. Phila. *n. d.* 64° 2774.
RALLING (J.). Miscellaneous Sketches. Newburyport, 1795. 12° 2775.
[RALLING (J.).] Miscellanies, &c. Phila. 1790. 12° 2776.
RALLING (J.). The Time Piece. 3d. ed. Phila. 1803. 8° 2777.
[RALPH (J.),] *d.* 1762. Clarinda. Lond. 1729. 8° 2778.
RALPH ([J.]). The Fashionable Lady. Lond. 1730. 8° 2779.
RALPH (J.). The Muses' Address, &c. Lond. 1728. 8° 2780.
RALPH (J.). Night. Lond. 1728. 8° 2781.
[RALPH (J.).] Sawney. Lond. 1728. 8° 2782.
RALPH (J.). The Tempest. Lond. 1727. 8° 2783.
RALPH (J.). Zeuma. Lond. 1729. 8° 2784.
RAND (E. S.). Life Memories. Bost. 1859. 12° 2785.
[RANDALL (J. W.).] Consolations of Solitude. Bost. 1856. 12° 2786.

RANDOLPH (A. D. F.). Hopefully Waiting. N. Y. 1867. Sqr. 16° 2787.
[RANDOLPH (A. D. F.).] The Color Sergeant. *n. p.*, *n. d.* 8° 2788.
RAY (L.). The Coming Age. New Haven, 1847. 8° 2789.
RAY (W.), *b.* 1771, *d.* 1827. Poems. Auburn, 1821. 18° 2790.
RAY (W.). *The Same.* 2nd. ed. N. Y. 1826. 18° 2791.
READ (*Miss* H. F.). Dramatic Poems. Bost. 1848. 8° 2792.
READ (Mrs. M. S.). The Wild Flower. Portland, 1848. 32° 2793.
READ (R. Y.). Thoughts from Scripture. N. Y. 1843. 8° 2794.
READ (T. B.). The House by the Sea. Phila. 1856. 16° 2795.
READ (T. B.). Lays and Ballads. Phila. 1849. 12° 2796.
READ (T. B.). The New Pastoral. Phila. 1855. 12° 2797.
READ (T. B.). *The Same.* Phila. 1856. 16° 2798.
READ (T. B.). Poems. Bost. 1847. 16° 2799.
READ (T. B.). *The Same.* Phila. 1855. 12° *Size of* 8° 2800.
READ (T. B.). *The Same.* Bost. 1860. 2vs. 16° 2801.
READ (T. B.). Sylvia. Phila. 1857. 16° 2802.
READ (T. B.). The Wagoner. Phila. 1863. 12° 2803.
READ (Y.). Masks. N. Y. 1838. 12° 2804.
READE (J.). The Prophecy. Montreal, 1870. Sqr. 12° 2805.
REASON (C. L.). A Eulogy [&] Freedom: A Poem. N. Y. 1847. 8° 2806.
REBELLIAD (The). *See* [Peirce (A.).]
? REBELLION (The) of the Cavaliers. N. Y. 1863. *Size of* 12° 2807.
REBELLION (The) of the Cavaliers. N. Y. 1865. *Size of* 12° 2808.
RE-COMMENCEMENT. *See* [Biglow (W.).]
? RECONSTRUCTION Letter (A). N. Y. 1866. Lg. 8° 2809.
RECONSTRUCTION on "My Policy." *See* Comitatus (Zedekiah).
? REDBURN. N. Y. 1845. 12° 2810.
REDDEN (Laura C.). Idyls of Battle. N. Y. 1864. Sm. 16° 2811.
REDDEN (Laura C.). *The Same.* N. Y. 1865. Sm. 16° 2812.
? REDIVIVUS (Lucian). Paradise Lost, &c. N. Y. *n. d.* 18° 2813.
REED (P. F.). The Voices of the Wind. Chicago, 1868. Sqr. 16° 2814.
REES (J.), *b.* 1802. The Dwarf. N. Y. 1839. 12° 2815.

REES (L. S. D.). Theroigne De Mericourt. Phila. [1855.] 12° 2816.
? REFLECTIONS on Passing Events. Halifax, 1856. 12° 2817.
REIFF (D. P.). Third edition of Reiff's Poems. St. Louis, 1865. 8° 2818.
REJECTED Addresses (The). N. Y. 1821. 18° 2819.
REJECTED Addresses (The). Phila. 1823. 18° 2820.
RELIGIOUS Offering (The). *See* [Upham (T. C.).]
RELIQUÆ. [By Emma M. Blake.] [Charleston, 1854.] Sqr. 8° 2821.
RELLY (J. & J.). Christian Hymns, &c. Burlington, 1776. 8° 2822.
? REMAINS of my Early Friend. [By Miss Sophia....?] Keene, N. H. 1828. Sm. 12° 2823.
REMINGTON (A. G.). Prose and Verse. N. Y. *n. d.* 18° 2824.
? REMINISCO (Don Pedro Quærendo). Life in the Union Army. [N. Y.] 1864. 8° 2825.
RENO (Lydia M.), *b.* 1831. Early Buds. Bost. 1853. 12° 2826.
RENVILLE (J.) and Sons. Dakota Dowanpi Kin. Bost. 1842. 18° 2827.
REPORT of the Meeting held to Celebrate the Centenary of the Birthday of Robert Burns. [*Contains Poems by* 'J. R. Brackett,' 'C. M'Kenzie,' 'D. Denyven, *and* 'A. W. Stewart.'] Bost. 1859. 8° 2828.
REPORT of Proceedings, &c. *See* [Williamson (W. C.).]
REQUIER (A. J.), *b.* 1825. Poems. Phila. 1860. 12° 2829.
RE-RE-COMMENCEMENT. *See* [Biglow (W.).]
RETORT (Dick), *pseud. See* [Clifton (W.).]
? RETREAT (A) from Town. Bost. 1815. 8° 2830.
? RETROSPECT (A) and Other Poems. Bost. 1846. 12° 2831.
REVERIES in Rhyme. *See* "Nemo" (of Louisiana.)
REVIEWERS Reviewed. *See* [Mowatt (Mrs. A. C.).]
REVIVAL Hymns. Bost. 1842. 12° 2832.
REVIVAL Melodies. Bost. 1842. Sqr. 16° 2833.
REVIVAL Melodist. Prov. *n. d.* Ob. 12° 2834.
? REVOLUTION in Orcus. By Piang Pu. N. Y. 1848. 12° 2835.
REYNOLDS (Miss J. P.). Remarks to the Young. Freehold, N. J. 1851. 32° 2836.
REYNOLDS (L.). A Poetical Address. Albany, 1863. 12° 2837.

? RHAND (Tally). Guttle and Gulpit. A Farce. N. Y. [1854.] 12° 2838.
? RHAPSODY (A). N. Y. 1789. 8° 2839.
RHODE Island Book (The). [Ed.] by Anne C. Lynch. Prov. 1841. 12° 2840.
RHODE Island Book (The). 2nd. ed. Prov. 1845. 12° 2841.
RHODE Island Book (The). 3d. ed. Prov. 1846. 12° 2842.
RHODE Island Cottage (The). *See* [Richmond (J. C.).]
RHODE Island Tales. *See* [Howland (Miss A.),] *and* [Lee (Miss A.).]
RHODES (W. H.). The Indian Gallows. N. Y. 1846. 12° 2843.
? RHODOMANTHUS, &c. [Prov.] 1858. 12° 2844.
RHODOSHAKE'S Visit. *See* Craigengelt (Arthur).
RHYMED Tactics. *See* "Gov."
? RHYMERS' Club (The). N. Y. 1859. 12° 2845.
RHYMES. *See* [Townsend (R. H.).]
RICE (G. E.), *b.* 1822. Blondel. Bost. 1854. 12° 2846.
RICE (G. E.). Myrtilla. Bost. 1854. 12° 2847.
RICE (G. E.). Nugamenta. Bost. 1860. 16° 2848.
[RICE (G. E.).] An Old Play in a New Garb. Hamlet. Bost. 1852. 12° 2849.
[RICE (G. E.) & Warland J. H.).] Ephemera. Bost. 1852. 16° 2850.
RICE (H.), *b.* 1800. Mount Vernon. Cleveland, 1858. *Size of* 12° 2851.
RICE (H.). *The Same.* 2nd. ed. Bost. 1859. *Size of* 12° 2852.
RICE (H.). *The Same.* 3d. ed. Columbus, 1860. 8° 2853.
RICE (H.). *The Same.* [4th. ed.] N. Y. 1864. 12° 2854.
RICE (R.). Orations and Poetry. Albany, [1849.] 16° 2855.
[RICHARDS (G.).] The Declaration of Independence; A Poem. Bost. 1793. 8° 2856.
[RICHARDS (G.).] *The Same.* [Reprinted N. Y. 1870.] 8° 2857.
RICHARDS (W. C.), *b.* 1817. Electron. N. Y. 1858. 12° 2858.
RICHARDS (W. C.). Retrorsum. N. Y. 1869. Sm. 16° 2859.
? RICHARDSIANA. N. Y. 1841. 8° 2860.
RICHMOND (J. C.), *b.* 1808, *d.* 1866. The Country Schoolmaster in love N. Y. 1845. 8° 2861.
RICHMOND (J. C.). Metacomet. N. Y. 1851. 12° 2862.
[RICHMOND (J. C.).] The Rhode Island Cottage. N. Y. 1835. 18° 2863.

[RICHMOND (J. C.).] *The Same.* 2nd. ed. N. Y. 1841. 18° 2864.
RICHMOND (W. E.) Mount Hope. Prov. 1818. 12° 2865.
RICKEY (Anna S.), *b.* 1827. Forest Flowers. Phila. 1851. 12° 2866.
RICORD (Mrs. E.). Zamba. Cambridge, 1842. 16° 2867.
RIDER (G. T.). Lyra Americana. N. Y. 1865. 12° 2868.
RIDER (G. T.). "Now and Then." [Hartford,] 1849. 8° 2869.
RIDER (G. T.). Reminiscences. Hartford, 1848. 8° 2870.
[RIDGELY (N. G.) & Lemmon (Miss N.).] A. D. 1862, Or The Volunteer Zouave in Baltimore. Balt. 1862. 8° 2871.
? RIFLE Shots at Past and Passing Events. Phila. *n. d.* 8° 2872.
RIGGS (L. C.). The Anarchiad: by Humphreys, Barlow, Trumbull, and Hopkins. New Haven, 1861. Sqr. 16° 2873.
RIGHT AIM (The). *See* [Davenport (R.).]
? RINALDO Rinaldini. N. Y. 1810. 18° 2874.
RING (J.). A Book of Rhymes. Clinton, 1853. 12° 2875.
RINGGOLD (G. H.). Fountain Rock. N. Y. 1860. 8° 2876.
? RISIBLE (Ralpho). The Pickeroniad. Newburyport, 1811. 12° 2877.
ROATH (D. L.). Zara. Athens, 1851. 32° 2878.
ROBBINS (J. W.). Progress. [Bost. 1861.] 8° 2879.
ROBERTSON (J.). Riego. Richmond, 1872. 12° 2880.
ROBERTSON (W.). Sacred Harmony. 2nd. ed. N. Y. 1831 18° 2881.
[ROBINSON (Anne S.).] Poetic Reveries. Balt. [1848.] 12° 2882.
ROBINSON (J. D.). Speech and Action. Cambridge, 1849. 16° 2883.
ROBINSON (J. H.), *b.* 1825. Nick Whiffles. Bost. [1858.] 12° 2884.
ROBINSON (L. F.). A Poem. New Haven, 1843. 8° 2885.
ROBINSON (P.). Immortality. N. Y. 1846. 12° 2886.
ROCKWELL & Stone's New York Circus. Bost. [1845.] 4° 2887.
RODMAN (T. P.). A Poem. New-Bedford, 1833. 8° 2888.
RODMAN (W. M.). Poem. Prov. 1856. 8° 2889.
RODOLPH. *See* [Pinkney (E. C.).]
ROGERS (D.). A Poem on Liberty. Albany, 1804. 8 2890.

ROGERS (E. P.). The Repeal of the Missouri Compromise considered. Newark, N. J. 1856. 12° 2891.
ROGERS (G.). George Washington. N. Y. 1848. 12° 2892.
ROGERS (G.). *The Same.* N. Y. 1849. 12° 2893.
ROGERS (G.). My Adopted Country. N. Y. 1851. 12° 2894.
ROGERS (H. G.). Letters from Italy, &c. N. Y. 1854. 12° 2895.
ROGERS (H. G.). *The Same.* N. Y. 1857. 12° 2896.
[ROGERS (J. W.).] Lafitte. Selma, Ala. 1864. 8° 2897.
ROGERS (J. W.). *The Same.* Bost. 1870. 8° 2898.
[ROGERS (R.),] *b. ab.* 1730, *d. ab.* 1800. Ponteach. Lond. 1766. 8° 2899.
ROMAN Rhymes. *See* B[rooks] (C. T.).
? ROMANCE (The) of Matrimony. Phila. 1865. 8° 2900.
ROMANCE (A) of the Sea Serpent. *See* [Batcheler (E.).]
ROSA, A Melo-Drama. *See* [Hyer (W. G.).].
ROSE (E. M. P.). The Poetry of Locofocoism. Wellsburg, Va. 1848. 24° 2901.
[ROSE (R. H.).] Sketches in Verse. Phila. 1810. 8° 2902.
ROUGH and Ready. *See* Song Books.
ROUQUETTE (A.), *b.* 1813. Wild Flowers. New Orleans, 1848. 8° 2903.
? ROVER (Riley). The Early Settlers. Cleveland, 1859. 8° 2904.
ROWLEY (A.). Ten Chapters of the Book of Job. Bost. 1825. 8° 2905.
ROWSON (*Mrs.* S.), *b.* 1762, *d.* 1824. Miscellaneous Poems. Bost. 1804. 12° 2906.
ROWSON (Mrs. [S.]). Slaves in Algiers. Phila. 1794. 12° 2907.
RUBEK (Sennoia), *pseud.* *See* [Burke (J.).]
? RUDE Veins of a Poetic Conformation. N. Y. 1845. 12° 2908.
RUFUS (W.). Rufiana. N. Y. 1826. 12° 2909.
[RUGELEY (R.).] The Story of Æneas and Dido Burlesqued. Charlestown, [Charleston, S. C.] 1774. 16° 2910.
? RUIN (The) of Callao, in 1746. Lima, 1847. 16° 2911.
RUINS of Athens (The). *See* [Hill (G.).]
? RUINS of Paestum (The). Salem, 1822. 4° 2912.
? RULE or Ruin: A Satire. N. Y. 1860. 8° 2913.
RUNNELL (E. B.). The Wreath of Love. N. Y. 1852. 18° 2914.

RURAL HOURS. *See* [Furman (G.).]
[RUSCHENBERGER (Mrs.... ?).] The Bold Scotch Dragoon. Phila. *n. d.* 16° 2915.
RUSH (J.), *b.* 1786, *d.* 1869. Hamlet. Phila. 1834. 12° 2916.
RUSHTABOO. *See* Sundown.
RUSLING (J.). Devotional Exercises. Phila. 1836. 18° 2917.
RUSSEL (C. P.). In Tenebris. Columbia, S. C. 1860. 8° 2918.
RUSSEL (S.). Poems. Phila. 1859. 12° 2919.
? RUSSIAN Ball (The). N. Y. 1863. 12° 2920.
? RUSTIC RHYMES. Phila. 1859. 2921.
? RUSTIC (Ruth). Forget-Me-Nots from Dew Drop Dale. Washington, 1855. 12° 2922.
RYDER (G. M.). Gillian. Phila. 1858. 12° 2923.

? S (C. S.). Nellie Gray. Phila. 1869. Sqr. 16° 2924.
? S (C. S.). Sarah Blake. N. Y. 1869. Sqr. 16° 2925.
S (J.). *See* S[mith] (J.).
? S (W.). The Antigonian and Bostonian Beauties; A Poem. By *W. S.* A. B. Bost. [1754.] 8° 2926.
? [S (W.).] [A Poem] On the Death of John Nicoll, *M. D.* [*Signed* "*W. S.*"] N. Y. 1743. 8° 2927.
Preceding the Poem is a Sermon preached on the same occasion by E. Pemberton. The Poem has heading as above, but no separate title page.
SACHEM'S-Wood. *See* [Hillhouse (J. A.).]
SACRED Dirges, Hymns, and Anthems, commemorative of the Death of General George Washington. Bost. [1800.] Ob. 4° 2928.
? SACRED Melodies or Hymns for Youth. N. Y. 1841. 12° 2929.
? SAILOR Boy's First Voyage (The). A Ballad. Bost. 1826. 18° 2930.
? SAINT (The) and The Sinner. N. Y. 1854. 8° 2931.
ST. DENIS Le Cadet, *pseud.* *See* [Denison (E.).]
ST. GEORGE (J.). Leisure Moments. Balt. 1840. 12° 2932.
ST. JOHN (T. P.). Annus Mirabilis. [N. Y.] 1848. 8° 2933.
ST. JONATHAN, &c. *See* [Coxe (A. C.).]
? SAINT'S Jubilee. A Satire. St. Louis, Mo. [1866.] 12° 2934.
SALOME. *See* [Heywood (J. H.).]
SALTUS (F. S.). Honey and Gall. Phila. 1873. 12° 2935.

SAM'S Fast. *See* [Brown (A. W.).]
SANBORN (F. B.) & Leighton (R.). Poems read, &c. Bost. 1859. 12° 2936.
[SANDS (R. C.),] *b.* 1799, *d.* 1832. The Bridal of Vaumond. N. Y. 1817. 18° 2937.
SANDS (R. C.). The Writings. N. Y. 1834. 2vs. 8° 2938.
SANDS (R. C.). *See also* Eastburn (J. W.).
[SANDYS (G.),] *b.* 1577, *d.* 1643-4. Christs Passion. Lond. 1640. 16° 2939.
SANDYS (G.). Christ's Passion. 2nd. ed. Lond. 1687. 8° 2940.
S[ANDYS] (G.). Ovid's Metamorphosis. Oxford, 1632. 4° 2941.
SANDYS (G.). *The Same.* 6th. ed. Lond. 1669. 12° 2942.
S[ANDYS] (G.). A Paraphrase, &c. Lond. 1636. 16° 2943.
SANDYS (G.). *The Same.* Lond. 1638. 4° 2944.
SANDYS (G.). *The Same.* Lond. 1676. 8° 2945.
SANGSTER (C.), *b.* 1822. The St. Lawrence. N. Y. 1856. 12° 2946.
? SANTA CLAUS and Jenny Lind. N. Y. [1850.] Sqr. 16° 2947.
SARGENT (E.), *b.* 1812. The Light of the Light-House. N. Y. 1844. Lg. 8° 2948.
SARGENT (E.). Songs of the Sea. Bost. 1847. 16° 2949.
SARGENT (E.). *The Same.* 2nd. ed. Bost. 1849. 16° 2950.
SARGENT (E.). Velasco. Bost. 1837. 12° 2951.
SARGENT (E.). *The Same.* Bost. 1839. 12° 2952.
SARGENT (H. J.), *b.* 1809. Feathers. Bost. 1854. 16° 2953.
SARGENT (J. O.), *b.* 1810. *See* The Harbinger. Part III.
SARGENT (L. M.), *b.* 1786, *d.* 1867. Cælii Symposii Ænigmata. Bost. 1807. 12° 2954.
SARGENT (L. M.). The Culex of Virgil. Bost. 1807. 8° 2955.
SARGENT (L. M.). Hubert and Ellen. Bost. 1812. f° 2956.
SARGENT (L. M.). *The Same.* Bost. 1812. 4° 2957.
SARGENT (L. M.). *The Same.* 3d. ed. Bost. 1815. 24° 2958.
[SARGENT (W.),] *b.* 1825, *d.* 1870. The Loyalist Poetry. Phila. 1857. 9° 2959.
? SATAN Unbound. [No title page, place or date.] [Balt?] 8° 2960.
SATURNIAD (The). *See* Hosmot (Hyton).
SAUL, A Mystery. *See* [Coxe (A. C.).]
SAUNDERS (C. H.). The Pirate's Legacy. Bost. *n. d.* 12° 2961.

SAUNDERS (C. H.). Rosina Meadows. Bost. *n. d.* 12° 2962
SAUNDERS (J. M.). A Collection. Phila. 1834. 18° 2963.
SAVAGE (J.), *b.* 1828. Faith and Fancy. N. Y. 1864. 12° 2964.
SAVAGE (J.). Lays of the Fatherland. N. Y. 1850. 12° 2965.
SAVAGE (J.). Poems. 2nd. ed. N. Y. 1870. 12° 2966.
SAVINGS Bank Book. *See* Who is Richards?
SAVONAROLA. *See* M. (J. C.).
SAWNEY. *See* [Ralph (J.).]
SAWYER (L.). Blackbeard. Washington, 1824. 18° 2967.
SAWYER (L.). The Wreck of Honor. N. Y. 18—? 18° 2968.
SAXE (J. G.), *b.* 1816. Clever Stories. Bost. 1865. Sqr. 8° 2969.
SAXE (J. G.). The Fly-ing Dutchman. N. Y. 1862. 12° 2970.
SAXE (J. G.). The Masquerade. Bost. 1866. 12° 2971.
SAXE (J. G.). The Money-King. Bost. 1860. 16° 2972.
SAXE (J. G.). Poems. Bost. 1850. 16° 2973.
SAXE (J. G.). *The Same.* 3d. ed. Bost. 1851. 16° 2974.
SAXE (J. G.). *The Same.* Bost. 1852. 16° 2975.
SAXE (J. G.). *The Same.* Bost. 1861. 32° 2976.
SAXE (J. G.). Progress. N. Y. 1846. 8° 2977.
SAXE (J. G.). *The Same.* 2nd. ed. N. Y. 1847. 8° 2978.
SCALES (W.). The Quintessence, &c. Mass. 1806. 12° 2979.
SCANLAN (M.). Love and Land. Chicago, 1866. 12° 2980.
SCHAAD (J. C.). Nicholas of the Flue. Washington, 1866. 12° 2981.
? "SCHEEPE-Thiefe (Ye)." 7th. ed. Concord, 1855. 32° 2982.
SCHILLER'S Homage of the Arts. *See* [Brooks (C. T.).]
? SCHOOL (The) for Politicians; Or, Non-Committal. A Comedy in Five Acts. N. Y. 1840. 8° 2983.
? SCHOOL (The) of Good Manners. Prov. 1828. Sq. 16° 2984.
SCHOOL Song (The) and Hymn Book. N. Y. 1855. 18° 2985.
[SCHOOLCRAFT] (H. R.), *b.* 1793, *d.* 1864. Alhalla. N. Y. 1843. 12° 2986.
[SCHOOLCRAFT (H. R.).] Helderbergia. Albany, 1855. 8° 2987.
SCHOOLCRAFT (H. R.). The Rise of the West. N. Y. 1841. 12° 2988.
[SCHOOLCRAFT (H. R.).] Transallegania. N. Y. 1820. 12° 2989.
? SCIMITAR (The). Bost. 1840. Sqr. 16° 2990.
SCOTT (J.). The Guardian Angel. N. Y. 1859. 12° 2991.
SCOTT (J. M.). Blue Lights. N. Y. 1817. 24° 2992.

SCOTT (J. M.). The Sorceress. N. Y. 1817. 24° 2993.
SCOTT (Mrs. J. H.), *b.* 1809, *d.* 1842. Memoir and Poems. Bost. 1853. 12° 2994.
SCOTT (Mrs. J. H.). Poems. Bost. 1843. 18° 2995.
SCOTT (M. Y.). The Deaf and Dumb. N. Y. 1819. 8° 2996.
SCOTT (M. Y.). Fatal Jest. N. Y. 1819. 18° 2997.
SCOTT Songster (The). *See* Song Books.
SCOTS-Irishman (The), *pseud.* *See* [Bruce (D.).]
SCOURGE (The) of Fashion. *See* Phylanthus.
SCOVELL (T. P.). A Poem. New Haven, 1836. 8° 2998.
SCRIBES (The) of Gotham. *See* Trollope (Nicodemus).
SEA-Serpent (The). *See* [Crafts (W.).]
? SEALY (Cele). Echoes. Rochester, 1862. 12° 2999.
SEARS (R.). A Poem. Ballston Spa, 1819. 18° 3000.
SEARSON (J.). Mount Vernon. Phila. [1799.] 8° 3001.
SEARSON (J.). Poems. Phila. 1797. 8° 3002.
SEAWEEDS from the Shores of Nantucket. Bost. 1853. 16° 3003.
[SECCOMB (J.),] *b.* 1708. *d.* 1792. Father Abbey's Will. Cambridge, 1854. 8° 3004.
SECESSION: Or "Borrowed Plumes." *See* "Pindar Jr. (Peter)."
? SECESSION or Prose in Rhyme. Phila. 1864. 12° 3005.
SECOND Advent Hymns. 3d. ed. Concord, 1843. 32° 3006.
SECOND Advent Hymns. Nashville, N. H. 1843. 32° 3007.
SECRET (A). *See* Hosmot (Hyton).
SEGA (G.). Componimenti Poetici. Filadelfia, 1829. 8° 3008.
SELDEN (Almira). Effusions. Bennington, 1820. 16° 3009.
SELECT Poems on Kindness to Animals, &c. N. Y. 1846. 18° 3010.
? SELECTION (A) of Poems, from the Diary of Cole: Ex-King of the Larder, now Mad-house Lyrist. Concord, 1852. Sm. 12° 3011.
SELECTION (A) of War Lyrics. N. Y. 1864. 4° 3012.
SELECTIONS from the American Poets. Dublin, 1834. 16° 3013.
SELECTIONS from the best Spanish Poets. N. Y. 1856. 12° 3014.
SELECTIONS from the Poetical Literature of the West. Cincinnati, 1841. Lg. 12° 3015.
SELIM, *pseud.* *See* [Woodworth (S.).]

SERULAN, *pseud.* *See* [Laurens (......?).]
SEVERAL Poems compiled with great variety of Wit and Learning. *See* [Bradstreet (Anne).]
SEWALL (J. M.), *b.* 1745, *d.* 1808. Miscellaneous Poems. Portsmouth, 1801. 16° 3016.
[SEWALL (J. M.).] A Versification of President Washington's Excellent Farewell-Address. Portsmouth, N. H. 1798. 6° 3017.
[SEWALL (S.),] *b.* 1734. *d,* 1804. Nocte Cogitata. Carol-oppidi, Mass. 1786. 16° 3018.
S[EWARD] (E. S.). Columbiad Poems. Balt. 1840. 18° 3019.
? SHADOW (The) of the Rock. N. Y. 1867. 18° 3020.
SHANLY (C. D.). A Jolly Bear. N. Y. 1867. Sm. 4° 3021.
SHANLY (C. D.). The Monkey. N. Y. 1867. Sm. 4° 3022.
SHANLY (C. D.). The Truant Chicken. N. Y. 1867. Sm. 4° 3023.
SHARSWOOD (W.), *b.* 1836. The Betrothed. Phila. 1865. 8° 3024.
SHATZEL (J.). The Mexican. N. Y. 1841. 16° 3025.
SHAW (F.). *See* Song Books.
SHAW (J.), *b.* 1778, *d.* 1809. Poems. Balt. 1810. 12° 3026.
SHAW (Miss). *See* Graduates' Reunion.
SHEA (J. A.), *b.* 1802, *d.* 1845. Adolph. N. Y. 1831. 12° 3027.
SHEA (J. A.). Clontarf. N. Y. 1843. 12° 3028.
SHEA (J. A.). Parnassian Wild Flowers. Washington, 1836. 18° 3029.
SHEA (J. A.). A Poem. N. Y. 1845. 16° 3030.
SHEA (J. A.). Poems. N. Y. 1846. 12° 3031.
SHELLEY (A. Fishe), *pseud.* *See* [Gerard J. W.).]
[SHELTON (F. W.),] *b.* 1814. The Trollopiad. N. Y. 1837. 12° 3032.
SHEPARD (Mrs. D. E. G.), *b.* 1820, *d.* 1853. Cut-Flowers. Springfield, 1854. 12° 3033.
SHEPARD (I. F.). Pebbles from Castalia. Bost. 1840. 12° 3034.
SHEPARD (I. F.). Poetry of Feeling. Bost. 1844. 32° 3035.
SHILLABER (B. P.), *b.* 1814. Rhymes. Bost. 1853. 16° 3036.
SHIPP (B.). Fame. Phila. 1848. 12° 3037.
SHIPP (B.). The Progress of Freedom. N. Y. 1852. 12° 3038.
SHIPPEY (J.), *b.* 1778. Specimens. N. Y. 1841. 12° 3039.

SHIRAS (C. P.). The Redemption of Labor. Pittsburgh, 1852. 8° 3040.
SHONES and the Bones. *See* [Duane (W.).]
? SHORT (Bob). Patriotic Effusions. N. Y. 1819. 24° 3041.
? SHORTFELLOW (Harry Wandsworth). The Song of Drop O'Wather. Lond. 1856. 16° 3042.
SHRIMPTON (C.). The Inebriate. Cincinnati, 1858. 16° 3043.
SHUMAN (B.). A Guide for All. Prov. [1857.] 8° 3044.
SHUNAMMITE (The). *See* G[reen] (G.).
SIEGE (The) of Babylon. *See* [Leavitt (J. M.).]
? SIEGE of Chepachet. [Prov. 1842.] 8° 3045.
? SIGHTS and Notes: By a Looker On in Vienna. Dedicated to the Union Army! Seventh (of November) Edition. Washington, 1864. 8° 3046.
? SIGNAL Fires. N. Y. 1856. 3047.
SIGOURNEY (Mrs. L. H.), *b.* 1791, *d.* 1865. The Daily Counsellor. Hartford, 1859. 8° 3048.
[SIGOURNEY (Mrs. L. H.).] Moral Pieces. Hartford, 1815. 12° 3049.
SIGOURNEY (Mrs. L. H.). Pocahontas. N. Y. 1841. 12° 3050.
SIGOURNEY (Mrs. L. H.). *The Same.* Lond. 1841. 16° 3051.
[SIGOURNEY (Mrs. L. H.).] Poems. Bost. 1827. 12° 3052.
SIGOURNEY (Mrs. L. H.). *The Same.* Phila. 1834. 12° 3053.
SIGOURNEY (Mrs. L. H.). *The Same.* Phila. 1846. 32° 3054.
SIGOURNEY (Mrs. L. H.). *The Same.* N. Y. 1853. 16° 3055.
SIGOURNEY (Mrs. L. H.). Poems for the Sea. Hartford, 1850. 12° 3056.
SIGOURNEY (Mrs. L. H.). Poems, Religious and Elegiac. Lond. 1841. 16° 3057.
SIGOURNEY (Mrs. L. H.). The Poetical Works. Lond. 1863. 24° 3058.
SIGOURNEY (Mrs. L. H.). Poetry for Seamen. Bost. 1845. 16° 3059.
SIGOURNEY (Mrs. L. H.). Scenes in my Native Land. Bost. 1845. 16° 3060.
SIGOURNEY (Mrs. L. H.). Select Poems. 4th. ed. Phila. 1843. 12° 3061.
[SIGOURNEY (Mrs. L. H.).] Traits of the Aborigines. Cambridge, 1822. 12° 3062.

SIGOURNEY (Mrs. L. H.). Voices of Home. Hartford, 1852. Sm. 12° 3063.
SIGOURNEY (Mrs. L. H.). The Western Home. Phila. 1854. 12° 3064.
SIGOURNEY (Mrs. L. H.). Whisper to A Bride. 2nd. ed. Hartford, [1850?] Sm. 16° 3065.
SIGOURNEY Mrs. (L. H.). Zinzendorff. N. Y. 1836. 12° 3066.
SIGOURNEY (Mrs. L. H.). *The Same.* 2nd. ed. N. Y. 1837. 12° 3067.
SIGOURNEY (Mrs. L. H.). *See also* The Berkshire Jubilee.
SIMMONS (J. W.). Blue Beard. [Canto I.] Phila. 1821. 12° 3068.
SIMMONS (J. W.). Blue Beard. [Canto II.] Phila. 1822. 12° 3069.
SIMMONS (J. W.). The Greek Girl. Bost. 1852. 16° 3070.
SIMMONS (J. W.). The Maniac's Confession. Phila. 1821. 12° 3071.
SIMMS (W. G.), *b.* 1806, *d.* 1870. Areytos. Charleston, 1846. 12° 3072.
[SIMMS (W. G.).] Atalantis. N. Y. 1832. 8° 3073.
[SIMMS (W. G.).] *The Same.* Phila. 1848. 12° 3074.
SIMMS (W. G.). The Cassique of Accabee. N. Y. 1849. Sqr. 8° 3075.
SIMMS (W. G.). The City of the Silent. Charleston, 1850. 8° 3076.
[SIMMS (W. G.).] Donna Florida. Charleston, 1843. Sm. 16° 3077.
SIMMS (W. G.). Early Lays. Charleston, 1827. 12° 3078.
SIMMS (W. G.). Egeria. Phila. 1853. 12° 3079.
[SIMMS (W. G.).] Grouped Thoughts. Richmond, 1845. Sqr. 16° 3080.
SIMMS (W. G.). Lyrical and other Poems. Charleston, 1827. 18° 3081.
SIMMS (W. G.). Norman Maurice. Richmond.1851. Lg. 8° 3082.
SIMMS (W. G.). *The Same.* 4th. ed. Phila. 1853. 12° 3083.
[SIMMS (W. G.).] Poems. Charlottesville, Va. 1833. 12° 3084.
SIMMS (W. G.). *The Same.* N. Y. 1853. 2 vs. 12° 3085.
SIMMS (W. G.). Sabbath Lyrics. Charleston, 1849. 12° *Size of* 8° 3086.
SIMMS (W. G.). Simms's Poems. Charleston, 1860. 12° 3087.

[SIMMS (W. G.).] Southern Passages. N. Y. 1839. 12° 3088.
SIMMS (W. G.). The Vision of Cortes. Charleston, 1829. 16° 3089.
SIMMS (W. G.). War Poetry of the South. N. Y. 1867. 12° 3090.
SIMON (Mrs.). Evangelical Review. N. Y. 1823. 12° 3091.
SIMPLE Settings. *See* [Bartlett (E.).]
SINCLAIR (Miss C. B.). Poems. Augusta, Ga. 1860. 12° 3092.
SISYPHI Opus. *See* [Waln (R.).]
SIX Months Ago, Or the Eventful Friday. *See* R***.
SKETCHES in Verse. *See* [Rose R. H.).]
SKINNER (G. W.). Æræ. Bost. 1852. 16° 3093.
SLAPE (A. H.). Stultorum. Carlisle, Pa. 1864. 8° 3094.
SLOCUM (S.). *See* Song Books.
? SMILES and Frowns for Good and Bad Little Children. Phila. 1852. Sqr. 16° 3095.
[SMILEY (Miss....?).] Poems by Matilda. Richmond, 1851. 12° 3096.
SMITH (A Mr.), *pseud.* *See* The Deluge.
[SMITH (Miss A.).] *See* Graduates' Reunion. N. Y. 1865.
SMITH (Annie R.). Home here, &c. Rochester, N. Y. 1855. Sm. 16° 3097.
SMITH (B.). Poems. Pittsburgh, 1842. 12° 3098.
[Smith (C.),] *b. ab.* 1768, *d.* 1808. Abbe de l'Epee. N. Y. 1801. 8° 3099.
SMITH (C.). The Dramatic Works of Baron Kotzebue. 2 vs. N. Y. 1800. 8° 3100.
[SMITH (C.).] Sparks from a Smith's Forge. N. Y. 1852. 12° 3101.
SMITH (E. D.), *b.* 1826. Destiny. N. Y. 1846. 8° 3102.
SMITH (E. D.). Oratory. N. Y. 1852. 8° 3103.
SMITH (Elbert H.). The History of Black Hawk. Milwaukee, 1846. Sm. 12° 3104.
[SMITH (E. H.).] Ma-Ka-Tai-Me-She-Kia-Kiak. N. Y. 1848. 12° 3105.
[SMITH (Elihu H.),] *b.* 1771, *d.* 1798. Edwin and Angelina. N. Y. 1797. 8° 3106.
SMITH (Mrs. E. O.). The Lover's Gift. Hartford, 1848. 32° 3107.
SMITH (Mrs. E. O.). Old New York. N. Y. 1853. 12° 3108.

SMITH (*Mrs.* E. O.). The Poetical Writings. N. Y. 1845. 32° 3109.
SMITH (*Mrs.* E. O.). *The Same.* 2nd. ed. N. Y. 1846. 32° 3110.
SMITH (*Mrs.* E. O.). The Sinless Child. Bost. 1843. 12° 3111.
SMITH (*Mrs.* E. S.), *b.* 1823. The Fairy's Search. N. Y. [1847.] 32° 3112.
SMITH (*Mrs.* E. S.). Poems. N. Y. 1859. 8° 3113.
S[mith] (J.). The Mirror of Merit and Beauty. N. Y. 1808. Sm. 16° 3114.
SMITH (J. H.). The Latter Days' Intelligence. St. Clairsville, O. 1847. 12° 3115.
[SMITH (J. W.).] Wallace. Warren, R. I. 1857. 8° 3116.
SMITH (J.). Divine Hymns. 7th. ed. Elizabeth-Town, 1800. 12° 3117.
SMITH (Mrs. P.). The Arabians. Phila. 1844. 18° 3118.
SMITH (R. P.), *b.* 1799, *d.* 1854. The Disowned. Phila. 1830. 12° 3119.
SMITH (S.), *b.* 1792, *d.* 1868. Powhatan. N. Y. 1841. 12° 3120.
SMITH (S. J.), *b.* 1771, *d.* 1835. Miscellaneous Writings. Phila. 1836. 8° 3121.
SMITH (*Mrs.* S. L. P.), *b.* 1811, *d.* 1832. Poems. Prov. 1829. 12° 3122.
[SMITH (W. M.),] *b*, 1759, *d.* 1821. Poems. Phila. 1786. Sm. 12° 3123.
SMITH (W. R.). Diomede. N. Y. 1869. 8° 3124.
SMITH (W. R.). The Uses of Solitude. Tuskaloosa, 1860. 8° 3125.
SMITH (W. R.). *The Same.* Montgomery, Ala. 1860. Lg. 8° 3126.
SMUCKER (S. M.), *b.* 1823. The Spanish Wife. N. Y. 1854. 12° 3127.
SMUGGLER'S Son (The). *See* M[itchell] (A[gnes] W.).
? SNEAK (Ye) Yclepid Copperhead. Phila. 1863. Sm. 16° 3128.
[SNELLING (W. J.),] *b.* 1804, *d.* 1848. Truth. Bost. 1831. 18° 3129.
[SNELLING (W. J.).] *The Same.* 2nd. ed. Bost. 1832. 18° 3130.
[SNOWDEN (R.).] The Columbiad. Phila. 1795. 12° 3131.
SNOWDEN (R.). *The Same.* Balt. *n. d.* 12° 3132.
SNOWDEN (R.). *The Same.* Clinton, (Ohio,) *n. d.* 12° 3133.
SOCIAL Hymns. Bost. 1843. Sm. 16° 3134.

? SOCIETY without Veil. N. Y. 1851. 12° 3135.
SOLDIER'S Armor of Strength (The). *See* Pilgrim (John).
SOLDIER'S (The) Hymn Book. *See* Song Books.
? SOLILOQUY of a Fallen Woman. N. Y. 1867. 32° 3136.
? SOLITARY Musings. *n. p.*, *n. d.* [*ab.* 1826.] 3137.
SOMBRE (Samuel), *pseud. See* [Gerard (J. W.).]
? SOME Lines in Verse about Shakers. N. Y. 1846. 8° 3138.
SOMERBY (W. F.). Sabbath in the City. Bost. 1854. 12° 3139.
SOMMARSALL (J.). Poems. Savannah, 1853. 12° 3140.
SONG BOOKS (COLLEGE).
Biennial Songs of Sixty-Six, Williams. Troy, *n. d.* 8° 3141.
Biennial Songs. Sixty-Seven. Williams. Troy, *n. d.* 8° 3142.
Brown University, June 12th. Ode for Class of 1856. [Prov.] *n. d.* 16° 3143.
Delta Kappa Epsilon Songs. [Prov.] *n. d.* 8° 3144.
[Jenckes (T. A.).] Song [sung in Commons Hall, Brown U. Prov. 1842.] 8° 3145.
Sans Souci Songs. N. Y. 1859. 12° 3146.
Songs and Toasts for the Hamilton Junior Ex. Supper. Utica, [1868.] 8° 3147.
Songs for Sophomore Supper Class of 1860, Dartmouth College, July 23, 1858. *n. p.*, *n. d.* Lg. 8° 3148.
Songs of Alpha Delta Phi. [New Haven,] 1855. 12° 3149.
Songs of Alpha Delta Phi. N. Y. 1859. 12° 3150.
Songs of Alpha Delta Phi. Albany, 1864. 12° 3151.
Songs of the College of the City of New York. N. Y. 1866. 12° 3152.
Songs of the Delta Kappa Epsilon. New Haven, 1857. 12° 3153.
Songs of the Delta Kappa: by the Class of '65. New Haven, 1862. 12° 3154.
Songs of the Psi Upsilon. N. Y. 1857. 12° 3155.
Songs of the Sigma Phi. [Bost.] 1861. 8° 3156.
Songs (The) of Union. Watertown, N. Y. 1865. 8° 3157.
Songs of Williams. N. Y. 1859. 8° 3158.
Songs of Yale. New Haven, 1853. 8° 3159.
Songs of Yale. New Haven, 1855. 8° 3160.

17

SONG BOOKS (*Continued*).
Waite (H. R.). Carmina Collegensia. Bost. [1868.] Lg. 8° 3161.
SONG BOOKS (MARTIAL, NAVAL AND PATRIOTIC).
American Muse (The). N. Y. 1814. 18° 3162.
American Songster (The). N. Y. *n. d.* 32° 3163.
American Star (The). 2nd. ed. Richmond, 1817. 18° 3164.
American Naval and Patriotic Songster (The). Balt. 1831. 32° 3165.
American Naval, and Patriotic Songster (The). N. Y. 1840. 18° 3166.
Banner of Freedom (The). *See* Page (Miss A.).
Bird of Birds (The). N. Y. 1818. 18° 3167.
Blackbird (The). N. Y. 1823. 12° 3168.
Book (The) of American Songs. *See* Paul (H.).
Canary Bird (The). Phila. 1830. 18° 3169.
Columbian Harmonist (The). Albany, 1815. 18° 3170.
Columbian Naval Songster (The). *See* Gillespy (E.).
Columbian Songster (The). [Wrentham, Mass.] 1799. 18° 3171.
Eagle and Harp (The). Balt. 1812. 12° 3172.
Every-Day Song Book (The). N. Y. *n. d.* 32° 3173.
General Armstrong. American Independence. Royal Sport. Sweet William. *n. p.* [*ab.* 1812.] 16° 3174.
Gillespy (E.). Columbian Naval Songster. N. Y. 1813. 12° 3175.
Household Song Book (The). N. Y. *n. d.* 32° 3176.
Humming Bird (The). Balt. 1809. 18° 3177.
McCarty (W.). National Songs, [&c.] relating to the War of 1846. Phila. 1846. 18° 3178.
McCarty (W.). Songs, Odes, and Other Poems. Phila. 1842. 3 vs. 18° 3179.
Mocking-Bird (The). Alexandria, 1814. 18° 3180.
National Songs, [&c.] relating to the War of 1846. *See* McCarty (W.).
Naval Songster (The). Charlestown, 1815. 16° 3181.
Page (Miss A.). Banner of Freedom (The). Prov. 1841. 12° 3182.
Parlour Song Book (The). N. Y. *n. d.* 32° 3183.

Song Books (*Continued*).
Patriotic Songster. N. Y. *n. d.* 18° 3184.
Paul (H.). The Book of American Songs. Lond. 1857. 16° 3185.
Rough and Ready Songster (The). N. Y. *n. d.* 32° 3186.
Soldier's Companion (The). N. Y. *n. d.* 32° 3187.
Songs, Naval, Patriotic, &c. N. Y. 1818. 18° 3188.
Songs, Odes, and other Poems. *See* McCarty (W.).
Songster's Museum (The). Hartford, 1835. 18° 3189.
Star Spangled Banner (The). 2nd. ed. Wilmington, 1817. 18° 3190.
Uncle Sam's Naval and Patriotic Songster. N. Y. *n. d.* 16° 3191.
Virginia Warbler (The). Richmond, 1845. 16° 3192.
Song Books (Masonic).
Hardcastle (J.). The Masonic Museum. N. Y. 5816. 12° 3193.
Macoy (R.). The Masonic Vocal Manual. N. Y. 1854. 18° 3194.
Masonic Lyre (The). N. Y. 1854. Sm. 16. 3195.
Masonic Museum (The.) *See* Hardcastle (J.).
Masonic Vocal Manual (The). *See* Macoy (R.).
Melodies for the Craft. Cincinnati, 1852. 16° 3196.
Song Books (Negro Minstrel).
Arlington's Banjo Songster. N. Y. *n. d.* 18° 3197.
Billy Birch's Ethiopian Melodist. N. Y. [1862.] 18° 3198.
Bob Hart's Plantation Songster. N. Y. [1862.] 18° 3199.
Book (The) of Negro Songs. N. Y. *n. d.* 32° 3200.
Brower's (Frank). *See* Frank Brower's.
Bryant's Cane Brake Refrains. N. Y. [1863.] 18° 3201.
Bryant's Essence of Old Virginny. N. Y. [1857.] 18° 3202.
Bryants' New Songster. N. Y. [1864.] 18° 3203.
Bryant's Power of Music. N. Y. [1859.] 18° 3204.
Bryant's Songs from Dixie's Land. N. Y. [1861.] 18° 3205.
Buckley's Ethiopian Melodies. N. Y. [1853.] 18° 3206.
Buckley's Ethiopian Melodies, No. 4. N. Y. [1857.] 18° 3207.
Buckley's Melodies. N. Y. [1853.] 18° 3208.
Buckley's Song Book. N. Y. [1855.] 12° 3209.

SONG BOOKS (*Continued*).
Carncross & Sharpley's Minstrel. Phila. 1860. 18° 3210.
Charley Fox's Bijou Songster. N. Y. [1858.] 18° 3211.
Charley Fox's Minstrel's Companion. Phila. [1863.] 18° 3212.
Charley Fox's Sable Songster. N. Y. [1859.] 18° 3213.
Christy's (George) Essence of Old Kentucky. N. Y. [1862.] 18° 3214.
Christy's Negro Serenaders. N. Y. [1848.] 32° 3215.
Christy's Negro Songster. N. Y. 1860. 32° 3216.
Christy's New Songster and Black Joker. N. Y. [1863.] 18° 3217.
Christy's Plantation Melodies. Phila. [1851.] 18° 3218.
Christy's Plantation Melodies. No. 2. Phila. [1853.] 18° 3219.
Christy's Plantation Melodies. No. 3. Phila. [1853.] 18° 3220.
Christy's Plantation Melodies. No. 4. Phila. [1854.] 18° 3221.
Christy's Plantation Melodies. No 5. Phila. [1856.] 18° 3222.
Christy's and White's Ethiopian Melodies. Phila. *n. d.* 18° 3223.
Christy (George) & Wood's Melodies. N. Y. [1854.] 18° 3224.
Collins (J. H.). *See* Unsworth's.
Converse's (Frank). *See* Frank Converse's.
Dandy Jim and Dan Tucker's Jaw Bone. N. Y. [1844.] 32° 3225.
Deacon Snowball's Negro Melodies. Bost. [1843.] 32° 3226.
Dime Negro Melodies. No. 1. *See* Song Books (Rebellion and Slavery).
Dime Negro Melodies. No. 2. Phila. [1865.] 18° 3227.
Dime Negro Melodies. No. 3. Phila. [1865.] 18° 3228.
Dime Negro Melodies. No. 4. Phila. [1865.] 18° 3229.
Dime Negro Melodies. No. 5. Phila. [1865.] 18° 3230.
Dime Negro Melodies. No. 6. Phila. [1865] 18° 3231.
Dixey's Essence of Burnt Cork. Phila. [1859.] 18° 3232.
Dixey's Songster. Phila. [1860.] 18° 3233.

SONG BOOKS (*Continued*).

Eph Horn's Own Songster. N. Y. [1864.] 18° 3234.
Flat Nose (The), and Thick Lip, Melodist. N. Y. *n. d.* 32° 3235.
Fox (C. H.). *See* Charley Fox's.
Fox's (Charley). *See* Charley Fox's.
Frank Brower's Black Diamond Songster. N. Y. [1863.] 18° 3236.
Frank Converse's "Old Cremona." N. Y. [1863.] 18° 3237.
George Christy's. *See* Christy's (George).
Harry Pell's Ebony Songster. N. Y. [1864.] 18° 3238.
Hart's (Bob). *See* Bob Hart's.
Hooley's Black Star Songster. N. Y. [1865.] 18° 3239.
Hooley's Opera House Songster. N. Y. [1863.] 18° 3240.
Horn's (Eph). *See* Eph Horn's.
Jasper Jack's Bran New Collection. N. Y. [1843 ?] 32° 3241.
Jim Crow Song Book (The). Ithica, 1847. 32° 3242.
Johnson's Original Comic Songs. N. Y. [1855.] 18° 3243.
Kentucky and Virginny Minstrel. N. Y. *n. d.* 32° 3244.
Lucy Neale's Nigga Warbler. Phila. [1843 ?] 32° 3245.
Mac Dill Darrel Dime Melodist (The). N. Y. [1860.] 18° 3246.
Mac Dill Darrel Dime Melodist (The). No. II. N. Y. [1860.] 18° 3247.
Matt Peel's Banjo. N. Y. [1858.] 18° 3248.
Morris' (Pete). *See* Pete Morris'.
My Dearest May, and Rosa Lee's Song Book. N. Y. [1843 ?] 32° 3249.
Negro (The) Forget-Me-Not Songster. Phila. [1844.] 32° 3250.
Negro (The) Singer's Own Book. Phila. *n. d.* 32° 3251.
Negro's (De) Original Piano-Rama. Phila. [1850.] 18° 3252.
Nelse Seymour's Big-Shoe Songster. N. Y. [1863.] 18° 3253.
New Popular (The) Forget-Me-Not Songster. Cincinnati, *n. d.* 32° 3254.

SONG BOOKS (*Continued*).
Nigger Melodies. N. Y. *n. d.* 32° 3255.
Peel's (Matt). *See* Matt Peel's.
Pete Morris' American Comic Melodist. N. Y. [1857.] 18° 3256.
Sam Sharpley's Iron-Clad Songster. N. Y. [1864.] 18° 3257.
Sanford's Plantation Melodies. Phila. 1860. 18° 3258.
Seymour's (Nelse). *See* Nelse Seymour's.
Sharpley's (Sam). *See* Sam Sharpley's.
Shiney Eye (De), Crooked Shin, and Oh, Susannah Songster. N. Y. *n. d.* 32° 3259.
Southern Songster, and Mrs. Tucker's Delight. [Phila. 1843?] 32° 3260.
Tom Vance's Circus Songster. N. Y. [1855.] 18° 3261.
Tom Vance's Kom-e-kill Songster. Phila. [1866.] 18° 3262.
United States Screamer (De). Phila. *n. d.* 32° 3263.
Unsworth's Burnt Cork Lyrics. Ed. by J. H. Collins. N. Y. [1859.] 18° 3264.
Vance's (Tom). *See* Tom Vance's.
Vaughn and Fox's Banjo Songster. N. Y. [1860.] 18° 3265.
Virginia Serenaders (The) Illust'd Songster. N. Y. *n. d.* 18° 3266.
White's New Book of Plantation Melodies. N. Y. [1848.] 18° 3267.
White's New Book of Plantation Melodies. N. Y. 1849. 18° 3268.
White's New Ethiopian. N. Y. 1850 18° 3269.
White's New Illustrated Melodeon. N. Y. 1848. 18° 3270.
White's Serenader's. N. Y. [1851.] 18° 3271.
Wood's Minstrels' Songs. N. Y. [1852.] 18° 3272.
Wood's Minstrels' Songs. N. Y. [1853.] 18° 3273.
Wood's Minstrels' Songs. N. Y. [1855.] 18° 3274.
Wood's New Plantation Melodies. N. Y. [1853.] 18° 3275.
Ya-Hoo Roarer. N. Y. [1843 ?] 32° 3276.
SONG BOOKS (PRESIDENTIAL CAMPAIGN).
Campaign of 1840.
Harrison and Log Cabin Song Book (The). Columbus, 1840. 18° 3277.

Song Books (*Continued*).
Harrison Medal Minstrel (The). Phila. 1840. 32° 3278.
Harrison Melodies. Bost. 1840. 18° 3279.
Log Cabin and Hard Cider Melodies (The). Bost. 1840. 18° 3280.
Log Cabin Song Book (The). N. Y. 1840. 12° 3281.
Tippecanoe Song Book. Phila. 1840. 18° 3282.

Campaign of 1844.

American Republican Songster (The). *See* De Le Ree (P.).
Clay Minstrel (The). N. Y. 1842. 32° 3283.
De Le Ree (P.). The American Republican Songster. 2nd. ed. N. Y. 1844. 12° 3284.
Democratic Lute (The). *See* Hickey (J.).
Harry Clay Melodist (The). Bost. 1842. 18° 3285.
Harry Clay Songster (The). Bost. [1842.] 32° 3286.
Hickey (J.). The Democratic Lute. Phila. 1844. 18° 3287.
National Clay Melodist (The). 2nd. ed. Bost. 1844. 24° 3288.
National Clay Minstrel (The). Phila. [1843.] 32° 3289.
National Clay Minstrel (The). New ed. Bost. [1843.] 32° 3290.
Patriotic Songs. N. Y. [1844.] 8° 3291.
Song (A) &c. [By T. Williams.] Prov. 1844. 8° 3292.
That Same Old 'Koon's Roarer. N. Y. *n. d.* 32° 3293.
Whig Songs for the Mendon Clay Club. Bost. 1844. 12° 3294.

Campaign of 1848.

All the Letters [&] Songs of Old Zach's Campaigns, &c. [Ed. by] S. Horn. N. Y. 1848. 8° 3295.
Cass & Butler Songster. Phila. [1848.] 32° 3296.
Free Soil Minstrel (The). N. Y. 1848. 12° 3297.
Rough and Ready Melodist (The). N. Y. [1848.] 18° 3298.
Taylor and Fillmore Songster. N. Y. [1848.] 32° 3299.

Campaign of 1852.

Scott Songster (The). Cincinnati, 1852. 32° 3300.

Song Books (*Continued*).

Campaign of 1856.

[Blodget (W. P.).] Rocky Mountain Song Book. Prov. 1856. 8° 3301.
Drew (T.). Fremont Songs. Bost. 1856. 16° 3302.
Freemen's Glee Book (The). N. Y. 1856. 18° 3303.
Republican Campaign Songster (The). N. Y. 1856. 18° 3304.
Rocky Mountain Song Book. *See* Blodget (W. P.).

Campaign of 1860.

Bungay (G. W.). The Bobolink Minstrel. N. Y. 1860. 18. 3305.
Burleigh (W. H.). Republican Campaign Songster. N. Y. 1860. 18° 3306.
Civis (G. W.). Songs for the Great Campaign of 1860. N. Y. 1860. 12° 3307.
Democratic Campaign Songster (The). N. Y. [1860.] 18° 3308.
Drew (T.). Republican Songs for the People. Bost. 1860. Sm. 16° 3309.
Honest Abe of the West. Broadside. 3310.
Hutchinson (J. W.). Connecticut Wide-Awake Songster. N. Y. 1860. 18° 3311.
Hutchinson (J. W.). Hutchinson's Republican Songster. N. Y. 1860. 18°. 3312.
Lincoln and Hamlin! Campaign Song. Broadside. 3313.
Wide-Awake Vocalist (The). N. Y. [1860.] Ob. 16° 3314.

Campaign of 1864.

Campaign Songs. *See* Potts (W. D.).
Herbert (S.). McClellan Campaign Melodist. 8th. ed. N. Y. [1864.] 16° 3315.
Little Mac Campaign Songster (The). N. Y. [1864.] 18° 3316.
Little Mac's Campaign Songs. N. Y. [1864.] 12° 3317.
McClellan Campaign Melodist. *See* Herbert (S.).
Pott's (W. D.). Campaign Songs. N. Y. 1864. 12° 3318.

SONG BOOKS (*Continued*).
President Lincoln Campaign Songster (The). N. Y. [1864.] 18° 3319.
Republican Campaign Songster (The). Cincinnati, 1864. 32° 3320.
Tremaine Brothers' (The) Lincoln and Johnson Campaign Song-Book. N. Y. 1864–1865. 18° 3321.

Campaign of 1868.

"Brick" Pomeroy's. *See* G (E. L.).
G (E. L.). "Brick" Pomeroy's Democratic Campaign Song Book. N. Y. 1868. 16° 3322.
Seymour Campaign Songster. N. Y. [1868.] 32° 3323.

Campaign of 1872.

Cummings (A. J.). The Sun's Greeley Campaign Songster. N. Y. 1872. 16° 3324.
"The Farmer of Chappaqua" Songster (The). N. Y. [1872.] 16° 3325.
Grant & Wilson Campaign Songster (The). N. Y. [1872.] 16° 3326.
Greeley & Brown Campaign Songster (The). N. Y. [1872.] 16° 3327.

SONG BOOKS (REBELLION AND SLAVERY).
American Union Songster (The). Indianapolis, 1862. 16° 3328.
Anti-Slavery Harp (The). [Ed.] by W. W. Brown. Bost. 1848. 12° 3329.
Army Melodies. *See* Dadmun (J. W.).
Army and Navy Melodies. *See* Dadmun (J. W.).
Ballads of the South. (Dawley's Ten-Penny Song Books-No. 2.). N. Y. [1864.] 18° 3330.
Ballads of the War. (Dawley's Ten-Penny Song-Books-No. 1.). N. Y. [1864.] 18° 3331.
Bang's Penny Songster. No. 1. Prov. *n. d.* 16° 3332.
Bang's Penny Songster. No. 2. Prov. *n. d.* 16° 3333.
Banner Songster (The). N. Y. [1865.] 18° 3334.
Beadle's Dime Knapsack. N. Y. [1862.] 18° 3335.
Beadle's Dime Military. Ed. by W. R. Wallace. N. Y. [1861.] 16° 3336.

Song Books (*Continued*).
Beadle's Dime Songs for the War. N. Y. [1861.] 16° 3337.
Beadle's Dime Union. [No. 1.] N. Y. [1861.] 16° 3338.
Beadle's Dime Union. No. 2. N. Y. [1861.] 16° 3339.
Beadle's Dime Union. No. 3. N. Y. [1862.] 16° 3340.
Billy Holmes's Comic Local Lyrics. N. Y. [1866.] 12° 3341.
Book of Words. *See* Hutchinson Family.
Brown (W. W.). *See* The Anti-Slavery Harp.
Buckley's Melodist. Bost. [1864.] 18° 3342.
Camp Songs. Bost. [1862.] 32° 3343.
Chanticleer Songster (The). N. Y. [1866.] 18° 3344.
Continental Songster (The). Phila. [1863.] 18° 3345.
Copperhead Minstrel (The). N. Y. 1863. 12° 3346.
Dadmun (J. W.). Army Melodies. Bost. [1861.] 16° 3347.
Dadmun (J. W.). Army and Navy Melodies. Bost. [1862.] 16° 3348.
Dadmun (J. W.). Union League Melodies. Bost. [1864.] 16° 3349.
Dawley's Ten-Penny Song-Books. *See* Ballads.
Dime Negro Melodies. No. 1. Happy Contraband. Phila. [1864.] 18° 3350.
Flag of Our Union Songster (The). N. Y. [1861.] 18° 3351.
Furness (W. H.). A Song for the Times. *n. p.*, *n. d.* 8° 3352.
Gen. Lee Songster (The). Macon, Ga. 1865. 18° 3353.
George Munroe's Ten Cent Song Book. N. Y. *n. d.* 16° 3354.
Guiding Star Songster (The). N. Y. [1865.] 12° 3355.
Holmes's (Billy). *See* Billy Holmes's.
Hutchinson Family (Book of Words of the). N. Y. 1851. 12° 3356.
Hutchinson Family (Book of Words of the). N. Y. 1852. 12° 3357.
Hutchinson Family (Book of Words of the). N. Y. 1853. 12° 3358.
Hutchinson Family (Book of Words of the). Bost. 1855. 12° 3359.
Jack Morgan Songster (The). Raleigh, 1864. Sm. 16° 3360.
Little Mac Songster (The). N. Y. [1862.] 18° 3361.

SONG BOOKS (*Continued*).
Munroe's (George). *See* George Munroe's.
Moral Songster (The). Phila. [1862.] 18° 3362.
Naval Songster (The). Phila. [1862.] 18° 3363.
New and Enlarged Edition. *See* Patriotic Song Book.
New and Popular Songs. Phila. 1865. 8° 3364.
New Confederate Flag (The). No. 1. 4th. ed. Mobile, 1864. 16° 3365.
Patriotic Song Book (The). New and Enlarged Edition. N. Y. [1862.] Ob. 16° 3366.
Poole (J. F.). Fattie Stewart's Comic Songster. N. Y. [1863.] 18° 3367.
Purdy (S. S.). Purdy's Paul Pry Songster. N. Y. [1865.] 16° 3368.
Rataplan (The); or, The "Red, White, and Blue" Warbler. N. Y. [1861.] Ob. 16° 3369.
Red, White, and Blue. Indianapolis, [1861.] 16° 3370.
Shilling Song Book (The). No. 1. *See* Song Books (Various).
Shilling Song Book (The) No. 2. [Bost. 1862.] 16° 3371.
Shilling Song Book (The) No. 3. [N. Y. 1864.] 16° 3372.
Soldiers' and Sailors' Patriotic Songs. [L. P. Soc. No. 49.] N. Y. 1864. 8° 3373.
Soldier's Companion (The). 2nd. ed. Bost. 1861. 12° 3374.
Soldier's Companion (The). 5th. ed. Bost. 1862. 12° 3375.
Soldier's Hymn Book (The). N. Y. [1861.] [70th. Thousand.] 32° 3376.
Soldier's Hymn Book (The). N. Y. [1861.] [140th. Thousand.] 32° 3377.
Song (A) for the Times. *See* [Furness (W. H.).]
Songs & Ballads of Freedom. N. Y. [1864.] 12° 3378.
Songs and Chorusses (The), in Uncle Tom's Cabin. *n. p.* 1853. 3379.
Songs for the Union. N. Y. *n. d.* 8° 3380.
Songs for the Union. Phila. [1861.] 18° 3381.
Songs for the Union. Phila. [1864.] 18° 3382.
Songs for War Time. Bost. 1863. 16° 3383.
Songs of Love and Liberty. Raleigh, 1864. 16. 3384.
Songs of the Nation for 1861. N. Y. [1861.] 18° 3385

SONG BOOKS (*Continued*).
Songs of the War. Albany, 1863. 12° 3386.
Southern Soldier's Prize Songster (The). Mobile, 1864. 16° 3387.
Stars and Stripes Songster (The). N. Y. [1861.] 18° 3388.
Stars and Stripes Songster (The). No. 2. N. Y. [1864.] 18° 3389.
Stockwell (W. W.). New Songs and Poems. Cleveland, 1864. 16. 3390.
Tent and Forecastle Songster (The). N. Y. [1862.] 18° 3391.
Tony Pastor's New Union Song Book. N. Y. [1862.] 18° 3392.
Touch the Elbow Songster. N. Y. [1862.] 18° 3393.
Trumpet of Freedom. Bost. [1864.] Ob. 8° 3394.
Tucker (H.). *See* Rataplan (The).
Uncle Sam's Army Songster. Indianapolis, [1862.] 16° 3395.
Union League Melodies. *See* Dadmun (J. W.).
United States of America. *See* Songs of the Nation for 1861.
Wallace (W. R.). *See* Beadle's Dime Military.
War-Songs for Freemen. Bost. 1862. Sqr. 16° 3396.
War-Songs for Freemen. 2nd. ed. Bost. 1863. Sqr. 16° 3397.
War Songs for Freemen. 3d. ed. Bost. 1863. Sqr. 16° 3398.
War-Songs for Freemen 4th. ed. Bost. 1863. Sqr. 16° 3399.
War-Songs for Freemen. N. Y. [1862.] Sqr. 16° 3400.
War Songs of the American Union. Bost. [1861.] 12° 3401.
Yankee Doodle Songster (The). Phila. [1861.] 18° 3402.
Yankee Volunteer's Songster (The). Phila. [1862.] 18° 3403.
For other Song Books relating to the Rebellion and Slavery *See Supra* Presidential Campaign Song Books—Campaigns of '56 '60 and '64.
SONG BOOKS (TEMPERANCE).
Anderson Temperance Minstrel. N. Y. *n. d.* 32° 3404.
Bonner (T. D.). The Mountain Minstrel. Concord, 1847. 32° 3405.
Bonner (T. D.). The Temperance Harp. Northampton, 1842. 32° 3406.

SONG BOOKS (*Continued*).
Chrystal Fount. N. Y. 1854. 32° 3407.
Cold Water Melodies (The). 3d. ed. Bost. 1842. 18° 3408.
Hubbard (S.). The New Temperance Melodist. Bost. 1859. 12° 3409.
Pearce (B. W.). The New England Temperance Songster. [Nos. 1 & 2.] Pawtucket, 1845. 18° 3410.
Pearce (B. W.). *The Same*. [Nos. 3 & 4.] Pawtucket, 1845. 16° 3411.
Pic-Nic Songs. Bost. n. d. 12° 3412.
Pierpont (J.). Cold Water Melodies. Bost. 1842. 18° 3413.
Pierpont (J.). *The Same*. 2nd. ed. Bost. 1843. 18° 3414.
Slocum (S.). The Cold Water Melodies. Prov. 1831. 32° 3415.
Temperance Song Book. [Bost. 1842.] Sqr. 16° 3416.
Temperance Songster (The). N. Y. *n. d.* 32° 3417.
SONG BOOKS (VARIOUS).
American Comic Songster (The). N. Y. 1834. 18° 3418.
American Musical Miscellany (The). Northampton, 1798. 12° 3419.
American Songster (The). N. Y. 1788. 16° 3420.
American Songster (The). N. Y. 1803. 16° 3421.
Angelo's Original Comic Songs. Phila. [1862.] 18° 3422.
Apollo (The). Phila. 1793. 12° 3423.
Arkansas Traveller's Songster (The). N. Y. [1863.] 18° 3424.
Baltimore Musical Miscellany (The). Balt. 1804-1805. 2 vs. 12° 3425.
Beadle's Dime Songs of the Olden Time. N. Y. [1863.] 16° 3426.
Beadle (I. P.) & Co's Ten Cent Song Book. [No. 1.] N. Y. [1863.] 16° 3427.
Beadle's (I. P.) [Ten Cent] Song Book. No. 2. N. Y. [1863.] 16° 3428.
Beadle's (I. P.) [Ten Cent] Song Book. No. 3. N. Y. [1863.] 16° 3429.
Berry's (J. S.) Comic Song Book. N. Y. [1863.] 18° 3430.
Berry's Comic Songs. Phila. [1856.] 18° 3431.
Billy Emerson's Nancy Fat Songster. N. Y. [1866.] 18° 3432.

Song Books (*Continued*).
Black Crook Songster (The). N. Y. [1867.] 18° 3433.
Bob Smith's Clown Song and Joke Book. N. Y. [1863.] 18° 3434.
Carleton's (Will.) "Dandy Pat" Songster. N. Y. [1866.] 18° 3435.
Charlie Melville's Ballad Songster. N. Y. [1860.] 18° 3436.
Columbian Songster. *See* Baltimore Musical Miscellany.
Comic and Sentimental Song Book. *See* Offord(W.).
Concert Room Comic Songster (The). Phila. [1860.] 18° 3437.
Convivial Songster (The). N. Y. [1862.] 18° 3438.
Crosby (Miss F. J.). The Flower Queen. N. Y. [1852.] Ob. 8° 3439.
Dan Kelly's Songster. N. Y. [1869.] 16° 3440.
Diamond Songster (The). Balt. 1817. 24° 3441.
Donaldson (P.). The Odd-Fellows' Minstrel. N. Y. 1848. 32° 3442.
Donnybrook Fair Comic Songster (The). [Ed.] by E. T. Johnson. N. Y. [1863.] 18° 3443.
Emerson's (Billy). *See* Billy Emerson's.
English's (Joe) Irish Comic Songster. N. Y. [1864.] 18° 3444.
Fenian War Songs (The). N. Y. [1866.] 18° 3445.
Fireside Song Book (The). N. Y. *n. d.* 32° 3446.
Foster (S. C.). The American Dime Song Book. Phila. [1859.] 18° 3447.
Foster (S. C.). *The Same*. No. 2. Phila. [1860.] 18° 3448.
Foster (S. C.). The Love and Sentimental Songster. N. Y. [1862.] 18° 3449.
Fred May's Comic Irish Songster. N. Y. [1862.] 18° 3450.
Fred Shaw's. *See* Shaw's (Fred).
Fred Wilson's Book of Original Songs. Bost. 1860. 16° 3451.
Free and Easy Comic Songster. N. Y. [1864.] 18° 3452.
Frisky Irish Songster(The). N. Y. [1862.] 18° 3453.
Gannon's (Phil. J.) Original Irish Songster. Phila. [1859.] 12° 3454.

Song Books (*Continued*).
Gentle Annie Melodist. No. 1. N. Y. 1860. 18° 3455.
Gentle Annie Melodist. No. 2. N. Y. 1859. 18° 3456.
Go it! while You're Young Songster. N. Y. *n. d.* 32° 3457.
Goose Hangs High Songster (The). N. Y. [1866.] 18° 3458.
Grigg's Southern and Western Songster. Phila. 1836. 18° 3459.
Gus Shaw's. *See* Shaw's (Gus).
Harrison's Comic Songster. N. Y. [1849.] 18° 3460.
Hastings (T.). The Mother's Nursery Songs. N. Y. 1835. 12° 3461.
Heart and Home Songster (The). N. Y. [1862.] 18° 3462.
Hickok (J.). *See* Social Lyrist (The).
Hooley's High Daddy Songster. N. Y. [1865.] 18° 3463.
Irwin P. Beadle's. *See* Beadle's (I. P.).
Irwin P. Beadle & Co's. *See* Beadle (I. P.) & Co's.
J. S. Berry's. *See* Berry's (J. S.).
Joe English's. *See* English's (Joe).
Jovial Songster (The). N. Y. 1805. 18° 3464.
Lanigan's Ball Comic Songster (The). N. Y. [1863.] 18° 3465.
Larkin (S.). *See* Nightingale (The).
May's (Fred). *See* Fred May's.
Melville's (Charlie). *See* Charlie Melville's.
Morris' (Pete) American Comic Melodist. N. Y. [1857.] 18° 3466.
Munroe's Song Book for the Million. No. 5. N. Y. [1864.] 16° 3467.
Munroe's Song Book for the Million. No. 6. N. Y. [1863.] 16° 3468.
New-England Pocket Songster (The). Claremont, N. H. 1835. 32° 3469.
New Pocket-Song Book (The). N. Y. *n. d.* 32° 3470.
Nightingale (The). [Ed.] by S. Larkin. Portsmouth, 1804. 12° 3471.
Odd-Fellows' Minstrel (The). *See* Donaldson (P.).
Offord (W.). Comic and Sentimental Song Book. Brooklyn, [1865.] 18° 3472.

Song Books (*Continued*).
Pastor's (Tony) Book of Six Hundred Comic Songs and Speeches. N. Y. [1867.] 18° 3473.
Pastor's (Tony) Carte de Visite Album Songster. N. Y. [1865.] 18° 3474.
Pastor's (Tony) "444" Combination Songster. N. Y. [1864.] 18° 3475.
Pastor's (Tony) Comic and Eccentric Songster. N. Y. [1862.] 18° 3476.
Pastor's (Tony) Great Sensation Songster. Ed. by J. F. Poole. N. Y. [1863.] 18° 3477.
Pastor's (Tony) New Irish Comic Songster. N. Y. [1863.] 18° 3478.
Pastor's (Tony) "Own" Comic Vocalist. [Ed.] by J. F. Poole. N. Y. [1863.] 18° 3479.
Pastor's (Tony) Waterfall Songster. N. Y. [1866.] 18° 3480.
Pearl Songster (The). N. Y. 1846. 32° 3481.
People's New Songster (The). *n. p.* 1862. 32° 3482.
Pete Morris'. *See* Morris' (Pete).
Phil. J. Gannon's. *See* Gannon's (Phil J.).
Poole (J. F.). The Double-Quick Comic Songster. N. Y. [1862.] 18° 3483.
Poole (J. F.). *See also* Pastor's (Tony).
School Songs for the Million. Bost. [1850.] 8° 3484.
Shaw's (Fred) American Diadem. N. Y. [1860.] 32° 3485.
Shaw's (Fred.) Champion Comic Melodist. N. Y. [1860.] 18° 3486.
Shaw's (Fred.) Dime American Comic Songster. N. Y. [1860.] 18° 3487.
Shaw's (Gus) Comic Song and Recitation Book. N. Y. 1860. 18° 3488.
Shaw's (Gus) New Comic Songs. Phila. [1860.] 18° 3489.
Shaw's (Gus) Original Comic Songs. N. Y. 1857. 18° 3490.
Shilling Song Book (The). N. Y. [1860.] 32° 3491.
Singer's Own Book (The). Phila. 1839. 32° 3492.
Smith's (Bob). *See* Bob Smith's.
Social Lyrist (The). By J. H. Hickok. Harrisburg, Pa. 1840. 18° 3493.
Songs of the Florences. N. Y. [1860.] 18° 3494.

Song Books (*Continued*).
Songs of the Ocean. N. Y. *n. d.* 32° 3495.
Songster's Miscellany (The). Phila. 1817. 18° 3496.
Temple of Harmony (The). Balt. 1801. 16° 3497.
Tony Pastor's. *See* Pastor's (Tony).
Variety Songster (The). N. Y. *n. d.* 32° 3498.
Vocal Lyre (The). Newark, N. J. 1852. 24° 3499.
Will Carleton's. *See* Carleton's (Will).
Wilson's (Fred). *See* Fred Wilson's.
Song Leaves. *See* [Wynkoop (M. B.).]
Song (The) of Drop o' Wather. *See* Shortfellow (Harry Wandsworth).
Song (The) of Milgenwater. *See* [Strong (G. A.).]
Song (The) of Milkanwatha. *See* [Strong (G. A.).]
? Song (The) of Moses. *n. p.*, *n. d.* 12° 3500.
Song (A) of Sion. *See* [Grave (J.).]
Songs for the Sorrowing. *See* [Griggs (Miss).]
Songs of Alpha Delta Phi. *See* Song Books.
Songs of the Free. Bost. 1836. 12° 3501.
Songs of the Quilt. New-London, 1845. 8° 3502.
Songs (The) of Union. *See* Song Books.
Songs (The) of Zion. Balt. 1817. 24° 3503.
Songster's Miscellany (The). *See* Song Books.
? Sophia; Or, The Reign of Woman. N. Y. 1864. 8° 3504.
? Sophia. The Whited Sepulchre. Nashua, 1869. 8° 3505.
Soran (C.). The Patapsco. Balt. 1841. 8° 3506.
Soran (C.). *The Same.* 2nd. ed. Balt. 1842. 12° 3507.
? Sorehead (The) War. N. Y. [1872.] 8° 3508.
Souder (Mrs. E. A.). Leaves, &c. Phila. 1864. 12° 3509.
Soule (J. B. L.). Poem delivered in Saco. Saco, 1839. 8° 3510.
South (C.). Revenge. N. Y. 1843. 16° 3511.
South Songs: Ed. by T. C. De Leon. N. Y. 1866. 12° 3512.
? Southern Chivalry. The Adventures of G. Whillikens, C. S. A. Knight of the Golden Circle; and of Guinea Pete, his Negro Squire. Phila. [1861.] 12° 3513.
Southern Passages. *See* [Simms (W. G.).]
Southern (The) Zion's Songster. Raleigh, 1864. 32° 3514.
? Souvenir De Morristown. *n. p.* 1866. 8° 3515.
Southwick (S.), *b. ab.* 1774, *d.* 1839. The Pleasures of Poverty. Albany, 1823. 8° 3516.

SPAIN. An Account of the Public Festival, &c. *See* [Paine (R. T.).]
[SPALDING (Miss C. A.).] *See* [Atkinson (Miss M. E.).]
SPARKS from a Smith's Forge. *See* [Smith (C.).]
SPAULDING (Mrs. A. M.). Poems. N. Y. 1866. 16° 3517.
SPAWN (The) of Ixion. *See* [Cooley (J. E.).]
SPECIMENS of the American Poets. Lond. 1822. 12° 3518.
? SPEECH (The) of a Creek-Indian,..Indian Songs of Peace, &c. Lond. 1754. 8° 3519.
[SPENCE (R. T.),] *d.* 1826. Minstrelsy of Edmund the Wanderer. N. Y. 1810. 8° 3520.
SPENCER (H. L.). Poems. Bost. 1850. 16° 3521.
? "SPHINX." The Streets of New-York. Florence, 1856. 16° 3522.
? "SPHINX." "Young America." A Play. Paris, 1854. 8° 3523.
SPIERIN (G. H.). Poems. Charleston, 1805. 8° 3524.
SPIRIT Congress (The). *See* Cefil.
? SPIRIT of Fanaticism. N. Y. 1842. 12° 3525.
? SPIRIT (The) of Methodism. N. Y. 1829. 18° 3526.
SPIRIT (The) of Methodism. N. Y. 1831. 18° 3527.
? SPIRIT (The) of Seventy-Six. 6th. ed. Bost. 1868. 12° 3528.
SPIRIT (The) of the Farmers' Museum. Walpole, N. H. 1801. 12° 3529.
SPIRIT (The) of the Public Journals. Balt. 1806. 12° 3530.
? SPIRITUAL Sea Voyage (The). [Signed "W. H."] Buffalo, 1851. 8° 3531.
SPIRITUAL Songs. 5th. ed. Utica, 1837. 12° 3532.
SPRAGUE (Miss A. W.). I Still Live. Oswego, 1862. 12° 3533.
SPRAGUE (*Miss* A. W.). The Poet. Bost. 1864. 12°, *Sig.* 16° 3534.
SPRAGUE (C.), *b.* 1791. Curiosity. Bost. 1829. 8° 3535.
SPRAGUE (C.). An Ode. Bost. 1830. 8° 3536.
SPRAGUE (C.). The Poetical and Prose Writings. Bost. 1850. 16° 3537.
SPRAGUE (C.). *The Same.* N. Y. 1850. 16°, *Sig.* 12° 3538.
SPRAGUE (C.). The Prize Ode. [Bost. 1824.] 8° 3539.
SPRAGUE (C.). Writings. N. Y. 1841. 12° *Size of* 8° 3540.
SPRAGUE (C.). The Same. 2d. ed. N. Y. 1843. 12° 3541.
SPROAT (Mrs. N.). Village Poems. N. Y. *n. d.* 18° 3542.
SPROAT (G. T.). The Pilgrim's Song. Taunton, 1830. 18° 3543.

? SPUNKIAD (The): Or Heroism improved. A Congressional Display of Spit and Cudgel. Newburgh, 1798. 12° 3544.

STAGG (E.). Poems. St. Louis, 1852. 12° 3545.

STAGG (E.). Thoughts. N. Y. 1847. 18° 3546.

? STANDISH (Miles), jun. The Times. A Poem. Plymouth, 1809. 8° 3547.

STANLEY (E. S.). Life's Perilous Places. Hartford, [1863.] Sqr. 16° 3548.

STANZAS. *See* [Burke (J.).]

STAR Spangled Banner (The). *See* [Key (F. J.),] *and* Song Books.

? STARS for the Crown. Fall River, 1872. 16° 3549.

? STATE Triumvirate (The). N. Y. 1819. 18° 3550.

STAYMAN (J. K.). Flowers. Phila. 1870. 16° 3551.

STEARNS (C.), *b.* 1752, *d.* 1826. Dramatic Dialogues. Leominster, 1798. 12° 3552.

STEARNS (C.). The Ladies' Philosophy of Love. Leominster, 1797. Sm. 4° 3553.

[STEARNS (Samuel)?] An Account of the late Wonderful American Vision. [Versified.] Lond. 1791. 8° 3554.

STEDMAN (E. C.), *b.* 1833. Alice of Monmouth. N. Y. 1864. 16° 3555.

STEDMAN (E. C.). The Blameless Prince. Bost. 1869. 16° 3556.

STEDMAN (E. C.). Poems. N. Y. 1860. 12° 3557.

STEDMAN (E. C.). The Prince's Ball. N. Y. 1860. 12° 3558.

STEDMAN (E. C.). Rip Van Winkle. Bost. 1870. 4° 3559.

STEDMAN (J. W.). The Norwich Jubilee. Norwich, Conn. 1859. 8° 3560.

STEELE (S. S.). Book of Plays. Phila. 1860. 16° 3561.

STEELE (S. S.). The Brazen Drum. Phila. *n. d.* 16° 3562.

STEENDAM (J. J.), *b.* 1616. Den Distelvink. Amsterdam, 1649-50. 3 vs. Sm. 4° 3563

[STEENDAM (J. J.).] Jacob Steendam. The Hague, 1861. 8° 3564.

STEENDAM (J. J.). *See also* Murphy (H. C.).

STEPHENS (Mrs. A. S.). The Portland Sketch Book. Portland, 1836. 12° 3565.

STERRY (Abby H.). Effusions. New-London, 1818. 12° 3566.

STEVENS (G. L.). The Patriot. Bost. 1834. 12° 3567.

STEVENS (S. C.). Collectanea. Haverhill, N. H. 1823. 18° 3568.
STEVENSON (R.). No. I. Liberal Odes. N. Y. [1833.] 18° 3569.
STEWART (A. W.). *See* Report of the meeting, &c.
STEWART (J. M.). An Essay. Norwich, 1852. 16° 3570.
STILES (Family of Dr. Ezra). A Family Tablet. Bost. 1796. 12° 3571.
STILES (H. P.), *b.* 1822. Bundling. Albany, 1869. Sqr. 16° 3572.
STILLMAN (G. A.). Life Real. N. Y. 1855. 12° 3573.
STOCKTON (T. H.), *b.* 1808. Poems. Phila. 1862. 12° 3574.
STOCKWELL (W. W.). *See* Song Books.
STODDARD (C. W.). Poems. San Francisco, 1867. 8° 3575.
STODDARD (R. H.), *b.* 1825. Abraham Lincoln. N. Y. [1865.] 8° 3576.
STODDARD (R. H.). Foot-Prints. N. Y. 1849. 8° 3577.
STODDARD (R. H.). The King's Bell. N. Y. 1863. 12° 3578.
STODDARD (R. H.). *The Same.* With Illustrations. N. Y. 1866. Sqr. 8° 3579.
STODDARD (R. H.). Poems. Bost. 1852. 16° 3580.
STODDARD (R. H.). Songs of Summer. Bost. 1857. 16° 3581.
STODDARD (R. H.). The Story of Putnam. Bost. 1870. 4° 3582.
STONE (H.). Freedom. Washington, 1864. Lg. 8° 3583.
? STORIES for Alice. Phila. 1857. Sqr. 8° 3584.
? STORIES in Rhyme. N. Y. 1850. 12° 3585.
? STORM (The), A Poem. Descriptive of the late Tempest, which raged with such destructive Fury throughout the Southern Ports of North-America, in July, 1788. By a Citizen of Philadelphia. Phila. 1788. 16° 3586.
[STORY (I.),] *b.* 1774, *d.* 1803. The Parnassian Shop. Bost. 1801. 12° 3587.
STORY (J.), *b.* 1779, *d.* 1845. An Eulogy. Salem, 1800. 8° 3588.
STORY (J.). The Power of Solitude. Bost. *n. d.* 16° 3589.
STORY (J.). *The Same.* Salem, 1804. 12° 3590.
STORY (W. W.), *b.* 1819. Graffiti d' Italia. N. Y. 1868. Sqr. 16° 3591.
STORY (W. W.). Nature and Art. Bost. 1844. 8° 3592.
STORY (W. W.). Poems. Bost. 1847. 12° 3593.

STORY (W. W.) *The Same.* Bost. 1856. 16° 3594.
STORY (W. W.). A Roman Lawyer. Bost. [1870.] Sm. 16° 3595.
STORY (The) of Don Sebastian. *See* [Tallboys (W. P.).]
STORY (The) of Æneas and Dido. *See* [Rugeley (R.).]
STORY (The) of Joseph. *See* [Eyre (J.).]
? STORY (The) of the Two Bulls. N. Y. 1856. 12° 3596.
? STORY (The) of the Young and beautiful Caremsil. Phila. 1833. 18° 3597.
STOWE (*Mrs.* H. B.), *b.* 1812. The Christian Slave. Bost. 1855. 12° 3598.
[STOWE (*Mrs.* H. B.).] Hymns, [&c.] N. Y. *n. d.* 18° 3599.
STRAY Leaves. *See* P (S. B.).
STREET (A. B.), *b.* 1811. The Burning of Schenectady. Albany, 1842. 12° 3600.
STREET (A. B.). Drawings and Tintings. N. Y. 1844. 8° 3601.
STREET (A. B.). *The Same.* [2nd. ed.] N. Y. 1844. Lg. 8° 3602.
STREET (A. B.). Frontenac. Lond. 1849. 12° 3603.
STREET (A. B.). *The Same.* N. Y. 1849. 12° 3604.
STREET (A. B.). Our State. N. Y. 1849. 8° 3605.
STREET (A. B.). The Poems. N. Y. 1845. 8° 3606.
STREET (A. B.). *The Same.* N. Y. 1867. 2 vs. 16° 3607.
[STREETER (R. M.).] Brown University. Class of '65. Prov. 1865. 8° 3608.
STREETER (S. & R.). The New Hymn Book. 9th. ed. Bost. 1833. 18° 3609.
STREETS (The) of New-York. *See* "Sphinx."
STRIFE (The) of Brothers. *See* [Burgess (G.).]
[STRONG (G. A.).] The Song of Milgenwater. Cincinnati, 1856. 12° 3610.
[STRONG (G. A.).] The Song of Milkanwatha. 2d. ed. Cincinnati, 1856. 12° 3611.
STRONG (T.). The Tears of Columbia. Dedham, 1812. 8° 3612.
STROTHER (J. H.). The Golden Calf. N. Y. 1854. 12° 3613.
STUART (C. D.), *b.* 1820, *d.* 1862. Ianthe. N. Y. 1843. 12° 3614.
? STUDENTS (The): A Drama. N. Y. 1850. 12° 3615.
STUMP (Judge).] The Battle of Cannae. Balt. 1856. 8° 3616.

? SUICIDE (The). A Dialogue Exhibited on the Stage at the Public Commencement of Yale College, Sept. 13th, 1797. Litchfield, Printed by T. Collier. *n. d.* 8° 3617.

SUKEY. *See* [Walter (W. B.).]

SULLIVAN'S Island. *See* [Crafts (W.).]

SUMMER Songs. *See* M (H. H.).

SUMNER (C. P.), *b.* 1776, *d.* 1839. The Compass. Bost. [1795.] 12° 3618.

> " More true inspir'd, we antedate the time,
> When futile war shall cease thro' every clime;
> No sanction'd slavery AFRIC'S sons degrade,
> But equal rights shall equal earth pervade."

SUMPTER. [By Jos. Blythe Allston of S. C.] [Charleston, 1874.] 8° 3619.

SUNDERLAND (B.). Mistakes. Washington, 1860. 8° 3620.

? SUNDOWN. Rushtaboo. N. Y. 1848. 8° 3621.

? SUPERSTITION Detected, [&c.] By the Author of the American Minstrel. Phila. 1831. 12° 3622.

? SUSIE Knight. N. Y. 1863. 32° 3623.

[SUTHERLAND (T. J.).] Loose Leaves. N. Y. 1839. 12° 3624.

SUTLIFFE (A.). Poems. Bost. 1859. 12° 3625.

SWALLOWS on the Wing. *See* De Grasse (Will.).

? SWAMMERDAM (Eustacius). The Lash; Or Truths in Rhyme. *n. p.* 1840. 8° 3626.

[SWAN (J. R.).] The Prophecy. Worcester, 1847. 16° 3627.

SWANWICK (J.). Poems. Phila. 1797. 24° 3628.

SWAYZE (Mrs. J. C.). Ossawattomie Brown. N. Y. [1859.] 12° 3629.

SWEENY (R.). Odds and Ends. N. Y. 1826. 12° 3630.

SWEET (H. D. L.). Twilight Hours. Syracuse, 1870. Sqr. 8° 3631.

SWEET (J. P.). Lake George. N. Y. 1863. 12° 3632.

SWEETSER (H. W.). The Progress of Passion. N. Y. 1845. 12° 3633.

SWIETEN (Swammerdam), *pseud.* *See* Loco's Lament (The).

SYBILLE. *See* L.

SYMMES (P. S.). *See* Carriers' Addresses.

T (D. O' C.). *See* T [ownley] (D. O' C.).
T (J. O.). *See* T[erry] (J. O.).
TABLE Rock Album. 3d. ed. Buffalo, 1850. 12° 3634.
? TACITA. Leisure Hours. Utica, N. Y. 1855. 18° 3635.
TAGGART (*Miss* C.) Poems. Prov. 1834. 12° 3636.
TAGGART (*Miss* C.). *The Same*. 2nd. ed. Cambridge, 1834. 16° 3637.
TAGGART (*Miss* C.). *The Same*. 3d. ed. N. Y. 1848. 12° 3638.
TAIT (J. R.). Dolce Far Niente. Phila. 1859. 12° 3639.
TALK (A) with the Ganges. *See* [Mason (Mrs. E. B.).]
[TALLBOYS (W. P.).] The Story of Don Sebastian. *n. p., n. d.* 8° 3640.
TALLEY (*Miss* S. A.). Poems. N. Y. 1859. 12° 3641.
? TANCRED; or the Siege of Antioch. Phila. 1827. 16° 3642.
TAPPAN (W. B.), *b.* 1794, *d.* 1849. The Daughter of the Isles. Bost. 1844. 32° 3643.
TAPPAN (W. B.). Late and Early Poems. Worcester, [1849.] 32° 3644.
TAPPAN (W. B.). *The Same*. Worcester, 1849. 32° 3645.
TAPPAN (W. B.). Lyric Poems. Phila. 1826. 12° 3646.
TAPPAN (W. B.). Lyrics. Phila. 1822. 12° 3647.
TAPPAN (W. B.). The Memento. Bost. [1849.] 32° 3648.
TAPPAN (W. B.). Missions. Bost. 1838. 32° 3649.
TAPPAN (W. B.). New England. Phila. 1819. 18° 3650.
TAPPAN (W. B.). Poems. Phila. 1822. 12° 3651.
TAPPAN (W. B.). *The Same*. Phila. 1834. 18° 3652.
TAPPAN (W. B.). *The Same*. Phila. 1836. 16° 3653.
TAPPAN (W. B.). Poems and Lyricks. Bost 1842. 16° 3654.
TAPPAN (W. B.). The Poet's Tribute. Bost. 1840. 16° 3655.
TAPPAN (W. B.). Poetry of Life. Bost. 1848. 16° 3656.
TAPPAN (W. B.). Poetry of the Heart. Worcester, [1845.] 32° 3657.
TAPPAN (W B.). *The Same*. Troy, 1846. 32° 3658.
TAPPAN (W. B.). Sacred and Miscellaneous Poems. Bost. 1847. 8°, *Sig.* 12° 3659.
TAPPAN (W. B.). Songs of Judah. Phila. 1820. 18° 3660.
TAPPAN (W. B.). The Sunday School. Bost. 1848. 12° 3661.
? TARDY George. N. Y. 1865. 4° 3662.
TAR-HEEL Tales. *See* Joslynn (Jep).
TAYLEURE (C. W.). The Boy Martyrs. Bost. [1859.] 12° 3663.

TAYLEURE (C. W.). Horseshoe Robinson. N. Y. [1858.] 12° 3664.
TAYLOR (B.), *b.* 1825. The American Legend. Cambridge, 1850. 12° 3665.
TAYLOR (B.). The Ballad of Abraham Lincoln. Bost. 1870. 4° 3666.
TAYLOR (B.). A Book of Romances. Bost. 1852. 16° 3667.
TAYLOR (B.). The Picture of St. John. Bost. 1866. 16° 3668.
TAYLOR (B.). Poems of Home and Travel. Bost. 1855. 16° 3669.
TAYLOR (B.). *The Same.* Bost. 1856. 16° 3670.
TAYLOR (B.). Poems of the Orient. Bost. 1855. 16° 3671.
TAYLOR (B.). *The Same.* 5th. ed. Bost. 1857. 16° 3672.
TAYLOR (B.). The Poet's Journal. Bost. 1863. 16° 3673.
TAYLOR (B.). Rhymes of Travel. 2nd. ed. N. Y. 1849. 12° 3674.
TAYLOR (J. B.). Ximena. Phila. 1844. 12° 3675.
TAYLOR (R. H.). Poems. N. Y. 1848. Sqr. 8° 3676.
TAYLOR (R. H.). A Remembrancer. N. Y. 1848. 8° 3677.
TAYLOR (S. W.). The Storming of Quebec. Phila. 1829. 18° 3678.
TAYLOR and Fillmore. *See* Song Books.
? TEACHINGS (The) of Nature. Bost. 1845. 18° 3679.
TELFER (W. D.). A Reminiscence of the First Battle of Manassas. Brooklyn, *n. d.* Sqr. 16° 3680.
TELL Truth and Shame the Devil. *See* [Dunlap (W.).]
TELLEZ (Mrs. A.). Reunido. 3d. ed. N. Y. 1864. 12° 3681.
TENTH Muse (The). *See* [Bradstreet (Mrs. A.).]
TEMPERANCE Poems. No. II. *See* H (E. D.).
TENELLA, *pseud.* *See* Wood-Notes, *and* Mosses.
TERRIBLE Tractoration. *See* [Fessenden (T. G.).]
T[ERRY] (J. O.). The Poems of J. O. T. N. Y. 1850. 18° 3682.
TERRY (Miss R.). *See* Cooke (Mrs. Rollin).
THACHER (W.). A Battle between Truth and Error. Middletown, Conn. 1808. Sm. 12° 3683.
THALATTA. *See* [Longfellow (S.) & Higginson (T. W.).]
THANKSGIVING Eve. *See* [Canning (J. D.).]
THATCHER (B. B.). *See* Boston Book (The).
THAXTER (A. W.), *b.* 1832, *d.* 1864. A Poem. Cambridge, 1850. 16° 3684.

THAXTER (*Mrs.* C.). Poems. N. Y. 1874. Sqr. 16° 3685.
? THEBAN Club (The). A Satire. Phila. 1824. 18° 3686.
? THESE Lines are respectfully Dedicated to William P. Morgan, of Virginia, President of the Graduating Class of the University of Maryland, by his Fellow Students. *n. p.* 1862. 8° 3687.
THIERY (C.). Loin de la Patrie. San Francisco, 1869. 8° 3688.
? THOMAS A' Becket. [By Major Alexander Hamilton?] N. Y. [1863.] 12° 3689.
THOMAS (B. F.). *See* Celebration.
THOMAS (D.). A Poem. Wrentham, Mass. 1802. 8° 3690.
THOMAS (F. W.), *b.* 1808, *d.* 1866. The Beechen Tree. N. Y. 1844. 12° 3691.
[THOMAS (F. W.).] The Emigrant. Cincinnati, 1833. 8° 3692.
THOMAS (G. B). A Sketch. *n. p.*, *n. d.* 8° 3693.
THOMAS (John). The Origin and Course of Intemperance. N. Y. 1832. 12° 3694.
THOMAS (Joseph). The Pilgrim's Hymn Book. Winchester, Va. 1816. 32° 3695.
THOMAS (J.). A Poetical Descant. Winchester, Va. 1816. 32° 3696.
THOMAS (L. F.). Cortez. Washington, 1857. 8° 3697.
THOMAS (L. F.). Rhymes of the Routs. [In same vol. with "Midsummer Day's Dream: By T. S. Donoho." *See supra* No. 993.] Washington, 1847. 8°
THOMAS (W. G.). The Minor Poetry of Goethe. Phila. 1859. 8° 3698.
THOMPSON (Mrs. A.). The Lyre of Tioga. Geneva, N. Y. 1829. 18° 3699.
THOMPSON (G.). The Prison Bard. Hartford, 1848. 12° 3700.
[THOMPSON (M.).] Doesticks. Detroit, 1854. 8° 3701.
[THOMPSON (M.).] Nothing to Say. N. Y. 1857. 12° 3702.
[THOMPSON (M.).] Plu-ri-bus-tah. N. Y. 1856. 12° 3703.
THOMPSONIAN Quack (The). *See* Yellott (G.).
THOMSON (C. W.), *b.* 1798. Elliner. Phila. 1826. 12° 3704.
THOMSON (C. W.). Love of Home. Phila. 1845. 12° 3705.
THOMSON (C. W.). The Sylph. Phila. 1828. 18° 3706.
THOMSON (C. W.). The Utility of Classical Studies. By N. C. Brooks [and] A Poem by C. W. Thomson. Balt. 1840. 8° 3707.

THOMSON (S.), *b.* 1769, *d.* 1843. Learned Quackery Exposed. [Bost. 1824.] 12° 3708.
THOMSON (S.). *The Same.* Bost. 1836. 12° 3709.
[THURBER (C.).] A Poem. [Prov. 1827.] 8° 3710.
[THURBER (C.).] *See also* Celebration.
TILTON (T.), *b.* 1835. The Fly. N. Y. [1865.] Sqr. 16° 3711.
TILTON (T.). The Sexton's Tale. N. Y. 1867. 16° 3712.
TILTON (T.). The Two Hungry Kittens. N. Y. 1866. 4° 3713.
TIME on the Iron Horse. *See* [Hodgkins (T. G.).]
? TIMES (The) and the Men. Phila. 1871. 12° 3714.
? TIMES (The): A Satire. N. Y. 1843. 12° 3715.
TIMES (The). *See also* [Markoe (P.),] [Odell (J.),] Pickle (Peter), *and* Standish (Miles) jun.
TIMROD (H.), *d.* 1867. Poems. Bost. 1860. 16° 3716.
TIMROD (H.). *See also* Proceedings (The), &c.
TIPPECANOE. *See* Song Books.
? TIPPERARY Warbler (The). Rochester, N. Y. 1865. 12° 3717.
TIT for Tat. *See* [Clifton (W.).]
? To L. C. Esq. [No place, date, or title.] 12° 3718.
? TOBACCO; A Satire. 2nd. ed. *n. p.* 1859. 8° 3719.
TODD (Mrs. S. H.). Occasional Poems. Bost. 1851. 16° 3720.
TODDY-MILL (The). *See* Gilpin (Johny).
TOM Paine's Jests. *See* [Paine (T.).]
TOPLIFF (N.). Poems. Bost. 1809. 12° 3721.
TORREY (H. D.). America. Reading, Pa. 1862. 12° 3722.
? TOUCH (A) at the Times. Portland, 1840. 18° 3723.
? TOUCH Stone (A) for the Clergy. To which is added, A Poem, wrote By a Clergyman in Virginia, In a Storm of Wind and Rain. Printed in the Year 1771. 8° 3724.
? TOUCHSTONE (Geoffry). He wou'd be a Poet. Phila. 1796. 8° 3725.
? TOUCHSTONE (Geoffry). The House of Wisdom in a Bustle. Phila. 1798. 8° 3726.
TOUCHSTONE (Geoffry). *The Same.* N. Y. 1798. 8° 3727.
T[OWNLEY] (D. O'C.). Alderman Rooney at the Cable Banquet. N. Y. 1866. Lg. 8° 3728.
TOWNLEY (D. O'C.). Alderman Rooney, at the Great Exhibition. N. Y. 1867. Sqr. 8° 3729.

TOWNSEND (Miss E.), *b.* 1789, *d.* 1854. Poems. Bost. 1856. 4° 3730.

TOWNSEND (Elizabeth W.). The White Dove. N. Y. 1855. 12° 3731.

TOWNSEND (Elizabeth W.). *The Same.* Phila. 1858. 12° 3732.

TOWNSEND (G. A.). Poems. Washington, 1870. 16° 3733.

TOWNSEND (Hannah). History of England in verse. Phila. 1852. 12° 3734.

[TOWNSEND (R. H.).] Rhymes. Balt. 1836. 18° 3735.

TOWNSEND (W.). Ode for the Fourth of July, 1803. *n. p., n. d.* 4° 3736.

TRACY (C. M.). A Poem dld. at Lynn. Lynn, 1867. 8° 3737.

TRAGEDY of Errors. *See* [Putnam (Mrs. M. L.).]

TRAGEDY of Success. *See* [Putnam (Mrs. M. L.).]

TRAITS of the Aborigines. *See* [Sigourney (Mrs. L. H.).]

TRANSALLEGANIA. *See* [Schoolcraft (H. R.).]

TREASURES of Darkness. *See* L (E.).

TRIAL (The) of Cain. *See* [Brown (E.).]

TRIBUTE (A) to the Fair. *See* [Marié (P.).]

TRIUMPH (The) of Infidelity. *See* [Dwight (T.).]

? TRIUMPH (The) of Peace. N. Y. 1840. 12° 3738.

TRIUMPHS (The) of Love. *See* [Murdock (J.).]

TRIUMPHS (The) of Superstition. *See* [Harris (T. M.).]

? TROLLOPE (Nichodemus). The Scribes of Gotham. N. Y. 1833. 12° 3739.

TROLLOPIAD (The). *See* [Shelton (F. W.).]

TROWBRIDGE (J. T.), *b.* 1827. Neighbor Jackwood. Bost. 1857. 12° 3740.

TROWBRIDGE (J. T.). The Story of Columbus. Bost. 1870. 4° 3741.

TROWBRIDGE (J. T.). The Vagabonds. N. Y. 1864. 4° 3742.

? TRUE and Infernal Friendship, Or the Wisdom of Eve. And the Character of the Serpent, with the Situation, Joys, and Loss of Paradise. Prov. 1813. 12° 3743.

TRUE Grecian Bend (The). *See* Warner (L. T.).

TRUESDELL (Mrs. H.). Poems. 11th. ed. Cincinnati, 1859. 8° 3744.

[TRUMBULL (J.),] *b.* 1750, *d.* 1831. An Elegy on the Times. New-Haven, 1775. 8° 3745.

[TRUMBULL (J.).] McFingal. Lond. 1776. 8° 3746.
[TRUMBULL (J.).] *The Same.* Hartford, 1782. Sm. 8° 3747.
[TRUMBULL (J.).] *The Same.* Bost. 1785. Sm. 8° 3748.
TRUMBULL (J.). *The Same.* Phila. 1791. 12° 3749.
[TRUMBULL (J.).] *The Same.* 5th. ed. Lond. 1792. 8° 3750.
TRUMBULL (J.). *The Same.* N. Y. 1795. 8° 3751.
TRUMBULL (J.). *The Same.* Bost. 1799. 16° 3752.
TRUMBULL (J.). *The Same.* Albany, 1813. 24° 3753.
TRUMBULL (J.). *The Same.* Hallowell, 1813. 18° 3754.
TRUMBULL (J.). *The Same.* Hudson, 1816. 18° 3755.
TRUMBULL (J.). *The Same.* Bost. 1826. 24° 3756.
TRUMBULL (J.). *The Same.* Phila. 1839. 18° 3757.
TRUMBULL (J.). *The Same.* Hartford, 1856. 8° 3758.
TRUMBULL (J.). *The Same.* N. Y. 1860. 8° 3759.
TRUMBULL (J.). *The Same.* N. Y. 1864. 16° 3760.
TRUMBULL (J.). The Poetical Works. Hartford, 1820. 2 vs. 8° 3761.
[TRUMBULL (J.).] The Progress of Dulness. Part 2nd. N. Y. 1773. 8° 3762.
[TRUMBULL (J.).] The Progress of Dulness. Carlisle, 1797. 18° 3763.
[TRUMBULL (J.).] *The Same.* Wrentham, Mass. 1801. 24° 3764.
TRUMBULL (J.). *See also* Anarchiad (The).
TRUMBULL (T.). The New Yankee Doodle. N. Y. 1868. 12° 3765.
TRUTH. *See* [Snelling (W. J.).]
? TUCKER (Dan (Not Bev)). The New Yankee Doodle. Washington, 1861. 12° 3766.
TUCKER (H.). *See* Song Books.
TUCKER (Mary E.). Poems. N. Y. 1867. 12° 3767.
[TUCKER (M. E.)?] Loew's Bridge. N. Y. 1867. Sqr. 16° 3768.
[TUCKER (St. G.),] *b.* 1752, *d.* 1827. The Probationary Odes of Jonathan Pindar, Esq. Phila. 1796. 12° 3769.
TUCKERMAN (F. G.), *b.* 1821. Poems. Bost. 1864. 16° 3770.
TUCKERMAN (H. T.), *b.* 1813, *d.* 1871. Poems. Bost. 1851. 16° 3771.
TUCKERMAN (H. T.). A Sheaf of Verse. N. Y. 1864. 12° 3772.
T[UEL] (J. E.). The Publishers' Festival. N. Y. 1855. 8° 3773.

[TUEL (J. E.).] Putnam Portraits. N. Y. 1855. 16° 3774.
TURNBULL (J. D.). Rudolph. Bost. 1807. 18° 3775.
TURNBULL (J. D.). The Wood Daemon. Bost. 1808. 18° 3776.
? TURNER (Cyril). White Lies. N. Y. [1858.] 12° 3777.
TURNER (Eliza S.). Out-of-Door Rhymes. Bost. 1872. 12° 3778.
TURNER (J. W.). The Minstrel's Gift. Bost. 1852. 12° 3779.
[TURNER (Juliana F.).] The Harp. Montrose, Pa. 1822. 12° 3780.
? TWEEDLE Hall. [N. Y. 1870.] 12° 3781.
TWINS (The). *See* Verity (John).
? TWO Foscari (The). Bost. 1847. 12° 3782.
TWO Women (The). *See* Delta.
[TYLER (R.).] Ahasuerus. N. Y. 1842. 12° 3783.
[TYLER (R.).] Death. N. Y. 1843. 12 3784.
TYLER (R.). Poems. Phila. 1839. 12° 3785.
TYLER (T. P.). The Unseen Witnesses. Hartford, 1846. 8° 3786.

UMPHRAVILLE (A.). The Siege of Baltimore. Balt. 1817. 12° 3787.
UNDERWOOD (T. H.), *d.* 1863. Our Flag. N. Y. 1862. 12° 3788.
? UNION (The). Bost. 1860. 12° 3789.
UNITED We Stand. *See* Juba.
? UNTAUGHT Bard (The). N. Y. 1804. 12° 3790.
UPHAM (T. C.), *b.* 1799. American Cottage Life. 2nd. ed. Brunswick, 1850–51. 12° 3791.
UPHAM (T. C.). *The Same.* 3d. ed. Portland, 1852. 12° 3792.
UPHAM (T. C.). *The Same.* 4th. ed. Portland, 1852. 12° 3793.
UPHAM (T. C.). *The Same.* 7th. ed. Bost. *n. d.* 12° 3794.
UPHAM (T. C.). American Sketches. N. Y. 1819. 18° 3795.
[UPHAM (T. C.).] The Religious Offering. N. Y. 1835. 12° 3796.
URIEL Acosta. *See* M (M.).

? V (Mary V.). A Dialogue, between A Southern Delegate and his Spouse. *n. p.* 1774. 8° 3797.
VAGABOND (The). *See* Pindar (Peter).

VAIL (J. C.). Poems. N. Y. 1851. 8° 3798.
VAIL (J. C.). *See also* Carriers' Addresses.
VAIL (T. H.). *See* Lyde (A. F.).
VALEDICTORY Poem. *See* [Battershall (W. W.),] [Burr (J. A.),] & [Mason (H. B.).]
VANDENHOFF (G.). Common Sense. N. Y. 1858. 12° 3799.
VANDENHOFF (G.). Life. N. Y. 1861. 12° 3800.
VANDERMARK (J. R.). An Epic Poem. Virginia, Ills. 1861. 16° 3801.
VAN WATERS (G.). The Poetical Geography. Cincinnati, 1852. Sqr. 8° 3802.
VAN WATERS (G.). *The Same.* N. Y. 1856. Sqr. 8° 3803.
VAUGHAN (W.), *b.* 1577, *d. ab.* 1640. The Church Militant. Lond. 1640. 16° 3804.
[VAUGHAN (W.).] The Golden Fleece. Lond. 1626. Sm. 4° 3805.
[VAUX (R.),] *b.* 1817. The Habeas Corpus. Phila. 1862. 4° 3806.
VERE (Mary A. De). *See* De Vere (Mary A.).
?VERITY (John). The Twins. *n. p.* [1856.] 8° 3807.
VERMONT Wool-Dealer. *See* [Logan (C. A.).]
VERSE, by H. W. P. *See* P[arker] (H. W.).
VERSIFICATION (A) of President Washington's Excellent Farewell-Address. *See* [Sewall (J. M.).]
VERY (J.), *b.* 1813. Essays and Poems. Bost. 1839. 16° 3808.
VERY (Lydia L. A.). Poems. Andover, 1856. 12° 3809.
? VEY de Vere. You know how it is Yourself Sir! Bost. 1871. 16° 3810.
VILLAGE (The). *See* [LINCOLN (E.).]
VILLAGE Merchant (The). *See* [Freneau (P.).]
VILLAGE Poet (The). *See* [Winchell (J. F.).]
VIOLA. *See* [Botsford (Mrs.).]
? VIRGINIA; Or, The Fatal Patent. Washington, 1825. 12° 3811.
VIRTUES (The) of Society. *See* [Morton (Mrs. S. W.).]
VISION (The) of Don Crocker. *See* [Kilty (Chancellor).]
? VISION (A) of Faith. N. Y. 1867. 8° 3812.
VISION (The) of Rubeta. *See* [Osborn (L.).]
VOCAL Companion (The), and Masonic Register. Bost. 1802. 12° 3813.
? VOICES from the Kenduskeag. Bangor, 1848. 12° 3814.

VOSBURG (J. H.). Virginia. N. Y. 1865. 18° 3815.
VOYAGE (The). *See* [Boulton (T.).]

? W The Battle of Lepanto, The Fall of Delhi, and other Poems By W. Phila. 1829. 12° 3816.
W (A. D. T.). *See* W[hitney](A. D. T.).
? W (A. W.). Lyrics. Bost. 1841. 8° 3817.
? [W (A. W.).] Poems by a Priest. Published for Subscribers. Salisbury, Md. Phila. 1851. 12° 3818.
WADDELL (F. L.). An Autumn Dream. N. Y. 1857. 12° 3819.
WADDELL (F. L.). The Drift Wood Spar. [N. Y. 1853.] 12° 3820.
WADDELL (F. L.). Texas. N. Y. 1844. 12° 3821.
[WADDELL (J. H.).] A Fair Epistle. N. Y. 1818. 16° 3822.
WADDELL (J. H.). The Dartmoor Massacre. Bost. 1815. 8° 3823.
[WADDELL (J. H.).] Waddell, to Coleman. N. Y. 1819. 16° 3824.
WADDELL, to Coleman. *See* [Waddell (J. H.).]
WAINWRIGHT (D. W.). Wheat and Chaff. N. Y. 1858. 12° 3825.
WAINWRIGHT (H.). Rhymings. N. Y. 1860. 12° 3826.
WAITE (H. R.). *See* Song Books.
WAKONDAH. *See* [Mathews (C.).]
WALCOT (C. M.), *b.* 1816, *d.* 1868. "A Good Fellow." N. Y. [1856.] 12° 3827.
WALCOT (C. M.). Hiawatha. N. Y. [1856.] 12° 3828.
WALCOT (C. M.). Nothing to Nurse. N. Y. [1857.] 12° 3829.
WALCOT (C. M.). One Coat for two Suits. N. Y. [1857.] 12° 3830.
WALDRON (W. W.). Pocahontas. N. Y. 1841. 12° 3831.
? WALK (A) about Vicksburg. Bost. 1844. 12° 3832.
WALKER (J.). Poems. Buffalo, 1854. 12° 3833.
WALLACE. *See* [Smith (J. W.).]
[WALLACE (Mrs. E. D.).] England's Last Queen. N. Y. 1871. 16° 3834.
WALLACE (W. [R.]), *b.* 1819. Alban the Pirate. N. Y. 1848. 12° 3835.
[WALLACE (W. [R.]).] The Battle of Tippecanoe. Cincinnati, 1837. 12° 3836.

WALLACE (W. R.). The Liberty Bell. N. Y. 1862. 4° 3837.
WALLACE (W. R.). Meditations. N. Y. 1851. 12° 3838.
WALLACE (W. R.). *The Same.* 2nd. ed. N. Y. 1851. 12° 3839.
WALLACE (W. R.). Prattsville. N. Y. 1852. 8° 3840.
WALLACE (W. [R.]). Wordsworth. N. Y. 1846. 12° 3841.
WALLACE (W. R.). *See also* Song Books.
WALLACK (J. L.). The Veteran. N. Y. [1859.] 12° 3842.
WALLACK (L.). *See* Edwards (P.) & Wallack (L.).
[WALLIS (S. T.),] *b.* 1816. The Blessed Hand. [Balt. 1866.] 8° 3843.
[WALLIS (S. T.). Letters from a Maryland Mail Bag. [Balt. 1863.] 8° 3844.
WALL Street; Or, Ten Minutes before Three. *See* [Mead (....?).]
[WALN (R.),] *b.* 1794, *d.* 1825. American Bards. Phila. 1820. 8° 3845.
[WALN (R.).] Sisÿphi Opus. Phila. 1820. 8° 3846.
WALSH (M.), *b.* 1810, *d.* 1859. Sketches. N. Y. 1843. 8° 3847.
WALTER (W. B.), *b.* 1796, *d.* 1822. Poems. Bost. 1821. 8° 3848.
[WALTER (W. B.).] Sukey. Bost. 1821. 8° 3849.
[WALTER (W. B.). *The Same.* Balt. 1821. 8° 3850.
? WANDERER (The), A Rambling Poem. By a Clerk in Market Street. Phila. 1836. 18° 3851.
? WANDERER (The), Or Horatio and Laetitia. Utica, 1811. 12° 3852.
WANDERING Boys (The). *See* [Noah (M. M.).]
WAR. *See* [Cockings (G.).]
WAR Songs of the South. Ed. by "Bohemian." Richmond, 1862. 12° 3853.
WARD (J. W.). The Song of Higher-Water. N. Y. 1868. 8° 3854.
WARD (J. W.). Woman. Cincinnati, 1852. 12° 3855.
WARD (M.). Poems. Plymouth, 1826. 18° 3856.
WARD (S.). Lyrical Recreations. N. Y. 1865. 12° 3857.
WARD (T.). Flora. N. Y. 1858. 8° 3858.
[WARD (T.).] A Month of Freedom. N. Y. 1837. 12° 3859.
[WARD (T.).] Passaic. By Flaccus. N. Y. 1842. 12° 3860.
WARD (T.). War Lyrics. N. Y. *n. d.* 8° 3861.
WARDEN (F. L.). *See* Goodrich (F. B.) & Warden (F. L.). 3862.

WARDWELL (S. S.). Sabbath School Melodies. Bost. *n. d.* 12° 3863.
WARDWELL (S. S.). The Village of Harmonia. Prov. 1839. 12° 3864.
WARE (H.), *b.* 1794, *d.* 1843. The Feast of Tabernacles. Cambridge, 1837. 16° 3865.
WARE (H.). A Poem. Cambridge, 1815. 8° 3866.
WARE (H.). The Vision of Liberty. Bost. 1824. 8° 3867.
WARFIELD (Mrs. C. A.), & Lee (Mrs. E. P.). The Indian Chamber. N. Y. 1846. 12° 3868.
[WARFIELD (Mrs. C. A.), & Lee (Mrs. E. P.).] The Wife of Leon. N. Y. 1844. 12° 3869.
WARFIELD (Mrs. C. A.), & Lee (Mrs. E. P.). *The Same.* 2nd. ed. Cincinnati, 1845. 12° 3870.
WARLAND (J. H.). The Plume. Bost. 1847. 12° 3871.
WARLAND (J. H.). *See also* [Rice (G. E.) & Warland (J. H.).]
[WARNER (L. T.).] The True Grecian Bend. N. Y. 1868. 12° 3872.
[WARREN (Mrs. M.),] *b.* 1728, *d.* 1814. The Adulateur. Bost. 1773. 8° 3873.
WARREN (Mrs. M.). Poems. Bost. 1790. 12° 3874.
[WARREN (N. B.).] Ancient Christmas Carol. N. Y. 1857. 8° 3875.
WARREN (O. G.). Dream of the Highlands. N. Y. 1840. 12° 3876.
? WARS (The) of America. Balt. 1839. 8° 3877.
? WARWICK. Alabama, Or Here We Rest. Cleveland, O. *n. d. Size of* Sqr. 8° 3878.
WASHBURN (J. B.). Yo Semite. San Francisco, 1871. 8° 3879.
? WASHINGTON'S Birth Day. Albany, 1812. Sm. 4° 3880.
WATERBURY (J. B.), *b.* 1799. The Brighter Age. Bost. 1830. 12° 3881.
WATERSTON (R. C.), *b.* 1812. A Poem. Bost. 1845. 8° 3882.
WATERSTON (R. C.). The Widow's Son. Bost. 1843. 8° 3883.
WATERY War (The). *See* [Benedict (N.).]
WATKINS (Frances E.). Poems. Bost. 1854. 16° 3884.
WATKINS (Frances E.). *The Same.* Bost. 1855. 16° 3885.
WATTERSTON (G.). The Child of Feeling. George Town, 1809. 18° 3886.

WAUGH (J.). The Temperance Muse. Prov. 1842. 18° 3887.
WA-WA-WANDA. *See* [Newman (....?).]
WEAL-REAF (The). [Salem,] 1860. Sm. 4° 3888.
[WEAVER (Lieut.).] Journals of the Ocean. N. Y. 1826. 12° 3889.
WEAVER (W. L.). The Battle of the Frogs. Willimantic, 1857. 8° 3890.
WEBBER (S.). Logan. Cambridge, 1821. 18° 3891.
WEBBER (S.). War. Cambridge, 1823. 18° 3892.
WEBSTER (Mrs. M. M.). Pocahontas. Phila. 1840. 12° 3893.
WEEKES (R.). The Advantages and Disadvantages of the Married State. Stanford, 1805. 12° 3894.
WEEKES (R.). The Life of William Penn. N. Y. 1822. 12° 3895.
WEEKES (R.). Poems. N. Y. 1820. 12° 3896.
WEEKES (R.). *The Same.* N. Y. 1823. 12° 3897.
WEEKS (Della J.). Legends of the War. Bost. 1863. 16° 3898.
WEEKS (R. K.). Poems. N. Y. 1866. 12° 3899.
WEEMS (M. L.), *d.* 1825. Hymen's Recruiting-Serjeant. Phila. 1805. 4° 3900.
WEEMS (M. L.). *The Same.* Hartford, 1851. 18° 3901.
WEE WEE Songs. *See* [Coe (Miss R.).]
WEHNER (J. H.). Principles form character. N. Y. [1859.] 12° 3902.
[WELBY (Mrs. A. B.),] *b.*1819, *d.* 1852. Poems. Bost. 1845. 12° *Size of* Sqr. 8° 3903.
[WELBY (Mrs. A. B.).] *The Same.* 2nd. ed. N. Y. 1846. 12° 3904.
[WELBY (Mrs. A. B.).] *The Same.* 4th. ed. N. Y. 1847. 12° 3905.
[WELBY (Mrs. A. B.).] *The Same.* 5th. ed. N. Y. 1848. 12° 3906.
[WELBY (Mrs. A. B.).] *The Same.* 6th. ed. N. Y. 1849. 12° 3907.
[WELBY (Mrs. A. B.).] *The Same.* 7th. ed. N. Y. 1850. 12° 3908.
WELBY (Mrs. [A. B.]). *The Same.* Illustrated. N. Y. 1850. 12° *Size of* Sqr. 8° 3909.

[WELBY (Mrs. A. B.).] *The Same.* 9th. ed. N. Y. 1850. 12° 3910.
[WELBY (Mrs. A. B.).] *The Same.* 11th. ed. N. Y. 1852. 12° 3911.
[WELBY (Mrs. A. B.).] *The Same.* 14th. ed. N. Y. 1860. 12° 3912.
WELCH (J. W.). The Crowning Gift. Huntingdon, Pa. 1873. 8° 3913.
WELD (H. H.), *b.* 1811. Corrected Proofs. Bost. 1836. 12° 3914.
WELD (H. H.). The Life of the Apostles. Phila. *n. d.* 12° 3915.
WELLER (Catharine). The Medley. N. Y. 1810. 12° 3916.
[WELLMAN (Mary W.).] Poem and other Thoughts. Bost. 1854. 12° 3917.
WELLS (Anna M.), *b.* 1797. The Floweret. N. Y. 1842. Sqr. 24° 3918.
WELLS (Anna M.). Poems. Bost. 1830. 12° 3919.
WELLS (G.). The Israelid. N. Y. 1859. 18° 3920.
WELSH (J. S.). Harp of the West. Cincinnati, 1839. 12° 3921.
WENTWORTH (May). Poetry of the Pacific. San Francisco, 1867. 12° 3922.
? WEST Point Life: A Poem. With Pen and Ink Sketches, By a Cadet. N. Y. 1866. Ob. 8° 3923.
WESTALL (J.). In Memoriam. Fall River, 1865. 8° 3924.
WESTLAKE (J. W.). Anastatis. N. Y. 1854. 8° 3925.
WESTON (E. P.). The Bowdoin Poets. Brunswick, 1840. 12° 3926.
[WETMORE (P. M.),] *b.* 1798. Lexington, N. Y. 1830. 8° 3927.
? WHAT I Think: A Satire. *n. p.* 1859. 12° 3928.
WHEAT Sheaf (The). Phila. 1857. 12° 3929.
WHEATLEY (Phillis), *b. ab.* 1753, *d.* 1784. Memoir and Poems. Bost. 1834. Sm. 8° 3930
WHEATLEY (Phillis). *The Same.* 2nd. ed. Bost. 1835. 18° 3931.
WHEATLEY (Phillis). *The Same.* 3d. ed. Bost. 1838. 18° 3932.
WHEATLEY (Phillis). Negro Equalled by few Europeans. Phila. 1801. 2 vs. 12° 3933.
WHEATLEY (Phillis). Poems. Lond. 1773. Sm. 8° 3934.
WHEATLEY (Phillis). *The Same.* Albany, 1793. 16° 3935.
WHEATLEY (Phillis). *The Same.* Walpole, N. H. 1802. 12° 3936.

WHEATLEY (Phillis). A Sermon [and] An Elegiac Poem. Lond. 1771. 8° 3937.
WHEELER (A.). The Age. N. Y. 1845. 8° 3938.
[WHEELER (A.).] Immortality. N. Y. 1844. 8° 3939.
WHEELOCK (O.). Original Poems. *n. p.*, *n. d.* 16° 3940.
WHELER (C. L.). The Winnowing. Bost. 1351. [1851.] 12° 3941.
WHEN Lilacs, &c. *See* [Whitman (W.).]
? WHIGS and Democrats; Or Love of no Politics. Richmond, 1839. 12° *Size of* 8° 3942.
[WHIPPLE (Frances H.).] The Envoy. Pawtucket, 1840. 16° 3943.
WHIPPLE (Frances H.). The Original. Prov. 1829. 12° 3944.
? WHIPPOORWILL (Byron). Orondalie. Hudson, 1825. 8° 3945.
WHITAKER (H. C.). Memories and Fancies. Prov. 1859. 8° 3946.
[WHITAKER (H. C.).] Old Fashioned Sounds. [Prov.] 1873. 8° 3947.
WHITAKER (H. C.). Oration..and Poem. Prov. 1859. 8° 3948.
WHITAKER (Mary S.). Poems. Charleston, 1850. 12° 3949.
WHITE (A.). Sacred Poems. Springfield, 1847. 12° 3950.
WHITE (C. W.). Miscellaneous Poetry. Lowell, *n. d.* 18° 3951.
WHITE (J. B.), *b. ab.* 1782, *d.* 1859. Foscari. Charleston, 1806. 12° 3952.
WHITE (J. J.). Peace. Phila. 1867. 12° 3953.
WHITE (N. F.). Voices. N. Y. 1854. 12° 3954.
WHITE (R. G.). National Hymns. N. Y. 1861. 8° 3955.
WHITE (R. G.). Poetry..of the Civil War. N. Y. 1866. 12°, *Sig.* 8° 3956.
WHITE (W. C.), *b.* 1777, *d.* 1818. The Clergyman's Daughter. Bost. 1810. 18° 3957.
WHITE (W. C.). Orlando. Bost. 1797. 18° 3958.
WHITED Sepulchre (The). *See* Sophia.
WHITEHEAD (L.). The New House, &c. N. Y. *n. d.* 16° 3959.
[WHITEMAN (W. A.),] *b.* 1810. Who Killed the Writ? [or] A Diplomat on Diplomacy. Phila. 1862. 4° 3960.
WHITEFIELD (J. M.). America. Buffalo, 1853. 18° 3961.
WHITE'S. *See* Song Books.
[WHITING (H.),] *d.* 1851. Ontwa. N. Y. 1822. 8° 3962.

WHITING (H.). Sannillac. Bost. 1831. 12° 3963.
WHITMAN (B.). The Heroes of the North. Bost. 1816. 8° 3964.
WHITMAN (*Mrs.* S. H.). Hours of Life. Prov. 1853. 16° 3965.
WHITMAN (*Mrs.* S. H.). Poem. [Prov. 1847.] 8° 3966.
WHITMAN (W.). After All. Bost 1871. 8° 3967.
WHITMAN (W.). Drum-Taps. N. Y. 1865. 12° 3968.
[WHITMAN (W.).] Leaves of Grass. Brooklyn, 1855. 4° 3969.
[WHITMAN (W.).] *The Same.* Bost. 1860-61. 12° 3970.
[WHITMAN (W.).] When Lilacs, &c Washington, 1865-6 12° 3971.
WHITNEY (Anne). Poems. N. Y. 1859. 12° 3972.
W[HITNEY] ([Mrs.] A. D. T.). Footsteps. Bost. 1857. 16° 3973.
[WHITNEY (Mrs. A. D. T.).] Mother Goose for Grown Folks. N. Y. 1860. 16° 3974.
WHITNEY (D. S.). American Slavery. Bost. 1859. 16° 3975.
WHITNEY (T. R.). The Ambuscade. N. Y. 1845. 12° 3976.
WHITTAKER (C.). Poems. Phila. 1863. 16° 3977.
WHITTIER (J. G.), *b.* 1807. Among the Hills. Bost. 1869. 16° 3978.
WHITTIER (J. G.). Ballads and Other Poems. Lond. *n. d.* 32° 3979.
WHITTIER (J. G.). The Chapel of the Hermits. Bost. 1853. 16° 3980.
WHITTIER (J. G.). Home Ballads and Poems. Bost. 1860. 16° 3981.
WHITTIER (J. G.). In War Time. Bost. 1864. 16° 3982.
WHITTIER (J. G.). Lays of My Home. Bost. 1843. 16° 3983.
WHITTIER (J. G.). Legends of New England. Hartford, 1831. 12° 3984.
WHITTIER (J. G.). Maud Muller. Bost. 1867. 8° 3985.
WHITTIER (J. G.). Mogg Megone. Bost. 1836. 32° 3986.
WHITTIER (J. G.). Moll Pitcher. Phila. 1840. 18° 3987.
WHITTIER (J. G.). National Lyrics. Bost. 1865. Sqr. 16° 3988.
WHITTIER (J. G.). The Panorama. Bost. 1856. 16° 3989.
WHITTIER (J. G.). Poems written during the Progress of the Abolition Question. Bost. 1837. 16° 3990.
WHITTIER (J. G.). Poems. Phila. 1838. 12° 3991.
WHITTIER (J. G.). *The Same.* Bost. 1849. 8° 3992.

WHITTIER (J. G.). The Poetical Works. Bost. 1857. 2 vs. 32° 3993.
WHITTIER (J. G.). A Sabbath Scene. Bost. 1854. 16° 3994.
WHITTIER (J. G.). Snow-bound. Bost. 1866. 16° 3995.
WHITTIER (J. G.). *The Same.* Bost. 1868. 8° 3996.
WHITTIER (J. G.). Songs of Labor. Bost. 1850. 16° 3997.
WHITTIER (J. G.). *The Same.* Bost. 1851. 16° 3998.
WHITTIER (J. G.). Voices of Freedom. 7th. ed. Phila. 1846. 12° 3999.
WHITTIER (J. G.), & Parsons (T. W.). Agassiz Memorial. Cambridge, 1874. 16° 4000.
WHITTINGHAM (R.). A Christmas Carol. N. Y. [1865.] 4° 4001.
WHITTINGHAM (R.). An Easter Carol. N. Y. [1867.] 12° 4002.
WHITTLESEY (Miss S. J. C.). Heart-Drops. N. Y. 1852. 8° 4003.
WHITWELL (B.). Experience. Bost. 1806. 8° 4004.
WIFE (The) of Leon. *See* [Warfield (Mrs. C. A.).]
? WHO is Richards? 1st. ed. N. London, [1861.] 32° 4005.
? WHO is Richards? 2nd. ed. N. London, [1861.] 32° 4006.
WHO Killed the Writ? *See* [Whiteman (W. A.).]
WHOLE Booke (The) of Psalmes. Imprinted 1640. [Reprinted] Cambridge, 1862. 8° 4007.
WIGGLESWORTH ([E.]). Sacred to the Memory of, Dr. Wigglesworth. [*Signed* "Sympathis."] Bost. 1765. 8° 4008.
WIGGLESWORTH (M.), *b.* 1631, *d.* 1705. The Day of Doom. 6th. ed. Bost. 1715. Sm. 12° 4009.
WIGGLESWORTH (M.). *The Same.* 7th. ed. Bost. 1751. Sm. 8° 4010.
WIGGLESWORTH (M.). *The Same.* Bost. 1828. 24° 4011.
WIGGLESWORTH (M.). Meat out of the Eater. 5th. ed. Bost. 1717. Sm. 12° 4012.
WIGHT (S. F.). Adventures. Bost. 1860. 8° 4013.
WILBUR (Homer), *pseud.* *See* [Lowell (J. R.).]
WILCOX (C.), *b.* 1794, *d.* 1827. The Age of Benevolence. New Haven, 1822. 18° 4014.
WILD Brier (The). *See* [Lockerby (Miss E. N.).]
WILDE (R. H.), *b.* 1789, *d.* 1847. Hesperia. Bost. 1867. Sqr. 8° 4015.
WILDER (J. N.). Rochester, N. Y. 1857. 8° 4016.

WILDMAN (H. B.). *See* Morgan (G. C.).
WILKINS (E. G. P.). My Wife's Mirror. N. Y. [1856.] 12° 4017.
WILKINS (E. G. P.). Young New York. N. Y. [1856.] 12° 4018.
WILLARD (Mrs. E.), *b.* 1787, *d.* 1870. The Fulfilment of a Promise. N. Y. 1831. Sm. 16° 4019
WILLARD (S.), *b.* 1776, *d.* 1859. Regular Hymns. Greenfield, Mass. *n. d.* 12° 4020.
? WILLIAM Price. [No title page, place or date.] 8° 4021.
WILLIAM Tell. *See* [Brooks (C. T.).]
WILLIAMS (Mrs. [C. R.],) *b.* 1790, *d.* 1872. Original Poems. Prov. 1828. 18° 4022.
[WILLIAMS (Miss G.).] *See* Graduates' Reunion.
[WILLIAMS (J.),] *d.* 1818. Hamiltoniad. Bost. *n. d.* 8° 4023.
WILLIAMS (Mrs. H. D.). Voices. Bost. 1854. 4° 4024.
WILLIAMS (W. F.). The Heavenly Stranger. N. Y. *n. d.* Ob. 16° 4025.
WILLIAMSON (A. J.). Original Poems. Toronto, 1836. 18° 4026.
[WILLIAMSON (*Mrs.* S. E.).] Poems. San Francisco, 1866. 12° 4027.
[WILLIAMSON (W. C.).] Report of the Proceedings, [&c.,] of Alpha Delta Phi. N. Y. 1858. 8° 4028.
WILLIAMSON (W. C.). *See also* Oration (An).
[WILLIS (Anna),] *b.* 1813, *d.* 1853. Memoir, &c. N. Y. 1854. 12° 4029.
WILLIS (N. P.), *b.* 1806, *d.* 1867. Bianca Visconti. N. Y. 1839. 12° 4030.
WILLIS (N. P.). Fugitive Poetry. Bost. 1829. 8° 4031.
WILLIS (N. P.). The Lady Jane. N. Y. 1844. Lg. 8° 4032.
WILLIS (N. P.). The Legendary. Bost. 1828. 2 vs. 12° 4033.
WILLIS (N. P.). Melanie. N. Y. 1837. 12° 4034.
WILLIS (N. P.). *The Same.* 2nd. ed. N. Y. 1837. 12° 4035.
WILLIS (N. P.). Poem delivered at Brown University. N. Y. 1831. 8° 4036.
WILLIS (N. P.). Poems of Passion. N. Y. 1843. Lg. 8° 4037.
WILLIS (N. P.). The Poems. N. Y. 1844. 8° 4038.
WILLIS (N. P.). *The Same.* N. Y. 1850. 8°, *Sig.* 12° 4039.
WILLIS (N. P.). *The Same.* N. Y. 1861. 24° 4040.
WILLIS (N. P.). The Sacred Poems. N. Y. 1843. Lg. 8° 4041.

Willis (N. P.). Sketches. Bost. 1827. 8° 4042.
Willis (N. P.). Tortesa the Usurer. N. Y. 1839. 12° 4043.
Willis (N. P.). Two Ways, &c. Lond. 1839. 8° 4044.
Willis (N. P.). *The Same.* N. Y. 1843. Lg. 8 4045.
Willis (T.). *See* Willis (Anna).
Wilmer (L. A.), *d.* 1863. Preferment. Phila. 1848. 12° 4046.
Wilmer (L. A.). The Quacks of Helicon. Phila. 1841. 16° 4047.
Wilmer (L. A.). Somnia. Phila. 1848. 16° 4048.
[Wilson (A.),] *b.* 1766, *d.* 1813. The Foresters. Newtown, Pa. 1818. 12° 4049.
Wilson (A.). *The Same.* West Chester, Pa. 1838. Sm. 16° 4050.
[Wilson (A.).] *The Same.* Bucks Co. Pa. 1853. 12° 4051.
Wilson's (Fred). *See* Song Books.
Wilson (Mrs. G. T.). Poems. N. Y. 1864. 12° 4052.
[Winchell (J. F.).] The Village Poet. [Brooklyn, Phila. 1833?] 12° 4053.
Winchester (E.), *b.* 1751, *d.* 1797. An Elegy on..Mr. John Wesley. Phila. 1792. 12° 4054.
Winchester (E.). A New Book of Poems. Bost. 1773. 8° 4055.
Winchester (E.). The Process and Empire of Christ. Brattleboro, 1805. 12° 4056.
? Windfalls. Phila. 1871. 12° 4057.
Winkler (E. T.). Washington Light Infantry Charitable Association, &c. Charleston, S. C. 1870. 8° 4058.
Winslow (B. D.), *b* 1815. Class Poem. Cambridge, 1835. 8° 4059.
Winslow (B. D.). The True Catholic. N. Y. 1841. 8° 4060.
Winsor (W.). The Poetic Art. Prov. 1812. 8° 4061.
Winter (W.), *b.* 1836. Poems. Bost. 1855. 12° 4062.
Winter (W.). The Queen's Domain. Bost 1859. 12°, *Sig.* 16° 4063.
? Winter Studies in the Country. Phila. 1856. Sm. 12° 4064.
Wolcott (Eliza and Sarah G.). The Two Sisters' Poems. New Haven, 1830. 18° 4065.
Wolcott (R.), *b.* 1679, *d.* 1767. Poetical Meditations. New London, 1725. Sm. 8° 4066.
Woman's Wish! Versus Man's Will! *See* Buckeye.

WOOD (M. Elva). Songs. N. Y. 1866. 18° 4067.
WOOD-NOTES. Compiled by Tenella. [Mary Bayard Clarke.] Raleigh, 1854. 2 vs. 12° 4068.
WOODMAN (Miss H. J.). Sibylline Verses. Bost. 1846. 18° 4069.
WOODMANSEE (J.). The Closing Scene. Cincinnati, 1857. 16° 4070.
WOODMANSEE (J.). Wrinkles. Cincinnati, 1860. 16° 4071.
WOOD'S. *See* Song Books.
WOODWARD (B. W.). Our Country. Geneva, N. Y. 1862. 8° 4072.
WOODWARD (D.). Slavery. Bost. 1856. 16° 4073.
WOODWORTH (D.). The Pilgrim Fathers. Albany, 1843. Sqr. 16° 4074.
[WOODWORTH (D.).] Young Life. Albany, 1838. 16° 4075.
WOODWORTH (S.), *b.* 1785, *d.* 1842. Beasts at Law. N. Y. 1811. 12° 4076.
WOODWORTH (S.). Bubble & Squeak. N. Y. 1814. 12° 4077.
[WOODWORTH (S.).] The Complete Coiffeur. N. Y. 1817. 12° 4078.
WOODWORTH (S.). The Deed of Gift. N. Y. 1822. 18° 4079.
WOODWORTH (S.). The Forest Rose. N. Y. 1825. 18° 4080.
WOODWORTH (S.). *The Same.* Bost. 1855. 12° 4081.
WOODWORTH (S.). Melodies. N. Y. 1826. 18° 4082.
WOODWORTH (S.). *The Same.* 2nd. ed. N. Y. 1830. 18° 4083.
WOODWORTH (S.). *The Same.* 3d. ed. N. Y. 1831. 18° 4084.
[WOODWORTH (S.).] New-Haven. N. Y. 1809. 12° 4085.
[WOODWORTH (S.).] The Poems. N. Y. 1818. 12° 4086.
[WOODWORTH (S.).] The Poetical Works. N. Y. 1861. 2 vs. 32° 4087.
[WOODWORTH (S.).] Quarter-Day. N. Y. 1812. 12° 4088.
WOOLF (B. E.). Don't forget, &c. Bost. *n. d.* 12° 4089.
WOOLF (B. E.). Off to the War. Bost. 1861. 12° 4090.
WOOLF (B. E.). That Nose! Bost. *n. d.* 12° 4091.
WORDS for the Hour. *See* [Howe (Mrs. J. W.).]
WORLD (The). [By C. S. Rafinesque.] Phila. 1836. 8° 4092.
WORLD'S Peace Jubilee (The). *See* Buster (Phil E.).
[WORSTER (C. H.).] A Poetical Epistle to His Excellency George Washington, Esq. Lond. 1780. 4° 4093.

[WORSTER (C. H.).] *The Same.* Prov. 1781. 4° 4094.
[WORTH (G. H.).] American Bards. West of the Mountains, 1819. 8° 4095.
WORTHINGTON (G. F.). Sacred Poems. 3d. ed. Balt. 1868. 32° 4096.
WOUNDED. *See* [Miller (W. E.).]
WREATH (The). *See* [Littleford (Mrs.).]
? WREATH (A) for Home. N. Y. 1837. Sm. 16° 4097.
WRIGHT (Elizabeth C.). Lichen Tufts. N. Y. 1860. 12° 4098.
[WRIGHT (E.),] *b.* 1805. Fables de La Fontaine. [French and English.] Paris, 1838. 2 vs. 8° 4099.
WRIGHT (E.). Fables of La Fontaine. [English and French.] 2nd. ed. Bost. 1841. 2 vs. 8° 4100.
WRIGHT (E.). *The Same.* 3d. ed. Bost. 1842. 2 vs. 18° 4101.
WRIGHT (E.). *The Same.* [Lond. 1842.] 8° 4102.
WRIGHT (E.). *The Same.* 7th. ed. Bost. 1848. 2 vs. 18° 4103.
WRIGHT (E.). *The Same.* N. Y. 1860. 2 vs. 12° 4104.
[WRIGHT (E.).] La Fontaine. A Present for the Young. Bost. 1839. 18° 4105.
WRIGHT (Frances). *See* [Darusmont (F. W.).]
WRIGHT (J.). Poems. Bost. 1812. Sm. 12° 4106.
[WRIGHT (N.).] *See* Carriers' Addresses.
WRIGHT (N. H.), *b.* 1787, *d.* 1824. The Fall of Palmyra. Middlebury, Vt. 1817. 24° 4107.
WRIGHT (W. H.). Remorse. Balt. 1860. 8° 4108.
[WYNKOOP (M. B.).] Song Leaves. N. Y. 1852. 12° 4109.
? WYOMING Monument. [*Signed* 'Lu-nat-ic Bard of Wyoming.'] [No title page, place or date.] 8° 4110.
WYTHES (J. H.). The Spirit World. Phila. 1849. 16° 4111.

X The Experiment; A Farce, in one act. By X. Quebec, 1854. 8 4112.
?Xariffa' Poems. Phila. 1870. 12° 4113.

YANKEE Doodle, Illustrated by Darley. N. Y. *n. d.* 4° 4114.
? "YANKEES." A Poem. By "Americus." [Balt. 1863.] 8° 4115.
YEAR (The). *See* [McLellan (I.).]
YELLOTT (C.). Poems. [Balt. 1850.] 24° 4116.

YELLOTT (G.). The Professor of Insanity. Balt. 1856. 12° 4117.
YELLOTT (G.). The Maid of Peru. Balt. 1848. 12° 4118.
[YELLOTT (G.).] The Paradise of Fools. Balt. 1841. 12° 4119.
[YELLOTT (G.)?] The Thompsonian Quack. Balt. 1848. 12° 4120.
"YORK." *See* Penc(s)illy Sketches.
YOU know how it is Yourself, Sir! *See* Vey de Vere.
YOUNG (C. W.). Greatness Reviewed. Savannah, 1851. 12° 4121.
[YOUNG (E. R.).] An Address dld. before the Brothers Charitable Society. Prov. 1827. 8° 4122.
[YOUNG (E. R.).] One Year in Savannah. Prov. 1820. 8° 4123.
YOUNG (W.), *b.* 1809. Béranger. N. Y. 1850. 12° 4124.
"YOUNG America." *See* "Sphinx."
YOUNG Life. *See* [Woodworth (D.).]
? YOUNG Man (The) about Town. N. Y. 1854. 12° 4125.

ZAPPONE (A.). Latin Poems. 2nd. ed. Washington, 1849. 8° 4126.
ZAVONA. *See* [McLeod (Mrs.....?).]
ZEPHANIAH Doolittle. *See* English (T. D.).
ZETHAR. *See* [Haskell (B. D.).]
? ZILIA: A Poem. N. Y. 1830. 12° 4127.
ZOPHIEL. *See* [Brooks (Mrs. M.).]
ZORRILLA (J.). Poesias. Valparaiso, 1843. 3 vs. 8° 4128.
ZORRILLA (J.). Vyilias del Estio. Valparaiso, 1844. 8° 4129.

www.ingramcontent.com/pod-product-compliance
Lightning Source LLC
LaVergne TN
LVHW011238110826
845150LV00006B/1667

* 9 7 8 1 4 2 5 5 1 4 0 6 8 *